LEONORE HERBST

Staatensukzession und Staatsservituten

Schriften zum Öffentlichen Recht

Band 7

Staatensukzession und Staatsservituten

Von

Dr. Leonore Herbst

DUNCKER & HUMBLOT / BERLIN

Gedruckt 1962 bei Albert Sayffaerth, Berlin SW 61
Printed in Germany

Dem Andenken meines Vaters

Inhaltsverzeichnis

Erster Teil

Die Doktrin

Zweiter Teil

Die Staatenpraxis

Abkürzungsverzeichnis

ABIS: Amtsblatt im Saarland.

A d G: Keesing's Archiv der Gegenwart.

A F D I: Annuaire Français de Droit International (Paris).

A J I L: The American Journal of International Law (Washington).

Basdevant: Traités et Conventions en Vigueur entre la France et les Puissances Etrangères; Recueil préparé par J. Basdevant; Paris 1918—1922.

Bonfils, Lehrbuch: Bonfils Henri, Lehrbuch des Völkerrechts, 3. Auflage, Berlin 1904.

Bonfils, Manuel: Bonfils Henri, Manuel de Droit International Public, 2. Auflage, Paris 1898.

Br T S: British Treaty Series.

Br Y B: The British Yearbook of International Law (London, New York).

Cavaglieri, Diritto: Cavaglieri Arrigo, Corso di Diritto Internazionale, 3. Auflage, Neapel 1934.

C P I J: Cour Permanente International de Justice.

Cmnd: Command number.

Colliard II: Colliard, Claude-Albert, Actualité internationale et diplomatique 1950—1956, Band 2, Paris 1957.

C S: Commonwealth Survey, A Record of United Kingdom and Commonwealth Affairs.

Doc. Dipl. Fr.: Documents Diplomatiques Français (1871—1914); hrsg. vom: Ministère des Affaires Etrangères, Paris 1926—1936.

Doc. Fr. N. E. D.: La Documentation Française, Notes et Etudes Documentaires.

F V V: Friedensvertrag von Versailles.

Guggenheim, Beiträge: Guggenheim Paul, Beiträge zur völkerrechtlichen Lehre vom Staatenwechsel. Berlin 1925.

Hackworth, Digest: Hackworth, Green Haywood, Digest of International Law.

H M S O: His (Her) Majesty's Stationary Office.

I C L Q: The International and Comparative Law Quarterly (London).

I G H: Internationaler Gerichtshof.

J. O. Lois et Décrets: Journal Officiel de la République Française, Lois et Décrets.

J D I: Journal du Droit International (Paris).

Klüber: Akten des Wiener Kongresses, 9 Bände, hrsg. von Johann Ludwig Klüber, Erlangen 1815—1819, 1836.

L N T S: League of Nations, Treaty Series.

L o N O J: League of Nations, Official Journal.

Malloy: Malloy, William, Treaties, Conventions, International Acts, Protocols and Agreements between the United States of America and other Powers (1779—1909), 2 Bände.

Mc Nair, Treaties: Mc Nair, Arnold Duncan, The Law of Treaties, Oxford 1938.

Mansergh: Documents and Speeches on British Commonwealth Affairs 1931—1952, hrsg. von Nicholas Mansergh, 2 Bände, London 1953.

M E J: The Middle East Journal (Washington).

Moore, Digest: Moore, John Basset, A Digest of International Law, 8 Bände.

v. Neumann, Grundriß: Leopold von Neumann, Grundriß des heutigen europäischen Völkerrechts, 3. Auflage, Wien 1885.

R C: Académie de Droit International, Recueil des Cours.

R D I: Revue de Droit International (Paris).

R D I L C: Revue de Droit International et de Législation Comparée.

R D I M O: Revue de Droit International pour le Moyen Orient (Paris).

Reid, International Servitudes: Reid, Helen Dwight, International Servitudes in Law and Practice, Chicago 1932.

R G D I P: Revue Générale de Droit International Public (Paris).

Scelle, Manuel: Scelle, Georges, Droit International Public, Manuel Elémentaire avec les Textes Essentiels. Paris 1944.

Scelle, Précis: Scelle, Georges, Précis de Droit des Gens. Paris 1932.

S C O R: (United Nations) Security Council, Official Records.

S d N J O: Société des Nations, Journal Officiel.

St I G H: Ständiger Internationaler Gerichtshof.

Strupp, Doc.: Strupp, Karl, Documents pour servir à l'histoire du droit des gens.

Strupp, Grundzüge: Strupp, Karl, Grundzüge des positiven Völkerrechts, 5. Auflage, Bonn 1932.

Strupp-Schlochauer: Wörterbuch des Völkerrechts, hrsg. von Karl Strupp und Hans-Jürgen Schlochauer; Band 1: 1960; Band 2: 1961.

The Suez Canal Problem: The Suez Canal Problem, July 26 — September 22, 1956. A Documentary Publication. Washington. Department of State, Publication No. 6392.

Treaties in Force: Treaties in Force, A List of Treaties and other International Agreements of the United States, in Force on January 1, 1959, compiled by the Treaty Affairs Staff, Office of the Legal Adviser; Department of State, Publication No. 6762.

U N: United Nations.

U N O J: United Nations, Official Journal.

U N T S: United Nations, Treaty Series.

U S Treaties: United States Treaties and other International Agreements, ed. by Autorithy of Law (1 U. S. C. § 112 a) under the Direction of the Secretary of State.

Verdross, Verfassung: Verdross, Alfred, Die Verfassung der Völkerrechtsgemeinschaft, Wien 1926.

Z a ö R V R: Zeitschrift für ausländisches öffentliches Recht und Völkerrecht.

Bei den Autorenhinweisen wurde jeweils nur der Name zitiert; nähere Quellenangaben sind aus dem Literaturverzeichnis ersichtlich. Bei mehreren Veröffentlichungen desselben Autors wurde der Kurztitel oder ein näherer Quellenhinweis angegeben. Von O'Connell wurde „The Law of State Sucession, Cambridge 1956" zitiert, wenn nicht ausdrücklich anderes vermerkt ist.

Erster Teil

Die Doktrin

Erstes Kapitel

Die Staatensukzession

I. Begriff

1. Vorbemerkung

Territoriale Verschiebungen innerhalb der Völkerrechtsgemeinschaft haben schon seit langem in der Doktrin zu weitangelegten, zumeist theoretisch konstruierten und sich wiederholenden Erörterungen Anlaß gegeben; sie fanden vornehmlich ihre Behandlung unter dem Aspekt der sogenannten Staatensukzession. Der Begriff der Staatensukzession wurde zu einer Zeit geprägt, als einzig und allein Staaten als Völkerrechtssubjekte angesehen wurden und zugleich Vorschriften mancher innerstaatlicher Rechtsordnungen analog auf die Völkerrechtsordnung übertragen wurden. Selbst wenn man nur eine Völkerrechtssubjektivität von Staaten anerkennt, muß festgestellt werden, daß infolge der völlig anderen Struktur nicht nur der Völkerrechtsordnung selbst, die als Rechtsordnung lediglich auf Gewohnheitsrecht und Vertragsrecht basiert[1], sondern auch der Struktur der Völkerrechtssubjekte als solchen, ein Vergeich mit einer auch nur ähnlichen Konzeption aus der dem Völkerrecht gegenüber ungleich lückenloseren, z. T. systematisierten, innerstaatlichen Rechtsordnung nicht zu einer Lösung der völkerrechtlichen Probleme auf diesem Sektor beitragen kann. Gleichwohl unternommene Darstellungen führten zu Verwirrungen nicht nur des materiell-rechtlichen Substrats, sondern auch des Begriffes selbst.

2. Ambiguität des Begriffes

Als Staatensukzession werden in der Völkerrechtsdoktrin vornehmlich zwei Aspekte begriffen:

---

[1] *Berber*, Die Rechtsquellen des internationalen Wassernutzungsrechts, S. 34.

a) Einmal versteht man hierunter jede Nachfolge eines Staates in Rechte und Pflichten, Rechts- oder Pflichtstellungen eines anderen Staates[2], entsprechend dem innerstaatlichen Begriff der Nachfolge einer Person in Rechte und Pflichten einer anderen Person und prüft von diesem Gesichtspunkt aus, ob und gegebenenfalls in welchem Umfang es im Völkerrecht eine Nachfolge in Rechte und Pflichten gibt oder nicht.

b) Zum anderen bezeichnet man[3] die tatsächlichen Veränderungen selbst als Sukzession und prüft erst anschließend, ob diese Sukzession die Nachfolge in bestimmte Rechte und Pflichten nach sich zieht. *Jones*[4] versucht diese Unterscheidung durch die Bezeichnungen „succession in law" (hier ad a)) und „succession in fact" (hier ad b)) herauszustellen[5]. Es ist letztlich eine Frage der Terminologie, ob man die eine oder die andere Umschreibung des Begriffes der Erörterung zugrundelegt. Festzuhalten ist nur, daß es sich insoweit um zwei verschiedene Begriffe der Sukzession handelt.

Da die tatsächlichen Veränderungen (ad b)) nicht nur für die Auswirkung auf Verpflichtungen und Rechte aus völkerrechtlichen Verträgen relevant werden, sondern im internationalen Bereich auch für die Frage nach der Identität und nach der Neuentstehung von Völkerrechtssubjekten und ferner wegen der zunehmenden Vertragsschließungskompetenzen internationaler Organisationen auch hinsichtlich der Zugehörigkeit zu derartigen Organisationen Bedeutung erlangen, sollen die für all diese Fragen den Angelpunkt bildenden tatsächlichen Umgestaltungen — also die „succession in fact" (s. o.) — unter dem Begriff der „Sukzession" erfaßt werden. Welcher Art diese Veränderungen sein müssen, um als völkerrechtlich relevante Veränderungen unter den Begriff Sukzession subsumiert werden zu können, soll nachfolgend erörtert werden.

3. Die Veränderung des internationalen Status

Durch die verschiedene Struktur der Rechtssubjekte der Völkerrechtsordnung gegenüber denjenigen innerstaatlicher Rechtsordnungen ist der Begriff der Sukzession in seiner Bedeutung der tatsächlichen Veränderungen eben dieser Rechtssubjekte ein umfassenderer als derjenige des innerstaatlichen Rechts. Das Völkerrechtssubjekt Staat — die Frage nach anderen Völkerrechtssubjekten soll hier zunächst da-

---

[2] *Verdross*, Völkerrecht, 4. Aufl., S. 190; *Guggenheim*, Lehrbuch des Völkerrechts, Bd. 1, S. 416; *Berber*, Lehrbuch des Völkerrechts, Bd. 1, S. 248; anders aber wohl ders. in den Ausführungen S. 250 unten und S. 251, loc. cit.

[3] *Ross*, S. 122.

[4] *Jones*, S. 360.

[5] Auf diesen Unterschied weist bereits *Kelsen*, in: RC, Bd. 42 (1933 II), S. 314, ausdrücklich hin.

hingestellt bleiben — stellt eine notwendige Verbindung von Staatsvolk, Staatsgebiet und Staatsgewalt, die einander zugeordnet sind[6], dar. Diese Zuordnung kann in sich wie auch gegenüber anderen Staatskomplexen Veränderungen unterworfen werden. Das komplexe Gebilde „Staat" hat ferner einen januskopfigen, nämlich einen „nationalen" und einen „internationalen" Status. Die Verbindung zwischen den verschiedenen Staaten erfaßt den Komplex Staat in seinem internationalen oder völkerrechtlichen Status[7] und damit die völkerrechtliche Zuständigkeit. Tatsächliche Veränderungen des Rechtssubjekts Staat, die völkerrechtlich erheblich sein können, müssen infolgedessen Veränderungen im internationalen Status des Rechtssubjekts sein. Das bedeutet zweierlei:

(1) Eine völkerrechtlich relevante tatsächliche Veränderung des Rechtssubjekts bedarf nicht notwendig einer totalen Veränderung, d. h. einer Veränderung im „nationalen" wie im internationalen Status des Staates; erforderlich und genügend ist eine Veränderung im internationalen Status.

(2) Da das Gebilde Staat mehrfach komplex ist, nämlich
 a) hinsichtlich der Verbindung Staatsvolk, Staatsgebiet und Staatsgewalt,
 b) hinsichtlich des „nationalen" wie des „internationalen" Status (s. o.) und
 c) hinsichtlich dieser beiden Aspekte wiederum untereinander,
genügt es, daß bezüglich des ersteren Komplexes *eine* Komponente berührt wird, sofern nur zugleich der internationale Status betroffen wird.

Hieraus erhellt, daß — und darüber ist man sich in der völkerrechtlichen Doktrin einig — die Staatensukzession nicht auf den Fall be-

---

[6] Das Verhältnis von Staatsvolk, Staatsgebiet und Staatsgewalt zueinander ist umstritten, insbes. was die Bedeutung des Staatsgebietes betrifft. Wegen der verschiedenen diesbezüglichen Theorien (Objekts-, Raum-, Kompetenz- sowie Kombinationstheorien) vgl. *Lorenczyk*, Paul, Das Eigentum am Staatsgebiet, Diss., Erlangen 1952.

[7] Damit wird die Völkerrechtsordnung nicht als Außenstaatsrecht begriffen. Völkerrecht ist — ausgehend davon, daß Staaten auf jeden Fall Völkerrechtssubjekte sind — das Recht *zwischen* Staaten. Diese halten als notwendige Pole diese rechtliche internationale Verbindung. Sie halten aber gleichzeitig die Rechtsbeziehungen zu den internen Normadressaten. Es findet sich also in einem einzigen Staat ein doppelter Status: einer, der die äußeren (internationalen) und einer, der die inneren (nationalen, innerstaatlichen) Rechtsbeziehungen hält. Lediglich die Frage, welcher Art seitens des Staates die internationalen Beziehungen ausgeübt werden, ist als eine Frage des Außenstaatsrechts zu begreifen. Dies ist aber etwas völlig anderes als die internationalen Beziehungen selbst, die an den Staat vermittels dessen Außenstaatsrechts sozusagen nur anknüpfen.

schränkt ist, daß in der Völkerrechtsgemeinschaft an Stelle des auf einem Territorium untergegangenen Staates A nunmehr in dessen gleichem Ausmaße der Staat B auftritt. Die Vielzahl in der Völkerrechtspraxis machen diejenigen Ereignisse aus, die zwar den internationalen Status verändern, den Staat als Rechtssubjekt aber nur in einem begrenzten Ausmaß betreffen. Als Staatensukzession sind hiernach auch solche Erscheinungen zu erfassen, bei denen der Staat lediglich — in seinem internationalen Status — verwaltungsmäßig oder beschränkt regional verändert wird[8]. Eine Rechtssubjektivität ist vor wie nach der Veränderung gegeben. Diese Fälle werden in der Literatur z. T. als sogenannte uneigentliche[9] oder unechte[10] „Sukzession" bezeichnet.

Die hier aufgerissene Maßgeblichkeit der Veränderungen im internationalen Status eines Völkerrechtssubjekts muß auch dann als entscheidendes Kriterium angenommen werden, wenn man außer einzig und allein Staaten auch andere Gebilde als Völkerrechtssubjekte annimmt, wie dies in der neueren Doktrin insbesondere von internationalen Organisationen[11], Staatsteilen und sogar Einzelpersonen[12] angenommen wird. Nur ist in diesen Fällen der „interne" Status und eventuell die Relation zum internationalen Status ein anderer als bei den Staaten. Praktisch könnte die Frage einer solchen Sukzession akut werden bei der Übertragung der den internationalen Organisationen gehörenden Territorien an einen Staat sowie umgekehrt[13].

In der vorliegenden Arbeit soll aber lediglich einer der Fragenkomplexe der „klassischen" Nachfolge von *Staaten* erörtert werden.

---

[8] Vgl. hierzu *Berber*, Lehrbuch des Völkerrechts, Bd. 1, S. 249.

[9] Vgl. *Schoenborn*, Staatensukzession, S. 119.

[10] Vgl. *Huber*, S. 8, der als eigentliche Staatensukzession lediglich die „Nachfolge ins Staatsgebiet in der Weise, daß der Gebietsherr seine Staatsgewalt setzt an die Stelle oder über diejenige seines Vorgängers" begreift. Wiederum anders ist der Begriff der „eigentlichen" und „uneigentlichen Nachfolge in der deutschen Übersetzung des Lehrbuchs von *Ross*, S. 122, gebraucht.

[11] Zum Problem der Rechtsnachfolge internationaler Organe und Organisationen vgl. *Dahm*, Völkerrecht II, S. 120.

[12] Vgl. hierzu: *Berezowski*, Les Sujets non Souverains du Droit International, in: RC, Bd. 65 (1938 III), S. 1, S. 12 ff.; *Siotto-Pintor*, Les Sujets du Droit International autres que les Etats, in: RC 41 (1932 III), S. 245 insbes. S. 251 ff.; *Wegner*, Die Stellung der Einzelperson im gegenwärtigen Völkerrecht, in: Festschrift für Laun, S. 341 ff.; *Manner*, The Object Theory of the Individual in International Law, in: AJIL, Bd. 46 (1952), S. 428 ff.

[13] In diesem Zusammenhang ist auf die Annexicn des der Internationalen Kongogesellschaft, der der König von Belgien vorstand, gehörenden „Unabhängigen Kongostaates" seitens Belgien im Jahre 1907 hinzuweisen. Vgl. hierzu *O'Connell*, S. 22/23.

II. Voraussetzungen einer Staatensukzession

1. Fehlende Kontinuität und fehlende Identität

Da das Völkerrecht die rechtliche Regelung der Außenpolitik der Staaten darstellt und damit als politisches Recht[14] zu begreifen ist, können völkerrechtliche Institute schwerlich abschließend umrissen werden. Dies gilt in besonderem Maße dann, wenn sie, wie dies bei der Staatensukzession der Fall ist, auf dem dynamischen Charakter[15] des Völkerrechts fußen. Eine abschließende Umschreibung aller Kriterien, die eine Staatensukzession, also eine Änderung im internationalen Status bewirken, ist infolgedessen nicht möglich. Denn die politischen Notwendigkeiten können immer wieder neue rechtliche Varianten herausbilden. Man muß sich deshalb auf die Darstellung bestimmter Kennzeichen beschränken.

Jede Veränderung setzt begriffsnotwendig voraus, daß die Zustände vor und nach dem die Veränderung bewirkenden Ereignis nicht identisch sind. Die Veränderung im internationalen Status des Völkerrechtssubjekts Staat setzt mithin voraus:

a) daß der internationale Status in seiner Gesamtheit ein anderer ist[16];

b) daß es sich nicht nur um eine kontinuierliche Weiterentwicklung dieses internationalen Aspekts handelt[17].

Da auf die Verschiebung der völkerrechtlichen Zuständigkeit abgestellt wird, handelt es sich bei Vorliegen einer Staatensukzession stets um das Verhältnis von mindestens zwei Rechtssubjekten[18], und zwar auch dann, wenn einzelne Rechte bei dem bisherigen Völkerrechtssubjekt verbleiben, aber eben die übrigen von einem anderen ausgeübt werden.

2. Kennzeichen der Staatensukzession

Mangelnde Kontinuität und Identität als Voraussetzung einer Staatensukzession werden unterschiedlich gekennzeichnet:

---

[14] Vgl. *Berber*, Sicherheit und Gerechtigkeit, S. 20 ff., ders., Lehrbuch des Völkerechts, Bd. 1, S. 26.

[15] Vgl. *Berber*, Sicherheit und Gerechtigkeit, S. 20 ff.

[16] Vgl. *Marek*, S. 14: „The identity of a State is the identity of its international rights and obligations, as before and after the event which called such identity in question, and solely on the basis of the customary norm ‚pacta sunt servanda'".

[17] Vgl. *Marek*, S. 5: „State continuity means that one and the same subject of rights and obligations continues to exist, thus supplying the dynamic aspect of the same problem."

[18] *Marek*, S. 10; *Dahm*, Völkerrecht I, S. 102.

a) *Unabhängigkeit als Kennzeichen*

Auf Grund einer induktiven Untersuchung kommt Marek[19] zu folgendem Ergebnis:

The real test of the identity and continuity of States was found in its independence, as expressed in an effective overall international delimitation, in a differentation of a State from all other States; such independence was found to be the essential condition of Statehood without which a State can neither begin, nor continue, to exist.

Das Merkmal der Unabhängigkeit ist aber weitgehend von faktischen Momenten abhängig und infolgedessen rechtlich schwierig zu erfassen. Ferner gibt es Veränderungen im internationalen Status, die, wie z. B. der Zusammenschluß mehrerer Staaten zu einem Bundesstaat unter Übertragung einzelner Hoheitsrechte auf den Gesamtstaat[20], als ein Fall der Staatensukzession allgemein anerkannt werden, bei denen aber die bisherigen Rechtssubjekte (hier die nunmehrigen Gliedstaaten) durchaus je nach den Bestimmungen des „Bundesvertrags“ von dem nunmehr gebildeten Gesamtstaat abhängig sein können.

b) *Änderung der Zuordnung*

Ausgehend von der These, daß der Staat mit seiner Rechtsordnung identisch ist, sieht *Kelsen*[21] eine Aufhebung der Identität dann als gegeben an, wenn die die rechtlichen Beziehungen der Menschen regelnde Ordnung zum Zwecke der Auflösung derart geändert wird, daß Staatszweck und Staatsgebiet anderen Staaten zugerechnet werden. Der Gedanke der Zurechnung enthält einen interessanten und brauchbaren Aspekt, da sich dabei die völkerrechtlichen Wirkungen der Kompetenzverschiebungen hinsichtlich der Begründung von Völkerrechtsverhältnissen unterordnen lassen. Bedenklich ist jedoch die Abstellung auf einen — im übrigen sehr fraglichen — Staatszweck.

Um einen allgemeinen Gesichtspunkt herausstellen zu können, ist auch für diese Frage die völkerrechtliche Praxis auf einer möglichst breiten Basis zu untersuchen, d. h. es ist von den völkerrechtlichen Erscheinungsformen der Staatensukzession auszugehen. Da die vorliegende Arbeit keine Untersuchung über das Problem der Identität selbst geben will, sondern sich mit einigen Fragen eben bei Vorliegen gewisser, als Staatensukzession angesehener völkerrechtlicher Erscheinungsformen zu befassen hat, kann die Frage der Identität vorerst dahingestellt bleiben.

---

[19] *Marek*, S. 589; vgl. hierzu auch: *Guggenheim*, Beiträge, S. 19.

[20] Vgl. hierzu die Untersuchung von *Beiswingert*, Die Einwirkung bundesstaatlicher Kompetenzverschiebungen auf völkerrechtliche Verträge, Diss., München 1960.

[21] *Kelsen*, Das Problem der Souveränität, S. 239.

III. Erscheinungsformen der Staatensukzession

1. Die Veränderungen selbst („Sukzessionstitel")[22]

Die Veränderungen im internationalen Status eines Völkerrechtssubjekts lassen sich während und allein aus der Übergangsperiode und während des Übergangsvorganges — wenn überhaupt — rechtlich äußerst schwer kristallisieren und klassifizieren. Hauptsächlich werden folgende Veränderungen hervorgehoben:

a) die Einverleibung eines Staates in einen anderen[23], z. B. die Annexion Koreas durch Japan im Jahre 1910;

b) die Verschmelzung mehrerer Staaten zu einem neuen Staat[24], z. B. die Bildung der Vereinigten Arabischen Republik 1958;

c) die unbeschränkte Angliederung (Zession[25]) und die beschränkte Angliederung (sog. Verwaltungszession[26]) eines Staatsteiles an einen anderen Staat, z. B. die Zession Hochsavoyens an Frankreich im Jahre 1860 bzw. die Übertragung der Verwaltung von Bosnien und Herzegowina auf Österreich-Ungarn 1878;

d) die unbeschränkte Verselbständigung (Sezession[27]) und die beschränkte Verselbständigung eines Staatsteiles[28], z. B. die Sezession Finnlands 1919 bzw. die Entwicklung Ägyptens unter dem ottomanischen Reich in der zweiten Hälfte des 19. Jahrhunderts;

e) der Zerfall eines Staates in mehrere Staaten[29];

f) die Begründung von Protektoraten[30], Mandaten[31], Treuhandgebieten[32];

---

[22] Eine systematische Übersicht über die verschiedenen Sukzessionstitel gibt *Huber*, S. 39.

[23] Vgl. Max *Huber*, S. 148 ff.; *Berber*, Lehrbuch des Völkerrechts, Bd. 1, S. 250, lit. C.

[24] Vgl. Max *Huber*, S. 161 ff.; *Berber*, Lehrbuch des Völkerrechts, Bd. 1, S. 250, lit. C.

[25] Vgl. Max *Huber*, S. 55 ff.; *Berber*, Lehrbuch des Völkerrechts, Bd. 1, S. 249, lit. A.

[26] Vgl. Max *Huber*, S. 130 ff.; *Berber*, Lehrbuch des Völkerrechts, Bd. 1, S. 249, lit. A.

[27] Vgl. Max *Huber*, S. 134 ff.; *Berber*, Lehrbuch des Völkerrechts, Bd. 1, S. 249, lit. B.

[28] Vgl. Max *Huber*, S. 144 ff.; *Berber*, Lehrbuch des Völkerrechts, Bd. 1, S. 250, lit. E.

[29] Vgl. Max *Huber*, S. 173 ff.; *Berber*, Lehrbuch des Völkerrechts, Bd. 1, S. 250, lit. C.

[30] Vgl. Max *Huber*, S. 170 ff.; *Dahm*, Völkerrecht I, S. 102; *Berber*, Lehrbuch des Völkerrechts, Bd. 1, S. 250, lit. D.

[31] Vgl. *de Muralt*, S. 73 ff.

[32] Vgl. *de Muralt*, S. 75 ff.

g) die zentralistische oder dezentralistische[33] Begründung eines Bundesstaates oder Eintritt in einen bestehenden Bundesstaat[34];

h) die Auflösung eines Bundesstaates oder das Ausscheiden aus diesem[35];

i) die Verselbständigung bisher abhängiger oder beschränkt abhängiger Staaten[36], z. B. Ghana 1956.

In der Praxis sind diese Hauptbeispiele sehr oft nicht so deutlich festzustellen, da die Umgliederung sich aus jeweils ganz speziellen und infolgedessen unterschiedlichen Strukturen entwickelt.

Da die völkerrechtlichen dynamischen Erscheinungsformen nur während eines oder sogar mehrerer Umbildungsprozesse erfaßt werden können, sollen die Veränderungen im internationalen Status nunmehr unter dem Gesichtspunkt des unter einem zeitlichen Abstand gesehenen Vergleichs zweier verschiedenartiger Situationen aufgerissen werden.

2. Die Veränderungen vom Standpunkt des passiv betroffenen Staates aus

Vom Standpunkt des passiv betroffenen Staates aus lassen sich unterscheiden:

a) die *totale Sukzession,*

d. h. ein Völkerrechtssubjekt erlischt ganz; an seine Stelle treten

aa) ein oder mehrere neue Staaten oder

bb) ein oder mehrere bereits existente Staaten oder

cc) sowohl neue als auch bereits existente Staaten;

b) die *partielle Sukzession,*

d. h. die bisherige Völkerrechtssubjektivität bleibt grundsätzlich bestehen; einzelne für den internationalen Status relevante Rechte erleiden aber infolge einer sog. *Regionalsukzession*[37] oder einer sog. *beschränkten Staatensukzession*[38] Veränderungen.

aa) Die Regionalsukzession (örtliche Nachfolge)

Bei der sog. Regionalsukzession wird das Ausmaß des staatlichen Territoriums durch Abtrennung eines Teiles des staatlichen Territoriums verändert. Dieser Teil wird dann

---

[33] Max *Huber* subsumiert S. 187 diesen Vorgang unter den Begriff „unvollständige Zerstückelung".

[34] Vgl. Max *Huber,* S. 165 ff.; *Dahm,* Völkerrecht I, S. 101.

[35] Vgl. *Dahm,* Völkerrecht I, S. 102.

[36] Vgl. *O'Connell,* S. 43 ff.

[37] *Dahm,* Völkerrecht I, S. 101.

[38] *Dahm,* Völkerrecht I, S. 101.

α) als ganzes oder als mehrere Staaten selbständig oder

β) integrierender Bestandteil eines anderen Staates oder

γ) teils selbständig und teils integrierender Bestandteil eines anderen Staates.

bb) Die beschränkte Staatensukzession

Bei der sog. beschränkten Staatensukzession beläßt der neue Staat dem früheren Staat gewisse völkerrechtliche Kompetenzen:

α) Ein unabhängiger Staat wird „halbsouverän“[39].

β) Ein „halbsouveräner“ Staat wird unabhängig.

γ) Ein Gesamtstaat überträgt einzelne der Kompetenzen seiner völkerrechtlichen Handlungsfähigkeit auf mehrere Gliedstaaten.

δ) Mehrere (Glied-)Staaten übertragen Kompetenzen ihrer völkerrechtlichen Handlungsfähigkeit auf einen schon bestehenden oder noch zu gründenden Gesamtstaat.

3. Die Veränderungen vom Standpunkt des Nachfolgestaates aus

Vom Standpunkt des Nachfolgestaates aus kann man unterscheiden, ob ein schon existenter oder ein neuer Staat die internationalen Funktionen wahrnimmt, und zwar — wie oben — auf Grund totaler oder partieller Sukzession.

IV. Die Auswirkungen der Staatensukzession auf zwischenstaatliche Rechtsverhältnisse

1. Vorbemerkungen

Da Veränderungen im internationalen Status der Rechtssubjekte gerade den Punkt berühren, durch welchen eben jene zwischen diesen Rechtssubjekten bestehenden Rechtsverhältnisse gehalten werden, liegt es nahe, daß die Staatensukzession auf die internationalen Rechtsverhältnisse und vornehmlich auf diese einwirkt. Die Materie der Staatensukzession ist als Ganzes eine völkerrechtliche. Ob daneben die Veränderung des internationalen Status auch auf den „nationalen“ Status in irgendeiner Weise einwirkt, ist ein anderes, nämlich innerstaatliches Problem und hier nicht zu erörtern.

---

[39] Der Terminus „halbsouverän“ ist eine unglückliche Formulierung, da er begrifflich einen Widerspruch in sich darstellt. Die Formulierung hat sich aber eingebürgert. Sogen. „‚halbsouveräne‘ Staaten sind vollsouveräne Staaten, nur daß sie im Gegensatz zu den Staaten mit normaler Kompetenz eine bloß beschränkte Kompetenz besitzen, wobei aber diese Beschränkung lediglich auf völkerrechtlichem Titel beruht.“ (*Kunz,* Staatenverbindungen, S. 109.)

Die Frage, ob und gegebenenfalls in welchem Umfang zwischenstaatliche Rechte und Pflichten auch den Nachfolgerstaat binden, ist bisher noch weitgehend ungeklärt. Der Übergang von Rechten aus Staatsverträgen, von außervertraglichen, also gewohnheitsrechtlichen, Rechtsverhältnissen[40], von Staatsschulden wie Fragen der Mitgliedschaft in internationalen Organisationen sind getrennt zu würdigen. Die beiden letzten Problemkreise überschreiten den Rahmen des gestellten Themas und sollen darum hier nicht erörtert werden. Die Frage der Übernahme anderer Rechte und Pflichten wurde zunächst auf doktrinärem Wege zu lösen versucht:

2. Theorie der Universal-„sukzession“

In der älteren sich auf römisches Gedankengut stützenden Lehre[41] nahm man eine universale oder generelle Übernahme an, d. h. sämtliche Rechte und Pflichten, die vor der Veränderung im internationalen Status gegenüber dem Rechtssubjekt bestanden, sollten auch für den Nachfolgestaat verbindlich sein. Diese Lehre hat in Doktrin und Praxis der neueren Zeit keinen Widerhall gefunden[42].

3. Theorie der Leugnung des Übergangs von Rechten und Pflichten

Ausgehend von der grundsätzlichen Unabhängigkeit der Staaten und damit auch der Nachfolgestaaten kommen andere Autoren[43] zu einer Leugnung jedweder Bindung an Rechte und Pflichten des zuvor handelnden Staates. Die einzelnen Fälle, in denen Rechte und Pflichten auf den Nachfolgestaat tatsächlich übergegangen seien, könnten nicht zu einem allgemeinen Prinzip erhoben werden. Die Übernahme fände hier statt, weil sie gewollt sei[44].

Ob ein Staat aber tatsächlich so unabhängig ist, daß ihm keinerlei Verpflichtungen des Vorgängerstaates treffen, hängt davon ab, ob nicht ein Völkerrechtssatz besteht, der ihm eine solche Übernahme auferlegt. Denn auch die Unabhängigkeit souveräner Staaten ist relativiert, und zwar einmal von Seiten der Völkerrechtsordnung

---

[40] In Betracht kämen hier vornehmlich Rechtsverhältnisse auf Grund partikulären Völkergewohnheitsrechts. Dieses Problem ist aufs engste verknüpft mit der Frage nach der Existenz und dem Übergang sogen. natürlicher Servituten. Die Frage wird akut z. B. bei Transit„rechten“ zu Enklaven über das Territorium eines anderen Staates, die nicht vertraglich begründet sind. Vgl. hierzu die Ausführungen im Kapitel 10, A, I, 2, b).

[41] So lt. *Verdross*, Völkerrecht, 3. Aufl., S. 217, vor allem auch Grotius.

[42] Vgl. *O'Connell*, S. 7, mit weiteren Literaturhinweisen.

[43] Vgl. *Gareis*, S. 68; *Winiarski*, in: RC, Bd. 45 (1933 III), S. 135. Desgl. *Rosenne*, in: RDJ 1950, S. 1140 ff., insbes. S. 1144 bzgl. der Entstehung unabhängiger Staaten.

[44] *Gareis*, S. 68; *Cavaglieri*, in: RC 26 (1929 I), S. 378.

und zum anderen von Seiten der Interdependenz zu anderen souveränen Staaten[45], ganz abgesehen davon, daß bei der Umgrenzung der Staatensukzession auf die Veränderung im internationalen Status eines Völkerrechtssubjekts abgestellt wurde. Das bringt nicht notwendig mit sich, daß es sich bei dem Nachfolgestaat um einen unabhängigen Staat handelt. Eine Übernahme von Rechten und Pflichten stößt damit nicht von vornherein auf doktrinäre Hindernisse. Darüber hinaus ist aber allein maßgebend nicht die Doktrin, sondern die sich in der Praxis durch Verträge und Gewohnheitsrecht herausgebildete Völkerrechtsordnung.

4. Mittelmeinung

Als heute herrschend kann wohl eine Mittelmeinung[46] angesehen werden. Danach findet jedenfalls keine generelle Übernahme sämtlicher internationaler Rechte und Verbindlichkeiten statt, vielmehr gehen nur einzelne Rechte und Pflichten über:

a) Übergang lokal gebundener Rechtsverhältnisse

Deduktive wie induktive völkerrechtliche Studien machen in diesen Fragen einen Unterschied zwischen persönlichen und dinglichen oder lokal gebundenen Rechtsverhältnissen.

aa) Deduktive Untersuchungen

Ausgehend von Analogien aus dem innerstaatlichen Recht, sei es unter direkter Berufung auf das Territorium, sei es unter direkter Berufung auf die Souveränität, die im Völkerrecht angeblich ein Pendant zum Eigentum der innerstaatlichen Rechtsordnungen bilde, suchte man Postulate aufzustellen oder die mannigfaltigen Erscheinungsformen der völkerrechtlichen Realität dadurch zu erklären, daß man bestimmten Rechtsverhältnissen in bewußter Ausnahme zu dem im Völkerrecht aufgrund der Gleichordnung herrschenden Verbot der Wirkung zu Lasten Dritter einen absoluten, d. h. gegenüber jedem Rechtssubjekt geltenden Charakter[47] beimaß. Hierzu bediente man sich schon bald des lokal gebundenen Rechtsverhältnisses oder der Staatsservitut in Anlehnung an angeblich ähnliche Rechtsverhältnisse im innerstaatlichen Recht. Die Abgrenzung des örtlich gebundenen Vertrages (auch „dispositive treaty", „treaty running with the land",

---

[45] *Gunst*, S. 115.

[46] *O'Connell*, S. 275 und 276; *Guggenheim*, Völkerrecht I, S. 422—423; *Guggenheim*, Beiträge, S. 62; *Verdross*, Völkerrecht, 4. Aufl., S. 191; *Ross*, S. 124—125.

[47] Vgl. *Starke*, S. 153: „since the right is one in rem, it follows that the Servitude remains in force whatever happens to the territory of the State bound to the Servitude."

„traité transitoire", „radizierter Vertrag", „bezüglicher Vertrag") von anderen Rechtsverhältnissen scheint bisher noch nicht unternommen worden zu sein[48]. Die bestehenden Definitionen sind höchst vage und in ihrer abstrakten Formulierung weder an der Völkerrechtspraxis verifiziert noch nach dem jetzigen Stand der Doktrin geeignet, als Handhabe zur Klärung einer bestimmten Situation zu dienen. Auch besteht dogmatisch keine Klarheit über das Verhältnis des örtlich bezogenen Vertrags zur Servitut; zumeist wird die Servitut als das aus dem radizierten Vertrag resultierende Rechtsverhältnis angesprochen[49]. Bei all diesen verschiedenen krampfhaft aus einem angeblichen System hergeleiteten Konstruktionen übersah man, daß die völkerrechtliche Realität das Primäre ist.

bb) Induktive Untersuchungen

Induktive Untersuchungen, insbesondere diejenigen *O'Connells* und *de Muralts* führten zu dem Ergebnis, daß kraft Gewohnheitsrecht persönliche[50] Verträge bei Eintritt einer Staatensukzession erlöschen, eine Übernahme aber bei lokal gebundenen Verträgen und multilateralen Rechtsverhältnissen stattfinde[51]. Bei der Untersuchung über den Übergang von vertraglichen Rechten und Pflichten gehen *O'Connell*[52] und teilweise auch *de Muralt* von vornherein von einem bestehenden Unterschied zwischen „personal" und „dispositive" treaties aus. Während O'Connell hinsichtlich der ersteren seine Untersuchung nach den einzelnen Erscheinungsformen der Staatensukzession — vergleichend — vornimmt und nicht von der Warte der verschiedenen Vertragstypen, untersucht er die sogenannten „dispositive treaties" vom Standpunkt der verschiedenen angeblich hierunter fallenden Vertragstypen[53]. Dadurch werden die sogenannten persönlichen Verträge nicht unter denselben Erscheinungsformen der Staatensukzession beleuchtet wie die dinglichen Vertragsverhältnisse. Beziehungspunkte und Beispiele sind mithin jedesmal verschieden. Eine vergleichende Darstellung ist bei diesen ungleichartigen Bezogenheiten

---

[48] *Dahm*, Vökerrecht I, S. 109; *Pahr* sieht S. 606 im Hinblick auf die Zulässigkeit des Übergangs derartiger Rechtsverhältnisse ohne Rechtsverletzung die radizierten Verträge als erlaubte Verträge zu Lasten Dritter an.

[49] *Dahm*, Völkerrecht I, S. 108; *O'Connell*, S. 254; *Westlake*, „Traité" 1924, S. 64; *Roxbourgh*, S. 107.

[50] Insbes. Konsular-, Handels- und Auslieferungsverträge.

[51] *O'Connell*, S. 276; *Scheuner*, Funktionsnachfolge, S. 17; *Guggenheim*, Völkerrecht I, S. 90.

[52] *O'Connell*, S. 49 ff.

[53] Während *O'Connell*, loc. cit., in seiner Einteilung den von innerstaatlichen Analogien hergeleiteten Klassifizierungen folgt, lehnt er in seiner Abhandlung in The Canadian Bar Review, Bd. 30, S. 807 ff. einen dem innerstaatlichen Recht analogen Begriff der Servitut ab.

aber schon aus logischen Erwägungen ausgeschlossen; insbesondere läßt sich mit einer solch schwankenden Methode nicht beweisen, ob die Staatenpraxis überhaupt einen Unterschied zwischen angeblichen Servituten und anderen Rechtsverhältnissen macht und wie gegebenenfalls diese Begriffe abzugrenzen wären. Darüber hinaus geht es nicht an, aus der Anführung zuweilen nur einzelner weniger Beispiele einen allgemeinen Schluß auf die Praxis dieses Staates schlechthin zu ziehen. Das gilt auch dann, wenn infolge der überaus großen Materialschwierigkeiten, die auf diesem Sektor bestehen, es nicht möglich ist, weitere Beispiele der Völkerrechtspraxis zum Vergleich gegenüberzustellen.

Verdross[54] führt außer den radizierten Verträgen noch zwei weitere Fälle an, in denen kraft Gewohnheitsrecht eine Pflicht des Nachfolgestaates zur Übernahme bestehe:

a) Vereinbarungen, die über den Kreis der Vertragsteile hinaus eine gewohnheitsrechtliche Anerkennung gefunden haben und
b) Kollektivverträge, durch welche für eine Staatengruppe eine Ordnung festgelegt wird.

b) Übergang der Rechtsverhältnisse gemäß den faktischen Bedingungen

Die bei einer Staatensukzession sich bildende tatsächliche Praxis ist bedingt durch mehrere Faktoren: einmal durch „das eigene Interesse des Folgestaates, jede Gebietsveränderung unter tunlichst geringer Erschütterung der bestehenden Verhältnisse vorzunehmen" und zum anderen durch die Notwendigkeit, auf die Interessen der anderen Staaten Rücksicht zu nehmen[55]. Diese politischen Momente gestalten die völkerrechtliche Praxis[56].

aa) Faktische Durchführungsmöglichkeiten

Auf Grund einer Untersuchung der Praxis der USA kommt Wilkinson[57], der die Übertragung der Souveränität als entscheidendes Kriterium der Staatensukzession ansieht, zu dem Ergebnis, die Möglichkeit der Erfüllung früherer Vertragsverpflichtungen sei das entscheidende Moment für die Weitergeltung von Verträgen. Die Möglichkeit selbst bemesse sich nach den tatsächlichen Bedingungen des jeweiligen Staates. Annexion und Absorption hätten keinen Einfluß auf die Vertragsverhältnisse, wohl aber Föderation und Teilung.

---

[54] *Verdross*, Völkerrecht, 4. Aufl., S. 102.

[55] *Schoenborn*, Staatensukzessionen, S. 11.

[56] In diesem Sinn auch *Castrén*, in: RC (1951 I), S. 379 ff., der auf S. 436 und S. 441 auf die „raisons d'équité et d'opportunité" abstellt.

[57] *Wilkinson*, S. 116.

bb) Regelung im Einklang mit der Lebensordnung

Dahm[58] stellt unter Hinweis auf die fortschreitende Verflechtung und Intensivierung der internationalen Beziehungen darauf ab, ob die jeweiligen Verträge die Grundlage für eine Lebensordnung bilden, die durch eine Unterbrechung eine Störung des völkerrechtlichen Zusammenlebens ergeben würden. Dabei weist er einen Unterschied bezüglich der verschiedenen „Sukzessionstitel" auf. So sollen, sofern nichts Gegenteiliges vereinbart ist, bei der Abtretung und Einverleibung die Verträge des Vorgängerstaates durch die des Nachfolgestaates ersetzt werden. Uneinheitlich sei die Praxis aber in den übrigen Fällen, da hier eine „ganz neue Ordnung" entstehe. Bei der Sezession wie der Aufgliederung zeige sich eine Tendenz zur Aufrechterhaltung der Verträge.

Seine zunächst völkersoziologisch anmutende Schlußfolgerung enthält einige im Zuge der wachsenden Integrierung zu beachtende interessante Ansatzpunkte. Aber auch er nimmt[59] eine besondere Regelung für Verträge mit territorialer Beziehung an, durch welche Servituten oder „sonst ein international anerkannter Status" begründet werde, ohne diese Klassifizierung selbst zu rechtfertigen. Auf den Begriff der Servitut soll im folgenden Kapitel eingegangen werden.

c) Grundsatz der beweglichen Vertragsgrenzen

Die verschiedenen Erscheinungsformen sollen Ausdruck eines weiteren Grundsatzes sein, nämlich des der beweglichen Vertragsgrenzen. Danach sollen „die aus den Verträgen folgenden Rechte und Pflichten die Staaten in ihren jeweiligen Grenzen erfassen[60]." Dieser Grundsatz, der als rechtliches Prinzip bisher noch nicht bewiesen worden ist und daher nur als politisches Prinzip anzusprechen ist, geht von der Position des Nachfolgestaates als Beziehungspunkt aus; er berührt die Frage, in welchem Umfang die internationalen Rechtsverhältnisse des neuen Staates nunmehr gelten. Gelten diejenigen des Sukzessorstaates auch in dem Bereich, in dem zuvor solche des Vorgängerstaates galten, so ergibt sich damit, aber erst sekundär, daß die Verträge des Vorgängerstaates insoweit erloschen und damit nicht auf den Nachfolgestaat übergegangen sind.

Das Prinzip der beweglichen Vertragsgrenzen wird vornehmlich in den Fällen der Regionalsukzession akut.

---

[58] *Dahm,* Völkerrecht I, S. 103.
[59] *Dahm,* Völkerrecht I, S. 108.
[60] Vgl. *Dahm,* Völkerrecht I, S. 105.

Gelöst werden mit diesem Grundsatz aber gerade nicht jene besonders schwierigen Zweifelsfragen derjenigen Fälle, in denen der Vorgängerstaat zur Regelung eines konkreten Rechtsverhältnisses mit einem dritten Staat eine Abmachung getroffen hat, die selbst oft nur einen Kompromiß sehr widerstreitender Interessen darstellt, für die der Nachfolgestaat aber bisher noch keinerlei vertragliche Regelung präsent hat, da sich für ihn bisher noch nicht die Notwendigkeit ergab, hierüber zu konferieren.

Zweites Kapitel

Die Staatsservituten

I. Der Begriff der Staatsservitut in der Doktrin

1. Historische Entwicklung des Begriffes

Der Begriff der Staatsservitut ist dem innerstaatlichen Recht entlehnt. Er entstammt dem römischen Recht, das in der sog. Praedialservitut[1] dem jeweiligen Eigentümer eines Grundstücks bestimmte Nutzungsrechte, wie Wege-, Wasser-, Weidegerechtigkeiten[2] am Grundstück eines anderen als iura in re aliena einräumte. Diese Rechtsverhältnisse wirkten gegenüber jedermann, d. h. sie entfalteten Drittwirkung, und galten mithin auch gegenüber dem Rechtsnachfolger des ursprünglich Berechtigten oder Verpflichteten[3]. Die enge Verbindung zum Territorium führte dazu, während des Feudalsystems auf dem europäischen Kontinent, das dem Feudalherrn rechtlich eine eigentümerähnliche Stellung zu dem von ihm beherrschten Territorium gewährte (dominium), den Begriff der Servitut auf dieses Gebietsrecht insoweit zu übertragen, als es sich um Nutzungsrechte ähnlich denen des römischen Privatrechts handelte. So wurde der Begriff der Servitut ins Staatsrecht übernommen. Mit der Entwicklung des Völkerrechts und der sich zunächst nur langsam anbahnenden Trennung von innerstaatlichen und zwischenstaatlichen Angelegenheiten wurden innerstaatliche Begriffe, die sich vor allem auf dem europäischen Kontinent ausgebildet hatten, ins Völkerrecht übernommen

[1] Vgl. Pauli sententiae receptae 1, 17, 1 in: Fontes iuris Romani Anteiustiniani (FIRA), hrsg. von Johannes Baviera, Florenz 1940.

[2] Vgl. auch Iustiniani Institutiones II, 3.

[3] Die neben der Praedialservitut bestehende Personalservitut war hingegen unvererblich und unveräußerlich und hatte mithin keinerlei Drittwirkung; inhaltlich gewährte sie ein Fruchtziehungs- und Nutzungsrecht.

und damit auch der Begriff der Servitut[4], und zwar mit den sich daran anschließenden römisch-rechtlichen Grundsätzen[5]. Die Entwicklung des modernen Völkerrechts hat erbracht, daß zwischenstaatliche Angelegenheiten völlig anderen Strukturprinzipien unterliegen als innerstaatliche[6] und infolgedessen für Analogien aus dem innerstaatlichen Recht im Völkerrecht kein Raum ist.

2. Inhaltliche Bedeutung des Begriffes

a) Vorbemerkung

Auch ohne auf Analogien aus dem innerstaatlichen Recht zu fußen, ist es immerhin denkbar, daß es in der Völkerrechtsordnung Rechtsverhältnisse gibt, die Wirkungen entfalten, welche denen der oben beschriebenen innerstaatlichen Servitut ähneln und die somit eine Bezeichnung als Staatsservitut nahelegen, wenn auch nicht rechtfertigen. Da die innerstaatliche Servitut sich vornehmlich durch eine Dinglichkeit von den übrigen Rechtsverhältnissen abhebt, versuchte man in der völkerrechtlichen Doktrin, der Staatsservitut entweder eine gewisse Dinglichkeit zuzusprechen oder umgekehrt zu untersuchen, ob es in der Völkerrechtsordnung Rechtsverhältnisse gibt, die sich vermittels einer gewissen Drittwirkung oder Dinglichkeitswirkung derart

---

[4] Vgl. hierüber ausführlich: *Clauss*, Die Lehre von den Staatsdienstbarkeiten, Tübingen 1894.

[5] Zu beachten sind hierbei insbes. folgende Grundsätze, die aber auch von den Klassikern des römischen Rechts nicht starr, sondern in Einklang mit den praktischen Bedürfnissen, angewandt wurden. Eine Zusammenstellung s. bei *Buckland*, W., W., A Text-Book of Roman Law, Cambrigde 1950, S. 260.:

a) servitus in faciendo consistere nequit (Pomp. D. 8, 1, 15, 1), was in der völkerrechtlichen Doktrin zu der Unterscheidung von negativen und positiven Servituten führte;

b) neminem res sua servit (Paul. D. 8, 2, 26). Hiermit wurde in der völkerrechtlichen Doktrin das Erlöschen eines Rechtsverhältnisses erklärt, wenn infolge territorialer Verschiebungen der aus diesem Recht Begünstigte selbst die Souveränität über das betreffende Territorium erwarb;

c) servitus civiler utendum est (Cels. D. 8, 1, 9), was in der Völkerrechtslehre zu dem Gebot
   aa) der restriktiven Interpretation und
   bb) der Ausübung unter dem Grundsatz des civiliter uti führte;
   Vgl. hierzu den Nordatlantischen Fischereistreit (Travaux de la Cour Permanente d'Arbitrage de la Haye, New York, 1921) und den Wimbledon-Fall StIGH A/1;

d) Die Servituten bleiben bei Übertragung des Rechts an einen Dritten bestehen (Paul. D. 8, 1, 8), was in der Völkerrechtslehre zu der Theorie führte, daß Servituten auch im Falle einer Staatensukzession bestehen bleiben;

e) die Bestellung der Servitut auf unbegrenzte Zeit (Pap. D. 8, 1, 4).

[6] Vgl. *Berber*, Die Rechtsquellen des internationalen Wassernutzungsrechts, S. 122; *Schüle*, S. 142.

von anderen Rechtsverhältnissen unterscheiden, daß sie die Bezeichnung Staatsservitut rechtfertigen. Mithin mangelt es nicht an Versuchen, durch geschickte Konstruktionen das Phänomen der Staatsservitut zwischen angeblich allgemeingültige Grundpfeiler der Völkerrechtsordnung einzubauen. Da aber auch diese Pfeiler selbst wieder eine der Erklärung und dem Versuch nach Systematisierung dienende Konstruktion sind, stand dieses theoretische Unterfangen von vornherein auf schwankendem Boden.

Eine Abgrenzung der als Servitut bezeichneten Rechtsverhältnisse läßt sich einmal nach dem Gegenstand und zum anderen nach der systematischen Einordnung ziehen.

b) Gegenständliche Abgrenzung

Bei einer Abgrenzung nach dem Gegenstand der Berechtigungen bzw. Verpflichtungen lassen sich in der Doktrin ein enger und weiter Begriff der Servitut feststellen. Der enge Begriff, der wesensmäßig zumeist auf einen dinglichen Servitutsbegriff hinausläuft[7], umfaßt gewöhnlich[8]

a) militärische Rechte eines Staates gegenüber einem anderen Staate wie Befestigungsverbote[9], Errichtung demilitarisierter und neutralisierter Zonen[10], Durchmarsch-[11] und Besatzungsrechte[12];

---

[7] Vgl. *Münch*, Ist am Begriff der völkerrechtlichen Servitut festzuhalten?, S. 49.

[8] Die in der Literatur angeführten Beispiele sind zahlreich und ließen sich durchaus vermehren. Es sollen hier zur Illustration nur einige angeführt werden. Eine ausführliche Schilderung findet sich bei *Reid*, International Servitudes in Law and Practice, Chicago 1932; *Vali*, Servitudes in International Law, 2. Aufl., London 1958.

[9] z. B. Sewastopol durch den Vertrag von Paris 1856 (vgl. *Despagnet*, S. 247); Schleifung bulgarischer Festungen durch Art. 11 des Vertrags von Berlin vom 13. 7. 1878 (vgl. *Ullmann*, S. 323); Nichtbefestigung von Antwerpen gem. Art. 15 des Vertrages von Paris vom 30. 5. 1814 (vgl. Sibert, S. 381); Nichtbefestigung Helgolands gem. dem Versailler Vertrag (vgl. *Fauchille*, Bd. I, Teil 1, S. 683); Nichtbefestigung Hüningens gem. Friedensvertrag von Paris vom 20. 11. 1815 (vgl. *Vali*, S. 263); Schleifung der luxemburgischen Festungen 1867 (vgl. *v. Liszt-Fleischmann*, S. 131); Nichtbefestigung der Maghellan-Straße 1881 (vgl. *Sibert*, S, 382); Befestigungsverbot Dünkirchens im Vertrag von Utrecht 1713; Befestigungsverbot der marokkanischen Küste durch Art. 7 des Vertrags vom 8. 4. 1904, Art. 14 des Vertrags vom 3. 10. 1904; Art. 6 des Vertrags vom 27. 11. 1912 (a. A. ausdrücklich *Olivart*, S. 445); Nichtbefestigung Wismars 1720 (vgl. *Stael*, S. 452); Nichtbefestigung Tangers 1923 (*Delbez*, S. 159); Nichtbefestigung der Inseln Korfu und Paxos 1863 (*Delbez*, S. 159).

[10] z. B. die Errichtung einer neutralen Zone zwischen Schweden und Norwegen 1905 (vgl. *Kohler*, S. 83); Neutralisierung und Demilitarisierung der Aaland-Inseln (vgl. *Vali*, S. 264); Neutralisierung Tangers (vgl. *Balladore-Pallieri*, S. 351); Neutralisierung Spitzbergens (vgl. *Balladore-Pallieri*, S. 351); neutrale Zone von Melilla (vgl. *Labrousse*, S. 27).

[11] Transitrecht Schwarzburg-Sonderhausens in Preußen (vgl. H. B. *Oppenheim*, S. 142); Transitrecht der CSR über polnisches Territorium (vgl. *Vali*,

b) wirtschaftliche Rechte, wie die Benutzung von Eisenbahnlinien[13], Grenzbahnhöfen[14], Zollstationen[15], Schiffahrtsrechte in territorialen Gewässern[16], auf den interozeanischen Kanälen[17], Wassernutzungsrechte an Flüssen[18], Fischereirechte[19], Zollfreizonen[20], Bergwerksrechte[21].

Die Anhänger eines weiten Servitutsbegriffes erfassen auch solche Beschränkungen innerstaatlicher Hoheitsrechte, die weniger ein Vorbild in innerstaatlichen Rechtsordnungen haben, wie z. B. Kapitulationen, Privilegien der Diplomaten und Beschränkungen, die sich aus der Lage der Staaten zueinander ergeben. Für Beschränkungen der letzteren Art mangelt zuweilen der konkrete Vertragstitel; sie

S. 120 ff.); Transitrecht zwischen Belgisch-Kongo und dem Hafen Lobi durch Angola (vgl. *Andrassy*, S. 164); deutsch-polnische Transitrechte zwischen Deutschland, Polen und der Freien Stadt Danzig (vgl. *Vali*, S. 108 ff.); Türkische Transitrechte in West-Thracien (vgl. *Vali*, S. 115); Transitrechte Bayerns von Würzburg nach der Rheinpfalz gem. Frankfurter Territorial-Rezeß von 1819.

[12] z. B. britische Militärbasen in Irak, Suezkanalzone, Jordanien, Ceylon, Malaya (vgl. *Vali*, S. 217 ff.); Stützpunkte der USA auf Cuba, den Philippinen, Marokko, Island (vgl. *Vali*, S. 230 ff.); sowjetische Stützpunkte in Finnland (vgl. *Vali*, S. 251).

[13] z. B. die russischen und japanischen Bahnlinien in der Mandschurei (vgl. *Hershey*, S. 177); die Bahnlinie Magdeburg—Braunschweig—Hannover—Minden 1841 (vgl. *v. Klass*, S. 45 ff.); die Bahnlinie Emden—Münster 1846 und 1852 (vgl. *v. Klass*, S. 45 ff.); die Bahnlinie Bianςon—Bardonnèche—Modane (vgl. *Andrassy*, in: RC Bd. 79, S. 165).

[14] z. B. den deutschen Bahnhof in Basel (vgl. *Vali*, S. 131).

[15] Zollrechte der USA in San Domingo (vgl. *Hershey*, S. 177).

[16] z. B. die Regelung der Schiffahrt auf der Donau (vgl. *Bustamente*, Bd. 3, S. 195); Elbe (vgl. *Reid*, in: RC, Bd. 45, S. 148); Kongo und Niger (vgl. *Labrousse*, S. 268—270); St. Lorenz (vgl. *Labrousse*, S. 272); Rhein (vgl. *Dahm*, Völkerrecht I, S. 108); Oder (vgl. *Reid*, loc. cit.); De Guayas (vgl. *Labrousse*, S. 274); Yukon, Porcupine und Stikine in Alaska (vgl. *O'Connell*, S. 54) u.a.m.

[17] z. B. die Schiffahrtsrechte im Suezkanal durch die Konvention von 1888 (vgl. *Mercier*, S. 64); im Panama-Kanal (vgl. *Vali*, S. 253); im Kieler Kanal (vgl. *Schulte*, S. 57).

[18] z. B. die Wassernutzung des Kunene (vgl. *Vali*, S. 154); die Wassernutzung des Nils (vgl. *Vali*, S. 161); die Wassernutzung des Duero (vgl. *Vali*, S. 158). Wegen der Probleme des Wassernutzungsrechts darf hier vornehmlich verwiesen werden auf *Berber*, Rivers in International Law.

[19] z. B. die Fischereirechte der USA in den Küstengewässern Neufundlands (vgl. *Vali*, S. 72 ff.); die französischen Fischereirechte in Neufundland (vgl. *Vali*, S. 87 ff.); die japanischen Fischereirechte an der sowjetischen Küste (vgl. *Bustamente*, Bd. 3, S. 192); die venetianischen Fischereirechte an der dalmatinischen Küste (vgl. *Vali*, S. 92 ff.); dänische und schwedische Fischereirechte im Kattegat, im Sund und in der Ostsee (vgl. *Vali*, S. 105); die britischen Fischereirechte in den Flüssen Alaskas (vgl. *O'Connell*, S. 54).

[20] z. B. Freihafen von Stettin und Hamburg 1919 (vgl. *Dickinson*, S. 344); Freizone von Zara (vgl. *Vali*, S. 179); Freizone von Hochsavoyen und Gex (vgl. *Vali*, S. 169).

[21] z. B. niederländische Grubenrechte an der deutsch-niederländischen Grenze (vgl. *Vali*, S. 182).

sollen auf allgemeinem Völkerrecht, d. h. auf Grund Völkergewohnheitsrechts oder allgemeiner Rechtsgrundsätze beruhen. Es ist aber sehr fraglich, ob es die angeführten Berechtigungen überhaupt gibt; eine Frage, die zu prüfen ist, bevor man untersucht, welche Wirkung diese Rechte entfalten. Im besonderen Maße gilt dies für die Beschränkungen aus der Lage der Staaten zueinander, die aus einem sog. zwischenstaatlichen Nachbarrecht[22] begründet und als natürliche Servituten bezeichnet werden.

c) *Systematische Abgrenzung*

Die Staatsservitut wird nicht nur in den systematischen Abhandlungen unter verschiedenen Gesichtspunkten behandelt[23], auch ihre dogmatische Erfassung und damit ihre Definition variieren.

aa) Die Staatsservitut als dingliches Recht

Die Doktrin über die Staatsservitut suchte ihre Stütze in der theoretischen Deduktion. Von einem bestimmten vermeintlichen System her, dem man sich angeschlossen hatte, wird die Servitut klassifiziert oder verworfen[24]. Die systematische Bedeutung der Servitut wird in einer sog. Dinglichkeit gesehen[25], d. h. einer Wirkung über den Kreis der ursprünglich Beteiligten hinaus. Diese Wirkung zeige sich insbesondere bei dem Übergang des jeweiligen Rechtsverhältnisses auf den Nachfolgestaat im Falle einer Staatensukzession[26]. Gegen die

---

[22] *Berber* weist in: Die Rechtsquellen des internationalen Wassernutzungsrechts, S. 151, nach, daß sich eine Regel des universalen Völkergewohnheitsrechts über gute nachbarliche Beziehungen nicht dartun läßt.

[23] Zur Illustration seien einige Beispiele angeführt. Dabei darf jedoch nicht übersehen werden, daß die Subsumtion stets von der systematischen Gliederung selbst abhängt.
Abhandlungen über Staatsservituten finden sich u. a. in folgenden Kapiteln:
a) Grundrechte der Staaten bzgl. der Eigentums- und Verteidigungsrechte. So bei: *Bonfils*, Lehrbuch, S. 177; *Fauchille*, Bd. 1, Teil 1, S. 677.
b) Souveränität bzw. Unabhängigkeit (auf die Bedeutung beider Begriffe soll hier nicht näher eingegangen werden). So bei: *Despagnet*, S. 245; *Foignet*, S. 337.
c) Staatliches Territorium. So bei: *Planas Suarez*, S. 81; *Helfritz*, S. 111; *Foulke*, S. 330 ff.; *Sibert*, Bd. 1, S. 381; *Hershey*, S. 176; *Verdross*, Die Verfassung, S. 188.
d) Pflichten zu Lasten dritter Staaten. So bei: *L'Huiller*, S. 201.
e) Vertragsrecht. So bei: *Calvo*, Bd. 3, S. 356; *Funk-Brentano*, S. 179.
f) Reale Rechte. So bei: *Balladore-Pallieri*, S. 352.
g) Staatensukzession. So bei: *Quadri*, S. 338.
h) Territoriale Souveränität. So bei: *Eagleton*, S. 98 (territorial jurisdiction); *v. Martens*, Völkerrecht, 1883, Bd. 1, S. 365 (Gebietshoheit).
i) Staatliche (territoriale) Kompetenz. So bei: *Scelle*, Précis, Bd. 1, S. 113; *Rousseau*, S. 233.
k) In einem besonderen Kapitel. So bei: *Bustamente*, Bd. 3, S. 182.

[24] Vgl. *Münch*, loc. cit., S. 39.

[25] Vgl. *Mercier*, S. 35.

[26] *L'Huiller*, no. 341, S. 201; *Brierly*, The Law of Nations, S. 168/170.

selbstverständliche Annahme der Existenz dinglicher Rechte im Völkerrecht erheben sich aber Bedenken. Im innerstaatlichen Recht wird ein Recht erst durch Anordnung des internen Rechts dinglich. Dem Völkerrecht fehlt als Koordinationsrecht diese Rechtsbefehlsstelle[27] Sofern es tatsächlich so etwas wie dingliche Rechte gibt, muß sich diese Dinglichkeit aus Verträgen oder Gewohnheitsrecht erweisen lassen.

bb) Vertragliche oder außervertragliche dingliche Rechte

Völkerrechtliche Rechtsverhältnisse beruhen zumeist auf Verträgen. Außervertragliche Rechtsverhältnisse können sich nur auf partikuläres oder generelles Gewohnheitsrecht oder aber auf allgemeine Rechtsgrundsätze gründen, die in Art. 38, I, 3 des Statuts des internationalen Gerichtshofes herausgestellt sind[28]. Sie sind allgemeine, aus Rechtssätzen des innerstaatlichen Rechts abgeleitete Prinzipien, die in den hauptsächlichsten Systemen der Erde nachweisbar sind[29]. Ist bereits die Dinglichkeit als solche im Völkerrecht höchst fragwürdig, so ist sie es in besonderem Maße bei außervertraglichen völkerrechtlichen Rechtsverhältnissen. Eine nicht durch völkerrechtlichen Vertrag begründete Servitut, auch natürliche Servitut genannt[30], ist mithin unter einem doppelten Aspekt problematisch: einmal hinsichtlich der — auch bei vertraglichen Servituten zweifelhaften — Dinglichkeit[31] und zum andern hinsichtlich der Begründungsform.

Ein Nachweis natürlicher dinglicher Rechte als generelles oder — und das ist für die Dinglichkeit und einen eventuellen Fortbestand im Falle einer Staatensukzession besonders interessant — partikuläres Gewohnheitsrecht scheint bisher noch nicht erbracht worden zu sein[32].

---

[27] Vgl. *Schnitzer*, S. 26/27; *Berber*, Zur Problematik der Rechtsquellen im internationalen Wasserrecht, S. 118.

[28] Der Geltungsgrund dieser allgemeinen Rechtsgrundsätze ist entweder Gewohnheits- oder Vertragsrecht. Vgl. hierzu *Berber*, Die Rechtsquellen des internationalen Wassernutzungsrechts, S. 35.

[29] Vgl. hierzu ausführlich *Berber*, Die Rechtsquellen des internationalen Wassernutzungsrechts, S. 136—138.

[30] Der Begriff der natürlichen Servitut ist selbst unklar. Manchmal werden darunter Verpflichtungen verstanden, die allen Staaten (so z. B. *Labrousse*, S. 14), zuweilen solche, die nur einzelnen Staaten unter bestimmten Voraussetzungen obliegen (so wohl *Cavaré*, Bd. II, S. 459, der die natürlichen Servituten ansieht als „fondées sur le droit naturel et sur les nécessités sociales". Vgl. ferner die Fußnote 34 zitierten Autoren).

[31] So lehnen die natürliche Servitut u. a. ab: *Delbez*, S. 159; *Fauchille*, Bd. I, Teil 1, S. 678, no. 339.

[32] Die Existenz lediglich vertraglicher Servituten betonen: *Sibert*, Bd. I, S. 385; *Delbez*, S. 159; *Bonfils-Fauchille*, Bd. I, S. 678; *Scelle*, Précis, Bd. I, S. 114; ders. Manuel, S. 174.

Die Existenz sog. natürlicher Servituten bejahen u. a.: *Heffter-Geffken*, § 43, S. 105; *Resch*, S. 155/159; *Hall*, S. 203; *Bustamente*, Bd. III, no. 667, S. 184; *Rivier*, S. 180.

Die Doktrin beschränkt sich auf Behauptungen, die sich auf Analogien aus dem innerstaatlichen Recht stützen[33], oder die Angabe einzelner, in der dargestellten Weise alleinstehender Beispiele, die keine Folgerung auf allgemeine Gesichtspunkte zulassen.

Als hauptsächlichste Erscheinungsform des Begründungsvorgangs einer sog. natürlichen Servitut wird in der Literatur die kontinuierliche Inanspruchnahme einer faktischen Situation herausgestellt, und zwar unter deutlicher Anlehnung an den aus dem römischen Recht stammenden Grundsatz des Erwerbs kraft Besitzes seit unvordenklicher Zeit[34]. Dieser sehr speziell römisch-rechtliche Grundsatz dürfte sich kaum in den hauptsächlichsten Rechtssystemen der Erde nachweisen lassen. Nur aus dem europäischen kontinentalen Recht hergeleitete Grundsätze können aber nicht ins Völkerrecht übernommen werden[35].

cc) Die Stellung der Servitut in der Systematik

Infolge der oben aufgezeigten historischen Entwicklung definierte man, Analogien aus dem innerstaatlichen Recht folgend, die Servitut zunächst vom Staatsgebiet her[36], so zunächst in der älteren patrimonialen Lehre. Auch unter Einbeziehung der Staatsgewalt in die Erörterungen blieb dieser Aspekt dadurch erhalten, daß nunmehr das Gebiet als Objekt der staatlichen Herrschaft betrachtet wurde (sog. Objektstheorie) und damit die Staatsservitut als das Gebilde, das der betreffenden Staatsgewalt eben in begrenztem Rahmen nicht als Objekt dient[37]. Von der Beurteilung des Staatsgebietes als räumlichen Geltungsbereich staatlicher Herrschaftsgewalt (sog. Raumtheorie) war die Servitut zwar als Geltungsbereich einer staatlichen Herrschaftsgewalt, aber eben nur einer beschränkten Herrschaftsgewalt, zu sehen. Die Beurteilung des Staatsgebietes vom Gesichtspunkt der Kompetenz her führte dazu, die Servitut als Beschränkung der territorialen, später jedweden Kompetenz anzusehen. Da die Ausübung der staatlichen Hoheitsrechte — und in diesen ist wiederum

---

33 *Bustamente*, Bd. III, S. 184, no. 667.

34 *Wilson*, S. 161; *Foignet*, S. 338; *Bluntschli*, § 354; *Brie*, S. 472; *Fiore* I, no. 380, S. 336; *Hartmann*, S. 179; *Heffter-Geffken*, S. 106; *Pradier-Fodéré*, Bd. II, no. 843, S. 405, der die bloßen sog. natürlichen Servituten aber ablehnt (loc. cit. S. 397).

35 *Berber*, Die Rechtsquellen des internationalen Wassernutzungsrechts, S. 137: „Ein Prinzip, das nur vom ‚kontinentalen', ‚römischen' oder ‚gemeinen' Recht abgeleitet wird, ist kein der Aufnahme ins Völkerrecht würdiges allgemeines Prinzip."

36 Eine Gliederung der Definitionen der Servitut gemäß den verschiedenen Theorien über die Bedeutung des Territoriums findet sich bei *Gascard*, S. 12 und soll hier nicht wiederholt werden.

37 H. B. *Oppenheim* läßt S. 141 ausdrücklich Regeln des Zivilrechts anwendbar sein.

auch die Kompetenz faßbar — mit der, im übrigen sehr verschieden umrissenen und begriffenen[38] Souveränität eines Staates verknüpft ist, wird die Servitut auch als Beschränkung der Souveränität schlechthin[39] oder der territorialen Souveränität, und zwar unter dem Aspekt der besonderen lokalen Beziehung, die von einigen Autoren als Gebietshoheit[40] bezeichnet wird, angesehen. Es ist hier auf den von Verdross[41] herausgestellten Unterschied zwischen territorialer Souveränität und Gebietshoheit hinzuweisen. Nach *Verdross* ist Gebietshoheit lediglich die tatsächliche Ausübung der territorialen Souveränität und nicht mit dieser identisch. Diese Differenzierung ist jedoch sehr anfechtbar, da für Analogien aus dem innerstaatlichen Recht, wie sie *Verdross* zur Erklärung seiner These hinsichtlich der kontinental-europäischen Begriffe Besitz und Eigentum sieht, im Völkerrecht kein Raum ist und zumal gerade auf diesem Sektor das Prinzip der Effektivität und damit gerade die Verbindung von formeller und materieller (tatsächlicher) Rechtsposition akut wird. *Verdross* muß wegen seiner Differenzierung die Servitut als Beschränkung der territorialen Souveränität[42] ansehen. Das restierende Gebilde ist somit lediglich als Gebietshoheit — im Sinne von *Verdross* — anzusprechen. Manche Autoren sehen die Servitut auch als Beschränkung der inneren[43] Souveränität[44] oder der Abhängigkeit[45] an.

Eine Sonderstellung nimmt *Hamel* ein, der auf die jeweilige territoriale Situation und damit auf die jeweilige Notwendigkeit[46] zur Beherrschung eines Staatsgebietes zwecks Erfüllung staatlicher Aufgaben[47] abstellt, um die Dinglichkeit im Völkerrecht zu umreißen.

---

[38] Vgl. hierüber *Gunst*, Der Begriff der Souveränität im modernen Völkerrecht, Berlin 1953.

[39] Vgl. *v. Neumann*, Grundriß, S. 31; *Brown*, in: A.J.I.L., Bd. 15, (1921), S. 271; *Gould*, S. 98; *Crusen*, S. 22; *Baty*, S. 405; *Despagnet*, no. 190, S. 245 unter besonderem Hinweis auf die Beschränkung der äußeren *oder* inneren Souveränität.

[40] *v. Martens-Bergbohm*, Völkerrecht, Bd. 1, S. 365; *Külb*, S. 34; *Ullmann*, S. 321; *Resch*, S. 155/159; *Foignet*, S. 337; *Wilson-Tucker*, S. 168 („territorial jurisdiction").

[41] *Verdross*, Völkerrecht, 4. Auflage., S. 203 ff., insbes. S. 204/205.

[42] *Verdross*, Völkerrecht, 4. Auflage., S. 228.

[43] Wegen der verschiedenen Begriffe der inneren und äußeren Souveränität vgl. *Gunst*, S. 57.

[44] *Bonfils-Fauchille*, no. 34, S. 177; wohl auch *Fiore*, Bd. I, no. 380, S. 336, der auf ‚autonomie' abstellt.

[45] Unabhängigkeit und Souveränität werden zuweilen identifiziert; vgl. StIGH im sog. Zollunionsfall.
Als Beschränkung der Unabhängigkeit wird die Servitut angesehen von *Rousseau*, no. 260, S. 233, der aber das — äquivalente — Recht des begünstigten Staates als Ausübung der „compétence réglementaire (législative ou administrative)" und „juridictionelle" ansieht.

[46] *Hamel*, S. 289.

[47] *Hamel*, S. 316.

Sich mehr und mehr von innerstaatlichen Analogien lösend, suchte man die dingliche Unterscheidung der Servitut zu anderen Rechtsverhältnissen in verschiedenen tatsächlichen Kriterien zu sehen, wobei sich die einzelnen Punkte in den Definitionen überschneiden. Hervorgehoben werden vor allem der Gesichtspunkt der unbegrenzten Dauer[48], das dem Recht überlagerte überstaatliche Interesse[49/50] oder das besondere Interesse einiger Staaten, die besonderen Nutzungs- und Gebrauchsmöglichkeiten, die für einen Staat aus dem Recht resultieren[51] oder die Bezogenheit von Gebiet zu Gebiet[52]. Unter dem Einfluß römisch-rechtlichen Gedankengutes wird erörtert, ob als Servitut nur solche Rechte zu begreifen sind, die eine Verpflichtung zur Nichtausübung (sog. negative Servituten) oder auch solche, die eine Pflicht zur Ausübung bestimmter Hoheitsrechte (sog. positive Servituten) enthalten[53]. Beide Arten sind aber immer nur dieselbe Einschränkung der Staatshoheit eines anderen Staates in verschiedenen Richtungen; in diesem Sinne sind als Einschränkung alle sog. Servituten negativ[54].

d) Die Wirkung der Servitut

Die Wirkung der Servitut wird zumeist als Folge ihres angeblichen dinglichen Charakters vornehmlich darin gesehen, daß dritte Staaten an das Rechtsverhältnis gebunden sind. Als Hauptbeispiel eines sog.

---

48 *Brie*, S. 472; *Verdross*, Die Verfassung, S. 188; *Bluntschli*, § 353; *Ullmann*, S. 321; *Root*, S. 286; *v. Waldkirch*, S. 201; *Hartmann*, S. 179; *Delbez*, S. 158; *Bustamente*, Bd. 3, S. 182; *Wittich*, S. 35; *Rivier*, S. 100; *Sibert*, Bd. 1, S. 677; *Cavaré*, Bd. 1, S. 285; anderer Ansicht: *Bustamente*, Bd. 3, S. 18.

49 *v. Waldkirch*, S. 201; *Radnitzky*, S. 350; *v. Liszt-Fleischmann*, S. 133; *Udina* unterscheidet S. 705 ff. zwischen „obligations localisées d'intérêt général" und „obligations servitudinaires" (S. 741).

50 In diesem Zusammenhang ist auf den von *Triepel*, S. 63 ff., herausgestellten Unterschied zwischen „Vertrag" und „Vereinbarung" hinzuweisen. Ersterer diene zur Befriedigung entgegengesetzter, letzterer zur Befriedigung gleichgerichteter Interessen und schaffe damit objektives Recht. *Berber* weist in: Lehrbuch des Völkerrechts, Bd. 1, S. 64, darauf hin, daß auch die Lehre von der „Vereinbarung" nicht erklärt, warum die Vereinbarung bindet. *Triepel* übersieht, daß ein *völkerrechtlicher* Vertrag beides ist, Rechtsgeschäft wie auch „Gesetz", und zwar in untrennbarer Verbindung.

51 *Mercier*, S. 27; *Gascard*, S. 86; *Calvo*, Bd. 3, S. 356.

52 *Labrousse*, S. 14.

53 So *Udina*, S. 731; *Planas Suarez*, S. 81, sowie *Foignet*, S. 337 sehen als positive Servitut diejenige Beschränkung an, nach der ein Staat auf seinem Territorium die Ausübung von Hoheitsrechten eines anderen Staates dulden muß. Doch dies ist im Grunde eine negative Servitut, nämlich die Nichtausübung des grundsätzlichen Rechts zur Beseitigung fremder Eingriffe. — Anders zu erörtern ist die Frage der Pflicht, auf eigenem Territorium bestimmte Hoheitsrechte auszuüben.

54 *Hatschek*, S. 156; *Potter*, A.J.I.L. 1915, S. 635.

dritten Staates wird der Folgestaat bei Eintritt einer Staatensukzession vermerkt[55]. Weitere dingliche Bedeutung soll der Staatsservitut zukommen im Weiterbestehen auch im Falle eines Krieges, in der grundsätzlich restriktiven Interpretation, der Nichtanwendbarkeit der clausula rebus sic stantibus[56], sowie der Ausübung des restriktiv interpretierten Rechts nach dem Grundsatz des civiliter uti.

3. Ablehnung des Begriffes der Servitut

Die Ablehnung des Begriffes der Servitut erfolgt von verschiedenen Gesichtspunkten her:

a) teils aus der dogmatischen Erwägung, daß jedwede Analogie aus dem Privatrecht im Völkerrecht ihrer Grundlage entbehre; es gäbe im Völkerrecht keine Unterscheidung zwischen dinglichen und obligatorischen Rechten[57], es gäbe insbesondere keine Beziehung von Staatsgebiet zu Staatsgebiet, sondern nur von Staaten zu Staaten[58];

b) teils unter Berufung auf die Staatenpraxis, in der sich derartige Rechtsverhältnisse allgemein nicht herausstellen ließen[59];

c) teils hält man lediglich die Formulierung für überflüssig[60] oder als unglücklich und höchst gefährlich gewählt[61], konzediert aber, daß es bestimmte Rechtsverhältnisse im Völkerrecht gäbe, die in bestimmten Situationen gesondert behandellt würden.

---

55 *L'Huiller*, no. 341, S. 201; *Brierly*, The Law of Nations, S. 168, 170.

56 So Logos im Genfer Freizonen-Fall, StIGH, C 19^{I}, S. 196; a. A.: *Bustamente*, Bd. III, no. 671, S. 206; *Huber*, S. 64; *Batstone*, S. 538/539; *Schwarzenberger*, S. 211 weist mit Recht darauf hin, daß dies eine Frage der Vertragsinterpretation ist.

57 *Olivart*, S. 435; NYS, Le Droit International, Bd. 2, S. 319; ders. in: R D I L C, 1911, S. 314; *Spiropoulus*, S. 111/112; *Piedelièvre*, Bd. 1, S. 259; *Henrich*, in: Strupp's Wörterbuch, S. 535, 1. Spalte; *Strupp*, Grundzüge, S. 138; *Friedrich*, S. 59; *Ross*, S. 125; *Castrén*, in: RC 1951, Bd. 1, S. 438; *Schnitzer*, S. 26; *Strupp*, in: RC 47 (1934 I), S. 477.

58 *Cavaglieri*, in: RC 26, S. 5 ff. (insbes. S. 427 ff.); ders. in: Diritto, S. 338. Dort stellt *Cavaglieri* aber auf S. 298/299 als gesondert eine Gruppe solcher Rechte heraus, die erga omnes gelten; *Balladore-Pallieri*, S. 352, er bejaht aber grundsätzlich die Existenz realer Rechte im Völkerrecht (S. 350 loc. cit.); *de Louter*, Bd. 1, S. 339.

59 *Foulke*, § 259, S. 330 ff.; *Brierly*, in: RC 58 (1936 IV), S. 227; *Winiarski*, S. 135; *Søderhjelm* lehnt das Institut der Servitut sowohl aus dogmatischen Gründen (S. 39) als auch wegen mangelnder Nachweisbarkeit in der Völkerrechtspraxis ab, insbes. wegen Fehlens eines diesbezüglichen Gewohnheitsrechtssatzes.

60 *Starke*, S. 154; *Guggenheim*, Lehrbuch des Völkerrechts, Bd. 1, S. 357; *Hold-Ferneck*, Teil 2, S. 117; *Mc Nair*, in: Br Y B 1925, S. 125.

61 *Hyde*, Bd. 1, S. 513; *Funck-Brentano*, S. 179; *Scelle*, Traité, 1951, Bd. 1, S. 381; *Ridder*, in: Strupp-Schlochauer, S. 627, Spalte 1.

II. Der Begriff der Staatsservitut in der Praxis

Der Begriff der Staatsservitut wurde aus der Theorie entwickelt und ist auch im wesentlichen in der Theorie verblieben; er fand nur selten Eingang in die völkerrechtliche Praxis.

1. Diplomatischer Notenwechsel

Im diplomatischen Notenwechsel findet sich der Begriff der Servitut vornehmlich im 19. und kaum im 20. Jahrhundert. Er wird verwandt im Zusammenhang mit dem Übergang von Rechten und Pflichten anläßlich einer Zession, wie z. B. die Abtretung Hochsavoyens an Frankreich 1860[62]; oder einer Sezession, wie z. B. bei der Loslösung Finnlands 1919[63]; oder hinsichtlich besonders eingreifender Beschränkungen zu Lasten eines Staates[64] oder hinsichtlich Schiffahrtsrechten an Flüssen[65]. Er wird gern da gebraucht, wo ein Zustand unpopulär gemacht werden soll[66].

2. Völkerrechtliche Rechtsgeschäfte

Auch in völkerrechtlichen Rechtsgeschäften, insbesondere Verträgen, wird der Begriff der Servitut verwandt. Ausdrückliche Formulierungen finden sich z. B. in Art. 2 des Vertrags zwischen Chile und Peru vom 3. Juni 1929 über die Kanal- und Wassernutzung in Arica[67], in den Abmachungen der internationalen deutsch-belgischen Grenzfestsetzungskommission vom 6. November 1922[68]; dem Abkommen über deutsche Befestigungen vom 5. Februar 1927[69]; in der Präambel des

---

[62] Note Sir J. Cramptons (St. Petersburg) an Lord Russel vom 23. 3. 1860 (Fontes Iuris Gentium ser. B, sect. I, t. I, pars 1, no. 82) nebst Antwortnote; vgl. auch ibidem no. 1216 Note des Marquis de Moustier an M. Baudin vom 28. 2. 1867 wegen der Aufhebung des preußischen Garnisonsrechts in Luxemburg mit der Lösung der Luxemburgisch-Limburgischen Union; vgl. ferner französiche Note an die Schweiz vom 26. 4. 1919 wegen der Freizonen in Savoyen (StIGH AB 46/125 und 126); vgl. ferner die Noten in Anhang No. 1 und 2.

[63] Britische Note an Finnland hinsichtlich der Aufrechterhaltung von Rechten und Pflichten nach 1919, hier bzgl. Schiffahrt auf Binnenflüssen — abgedruckt bei *Mc Nair*, Treaties, S. 454.

[64] M. Kogalniceano am 16.—28. 3. 1878 wegen der durch den Vertrag von San-Stephano begründeten Beschränkungen (Fontes Iuris Gentium, ser. B sect I, t. II, pars 1, no. 186).

[65] Comte Andrassy an Comte Zichy in Konstantinopel am 7. 8. 1876 hinsichtlich der Schiffahrt auf dem Flusse Klek (Fontes Iuris Gentium, ser. B, sect. I, t. II, pars I, no. 649).

[66] *Münch*, Ist am Begriff der völkerrechtlichen Servitut festzuhalten?, S. 13.

[67] LNTS, XCIV, S. 401.

[68] *Martens*, Nouveau Recueil Général, 3. Serie, Bd. 14, S. 834 ff.; und zwar in Teil II § 8 des Abkommens. Die „Servituten" betreffen Telegraphen-, Telephon- und elektrische Anlagen, Anlagen von Wasserdurchlässen, Überführung und Unterführung von Chausseen, Anlagen von Brücken usw.

[69] *Martens*, Nouveau Recueil Général, 3. Serie, Bd. 18, S. 662.

Rheinbrücken-Abkommens zwischen Deutschland und Frankreich vom 14. August 1925[70]; ferner in dem Vertrag vom 22. Februar 1866 des Vizekönigs von Ägypten mit der Suezkanalgesellschaft[71], die als reine Konzession gedacht war und der Gesellschaft in Art. 6, 9 und 10 bestimmte Passagerechte einräumt.

Irgendwelche rechtlichen Konsequenzen scheinen aus der Formulierung „Servitut" bisher in keinem der Fälle gezogen worden zu sein.

3. Der Begriff der Servitut in der Rechtsprechung

Sowohl internationale wie nationale Gerichte hatten Gelegenheit, sich mit Begriff und Problematik der Staatsservitut zu befassen.

a) Die Rechtsprechung internationaler Gerichte

aa) Der Nordatlantische Fischereistreit

Der internationale Schiedsgerichtshof erörterte im sogenannten nordatlantischen Fischereistreit[72] die Frage der Existenz von Staatsservituten unter dem Gesichtspunkt der restriktiven Interpretation bestimmter Völkerrechtsverhältnisse, und zwar im gegebenen Fall eines Fischereirechtes. Es handelte sich darum, ob das den Bewohnern der USA durch die Verträge von Paris vom 3. September 1783[73] (Art. 3) und von London vom 20. Oktober 1818[74] (Art. 1) eingeräumte Fischereirecht eine Servitut zugunsten der USA und zu Lasten Großbritanniens darstelle und daher — entsprechend den römisch-rechtlichen Grundsätzen — eng auszulegen sei. Das Gericht klassifizierte das zur Debatte stehende Recht nicht als Servitut, da

1. nicht bekannt sei, ob bei Vertragsabschluß der Begriff der Servitut bekannt gewesen sei;
2. es sich in diesem Fall nicht um eine Beziehung von Gebiet zu Gebiet handele;
3. das Fischereirecht kein Souveränitätsrecht und überhaupt
4. die Teilung der Souveränität sehr fraglich sei.

bb) Der Wimbledon-Fall

Im sogenannten Wimbledon-Fall[75] prüfte der Ständige Internationale Gerichtshof, ob Art. 380 FVV[76], wonach der Kieler Kaiser-Wil-

[70] LNTS, LXXV (1928), S. 103.
[71] *Martens*, Nouveau Recueil Général, 1. Serie, Bd. 18, S. 260.
[72] Travaux de la Cour Permanente d'Arbitrage de la Haye, New York, S. 147 ff.
[73] *Malloy*, I, S. 586.
[74] *Martens*, Recueil (1846), S. 393.
[75] StIGH A 1.
[76] *Martens*, Nouveau Recueil Général, 3. Serie, Bd. 11, S. 321.

helm-Kanal für *alle* Kriegs- und Handelsschiffe derjenigen Staaten, die mit Deutschland in Frieden stehen, offen sein soll, eine Servitut begründe[77] und damit restriktiv, zumindest aber hinsichtlich der Ausübung unter dem Grundsatz des civiliter uti zu interpretieren sei. Die Frage lief auf das Verhältnis einer allgemeinen gegenüber einer speziellen Völkerrechtsregel hinaus, ob nämlich der Kanal gem. Art. 380 FVV schlechthin offen sei, d. h. auch für den Transport von Konterbande an Staaten (hier Polen), die mit Deutschland in Frieden stehen oder ob die Regeln des allgemeinen Neutralitätsrechts bei der Interpretation zu berücksichtigen seien. Das Gericht ließ die Frage nach der Klassifizierung dieses Transitrechts als Servitut offen:

La Cour n'a pas à prendre parti dans la question, d'ailleurs très controversée, de savoir s'il existe vraiment dans la domaine du droit international des servitudes analogues aux servitudes du droit privé.

und gab der speziellen Regel des Art. 380 FVV den Vorrang:

que ce soit par l'effet d'une servitude ou par l'effet d'une obligation contractuelle....

cc) Der Genfer Freizonenstreit

Im Genfer Freizonenstreit[78] war die Frage zu entscheiden, ob die durch Art. 1 § 3 des Vertrags von Paris vom 20. November 1818[79] — abgeschlossen zwischen Frankreich einerseits und Österreich, Rußland und Preußen andererseits — geschaffene Freizone von Genf, ferner die durch Vertrag von Turin zwischen der Schweiz und Sardinien vom 16. März 1816[80] geschaffene sog. Sardinische Freizone sowie die durch einseitiges sardinisches Manifest vom 9. September 1829[81] geschaffene Freizone von St. Gingolph durch Art. 435 § 2 FVV aufgehoben wurden oder ob durch diese Bestimmung nach Verhandlungen zwischen der Schweiz[82] und Frankreich ihre Aufhebung bezweckt wurde oder ob sie durch veränderte Umstände aufgehoben seien. Die Schweiz betrachtete diese Zone als Servituten zugunsten der Schweiz, an die Frankreich auf jeden Fall gebunden sei. Wegen des dinglichen Charakters derartiger Servituten seien auch nicht die Grundsätze der clausula rebus sic stantibus auf sie anwendbar und infolgedessen die Schweiz auch nicht verpflichtet, ihre Zustimmung zur Aufhebung zu geben. Der Ständige Internationale Gerichtshof ließ die rechtliche Qualifikation dieses Rechts bewußt dahinstehen, führte sachlich aber

---

[77] So die Ansicht Deutschlands; desgl. die abweichende Meinung des deutschen ad-hoc-Richters *Schücking*, StIGH A 1, S. 43.

[78] StIGH AB/46.

[79] *Martens*, Recueil 1848, Bd. 3, S. 211.

[80] *Martens*, Nouveau Recueil Général, 1. Serie, Bd. 3, S. 245.

[81] StIGH AB/46, S. 121.

[82] *Logos*, in: StIGH. C 19, I, S. 18, 190, 385.

auf Grund einer grammatischen Interpretation des Art. 435 § 2 FVV aus, daß die Freizonen nicht aufgehoben worden seien, daß auf Grund des Art. 435 § 2 FVV auch keine Pflicht der Schweiz zur Herbeiführung der Aufhebung bestehe und daß die Schweiz aus den genannten Verträgen ein echtes vertragliches Recht erlangt habe.

b) Die Rechtsprechung nationaler Gerichte

Nationale Gerichte nahmen unter direkter oder — im Verhältnis von Gliedstaaten eines Bundesstaates untereinander — analoger Anwendung angeblicher völkerrechtlicher Normen zum Begriff der Staatsservitut Stellung:

Das Oberlandesgericht Köln[83] hatte in einer Entscheidung aus dem Jahre 1914 die Frage zu prüfen, nach welchen innerstaatlichen Normen sich die Regelung des Schadens abwickle, der aus dem Betrieb einer Kohlengrube herrührte, die sich zwar auf deutschem Territorium befand, aber von einem niederländischen Rechtsinhaber betrieben wurde, und die in der Praxis nicht der Aufsicht des preußischen Oberbergamtes, sondern einer niederländischen Baubehörde unterstand. Zur Entscheidung stand also ein kollisionsrechtliches Problem. Das Gericht sah die Monialgrube als völkerrechtliche Servitut an und wandte niederländisches Recht an.

Das Schweizerische Bundesgericht entschied am 17. Februar 1882[84] bei der Frage über die Anwendbarkeit der clausula rebus sic stantibus, daß das Rechtsverhältnis, wonach das Recht der Gemeindebesteuerung in einem Teil eines Kantons sich nach den Normen eines anderen Kantons bestimmt[85], eine Staatsdienstbarkeit darstelle, die aber bei Eintritt bestimmter veränderter Bedingungen aufgehoben werden könne.

In der Entscheidung vom 21. November 1887[86] sah dasselbe Gericht bei der Frage, wie bestimmte interkantonale Rechtsverhältnisse zu begründen seien, die Übernahme gewisser öffentlich-rechtlicher Verpflichtungen (hier: die Gewährung bestimmter Schulrechte) eines Kantons für einen anderen als Servitut an und folgerte daraus, daß sie

[83] Zeitschrift für Völkerrecht 1914, S. 437; vgl. auch: Editorial Comment in AJIL 1914, S. 858. Die Akten selbst sind beim Oberlandesgericht Köln infolge Kriegseinwirkung vernichtet worden.

[84] Entscheidung des Schweizerischen Bundesgerichts. Amtliche Sammlung, Bd. 8 (1882), S. 43 ff. (insbes. S. 55).

[85] Auf Grund eines Vertrages vom 9. 7. 1830 zwischen Aargau und Luzern sollte sich in einem Teil des Kantons Luzern das Recht der Gemeindebesteuerung nach den Normen des Kantons Aargau regeln.

[86] Entscheidung des Schweizerischen Bundesgerichtes. Amtliche Sammlung, Bd. 15 (1887), S. 399 ff. (insbes. S. 408).

nur durch „Staatsvertrag, sonstige Staats- bzw. völkerrechtliche Akte (wie völkerrechtlichen Schiedsspruch und dergleichen) und endlich durch unvordenkliche Zeit“ begründet werden könnten.

Im Urteil vom 23. Dezember 1915[87] qualifizierte das Schweizerische Bundesgericht das Holznutzungsrecht eines Kantons in einem anderen als Servitut, ohne aus der Lehre über die Servitut weitere Folgerungen zu ziehen.

4. Zusammenfassung

Es kann mithin festgehalten werden, daß der Begriff der Servitut in der Praxis vermieden wird. Die Formulierung findet sich in Verträgen sehr selten und scheint insoweit bisher noch nicht konkreten Anlaß zu einer juristischen Interpretation über Ausmaß und Bedeutung gegeben zu haben. Die Rechtsprechung internationaler Gerichte vermied bisher die Qualifizierung eines Rechtsverhältnisses als Servitut; die Rechtsprechung innerstaatlicher Gerichte bediente sich hingegen bei der Behandlung zwischenstaatlicher Fragen zuweilen dieses Instituts. Die Erklärung hierfür dürfte darin zu sehen sein, daß der innerstaatliche Richter sich leichter zu Analogien aus dem innerstaatlichen Rechtssystem verleiten läßt als der mit der völlig anderen Struktur der Völkerrechtsordnung vertraute internationale Richter[88].

Drittes Kapitel

Das Verhältnis von Staatensukzession und Staatsservituten

Problem und Methode der Untersuchung

Staatensukzession und Staatsservitut sind zwei in der Doktrin höchst ungeklärte Gebilde. Zahllose Versuche wurden schon unternommen, um beide rechtssystematisch zu erfassen. Übersehen wurde dabei jedoch zumeist, daß die Völkerrechtsordnung keine systematische Rechtsordnung ist, sondern ein Gebilde, das aus lose nebeneinandergesetzten konkreten Einzelrechtsverhältnissen besteht[1], also aus partikulärem Recht. Das gilt zunächst für Vertragsrecht und par-

---

[87] Entscheidung des Schweizerischen Bundesgerichtes. Amtliche Sammlung, Bd. 14, Teil 1 (1915), S. 511 ff.

[88] Vg.l hierzu *Berber*, Lehrbuch des Völkerrechts, Bd. 1, S. 48 ff.

[1] Vgl. bei *Berber*, Die Rechtsquellen des internationalen Wassernutzungsrechts, S. 7. Ausführungen darüber, daß das Völkerrecht auf der Idee der dezentralisierten Gemeinschaft beruht.

tikuläres Gewohnheitsrecht. Aber auch generelles Gewohnheitsrecht basiert auf — generell — übereinstimmenden partikulären Gewohnheiten. Die als dritte Rechtsquelle angeführten allgemeinen Rechtsgrundsätze, wie sie in Art. 38, I, 3 des Statuts des Internationalen Gerichtshofes erwähnt sind, gelten ihrerseits kraft Vertrag oder kraft Gewohnheitsrecht[2]. Somit fußen alle völkerrechtlichen Rechtsverhältnisse letztlich auf partikulären Erscheinungsformen. Erst langsam bahnt sich durch die überstaatlichen Organisationen eine Vereinheitlichung an, der aber durch die geschickte Politik der Vorbehalte der einzelnen Staaten im Endeffekt die wesentlichen Materien entzogen werden.

Die Mannigfaltigkeit der völkerrechtlichen Erscheinungsformen läßt sich nur in ihrer jeweils konkreten Ausgestaltung und Wirkung beurteilen. Sucht man einen gemeinsamen Gesichtspunkt aller derjenigen tatsächlichen Erscheinungsformen, die in der Doktrin unter dem Begriff der Servitut zusammengefaßt werden, so kann man feststellen, daß diese Rechtsverhältnisse jeweils nur bestimmte Situationen regeln, und zwar solche, die nicht für jeden Staat schlechthin interessant und bedeutsam sind. Angesichts der hohen politischen Bedeutung, die manche der Servituten haben, wie z. B. die Demilitarisierung und Neutralisierung bestimmter Zonen, läßt sich wohl nicht die These halten, daß es sich bei den Servituten um Rechte handle, bei denen die „Persönlichkeit" der beteiligten Staaten irrelevant sei, jedenfalls wohl nicht in dieser allgemeinen Formulierung. Im Gegenteil, behauptete Rechtspositionen — wirkliche wie vermeintliche — sind auch in der Politik Verhandlungsmaterie und dienen gerne als Mittel dazu, um im Wege des gegenseitigen Nachgebens andere erstrebte Positionen zu erlangen[3]. Das Ergebnis hängt von der jeweiligen Macht ab, mit der die Behauptungen gestützt werden. Unter diesem Aspekt kann gerade die „Persönlichkeit" des betroffenen Staates für den berechtigten Staat sehr wesentlich sein. Es handelt sich bei den „Staatsservituten" um Regelungen konkreter Situationen zwischen mindestens zwei Staaten, die in *dieser* Ausgestaltung den unbeteiligten Staaten gegenüber, also solchen, für die konkreter Anlaß und somit das spezielle Interesse an eine Regelung überhaupt nicht besteht, gar nicht oder nicht in dieser Weise vorgenommen sein würden.

Hieraus erhellt die besondere Problematik, die sich bei Eintritt einer Staatensukzession für die Frage des Fortbestandes dieser so speziellen Regelungen ergibt. Es ist durchaus denkbar, daß die — speziellen — Regelungen aufrechterhalten bleiben; denkbar ist aber mit

---

[2] *Berber*, Die Rechtsquellen des internationalen Wassernutzungsrechts, S. 35.

[3] Vgl. hierzu *Andrassy*, Nachbarrecht und Wassernutzung, S. 60.

ebenso guten Gründen, daß sie aufgehoben werden. Die Tatsache allein, daß sich Vorgänger- und Nachfolgestaat gegenüber manchen Interessen anderer Staaten und vor allem Nachbarstaaten in gleicher Weise verhalten, läßt nur dann den Schluß auf eine — auf Gewohnheitsrecht begründete — Rechtsposition dieses anderen Staates zu, wenn diese Position mit der Überzeugung, rechtlich zu solchem Verhalten verpflichtet zu sein[4], weiterhin gewährt wird. Es mag politische Prinzipien geben, welche die Rücksichtnahme auf die Interessen eines anderen Staates geboten erscheinen lassen. Rechtliche Prinzipien dieser Art sind bisher noch nicht nachgewiesen worden. Auch wenn sich dritte Staaten an die gleichen politischen Prinzipien halten wie die ursprünglich beteiligten Staaten, so verstärkt die Beachtung dieses politischen Prinzips allein das Prinzip selbst noch nicht zu einem Rechtssatz. Erst recht läßt sich damit noch nicht eine dingliche Wirkung von Rechtsverhältnissen im Völkerrecht beweisen. Ein politisches Prinzip weist in die Zukunft und sagt aus, was sein soll; ein rechtliches Prinzip liegt in der Gegenwart und sagt aus, was ist. Ein Prinzip kann ein anderes aus einem anderen zeitlichen Bereich zwar bei der Bildung oder Umbildung beeinflussen, es aber nicht selbst umgestalten. Die Umgestaltung selbst kann nur von einem Element gleicher Struktur und gleicher oder höherer Wertigkeit, aber nicht verschiedener Struktur und Gleichwertigkeit erfolgen.

Wie das tatsächliche Verhältnis von Staatensukzession und Staatsservitut zueinander rechtlich zu beurteilen ist, kann nicht dadurch gelöst werden, daß theoretische Konstruktionen noch verfeinert werden. Die Untersuchung muß von der Mannigfaltigkeit der völkerrechtlichen Praxis ausgehen[5], wenn eventuelle gemeinsame Gesichtspunkte gesucht und gegebenenfalls erklärt werden sollen. Die in der Literatur angeführten Beispiele für Staatensukzessionen wie für Staatsservituten sind reichhaltig. Die angebliche Wirkung, die Servituten entfalten sollen, wurde anhand weniger Beispiele herausgestellt, ohne zu untersuchen, ob diese Thesen sich in dieser Allgemeinheit wirklich halten lassen.

Für die Durchführung rechtswissenschaftlicher Untersuchungen gibt es drei Methoden: die rechtshistorische, die rechtsvergleichende und die rechtstpolitische. Diese Methoden sind zugleich zeitlich orientiert, rückwärtsschauend die historische, vorwärtsschauend die politische. Für eine Analyse der gegenwärtigen rechtlichen Lage bietet sich somit

---

[4] *Berber*, Die Rechtsquellen des internationalen Wassernutzungsrechts, S. 37.

[5] Vgl. *Roxburgh*, S. 28: „The basis of an International rule is the consent of nations; and of this their practice is the best evidence.“; *Berber*, Lehrbuch des Völkerrechts, Bd. 1, S. 22 ff.

allein die vergleichende Methode an. Mithin kann eine Untersuchung nur so durchgeführt werden, daß die tatsächlichen Gegebenheiten dessen, was ist, zusammengetragen, sorgfältig geordnet[6] und vergleichend gewürdigt werden. Aus diesem Grunde sollen nunmehr einige der als Staatensukzession angesehenen Erscheinungsformen mit denjenigen Rechtsverhältnissen konfrontiert werden, die nach ihrem Inhalt als Staatsservitut qualifiziert werden, und zwar Rechtsverhältnisse vertraglicher wie auch — soweit überhaupt nachweisbar — außervertraglicher Natur, d. h. es ist der Status des jeweiligen Rechtsverhältnisses vor und nach Eintritt der Staatensukzession zu vergleichen und zu würdigen. Nach dieser Gegenüberstellung soll ein Vergleich zu anderen sog. persönlichen Rechtsverhältnissen gezogen werden, um so festzustellen, ob die Staatenpraxis tatsächlich eine unterschiedliche Behandlung zeitigt[7] und ob die Rechtsverhältnisse, die gemeinhin als „Staatsservitut" klassifiziert werden, wirklich ipso iure übergehen und nicht nur deshalb, weil der Nachfolgestaat sie — aus welchen politischen Gründen auch immer — freiwillig stillschweigend oder ausdrücklich übernimmt.

[6] Vgl. *Schüle*, S. 148.

[7] Wegen des Rechtsquellenwertes völkerrechtlicher Verträge vgl. *Berber*, Die Rechtsquellen des internationalen Wassernutzungsrechts, S. 97 ff.; ders. in: Lehrbuch des Völkerrechts, Bd. 1, S. 56.

Zweiter Teil

Die Staatenpraxis

Viertes Kapitel

Verwaltungszessionen[1]

I. Österreich-ungarische Verwaltung über Bosnien und Herzegowina

1. Allgemeines

Bosnien und Herzegowina wurden durch Art. 25 des Vertrags von Berlin vom 13. Juli 1878[2] der Verwaltung Österreich-Ungarns unterstellt. Formell sollte es aber weiterhin im ottomanischen Reich verbleiben.

2. „Servituten"

a) Kapitulationen

Die den europäischen Mächten auf Grund von Verträgen mit der Hohen Pforte in Bosnien und Herzegowina zustehenden Jurisdiktionsprivilegien wurden von Österreich-Ungarn noch vor der Annexion der beiden Provinzen durch einen einseitigen Akt aufgehoben[3]. Der deutsche Reichstag anerkannte[4] diese Aufhebung 1880, Rußland, Frankreich und Italien 1881.

---

[1] Die Verwaltungszessionen können ihrerseits auch als Servituten betrachtet werden; vgl. hierzu *Vali*, S. 273 ff.

[2] *Strupp*, Doc. I, S. 289 ff.

[3] Vgl. *de Muralt*, S. 69.

[4] Geht man davon aus, daß der Begriff der Anerkennung die für die Zukunft ausgesprochene Klärung einer tatsächlichen Situation zum Inhalt hat (Zum Begriff der Anerkennung vgl. *Berber*, Lehrbuch des Völkerrechts, Bd. 1, S. 225 ff., insbes. S. 228), so kann auch dieser einseitigen Anerkennung nur deklaratorische Bedeutung zukommen; denn die Kapitulationen waren effektiv bereits aufgehoben. Hinzu kommt, daß zwei einseitige innerstaatliche Akte, mögen sie auch die Regelung desselben Gegenstandes bezwecken, nie ein konstitutives zwischenstaatliches Abkommen darstellen.

Interpretiert werden kann dieser einseitige Akt als rein deklaratorische Maßnahme dafür, daß mit der Übertragung der Verwaltung diese ehemaligen Verträge mit dem ottomanischen Reich erloschen seien. Denn völkerrechtliche Verträge können, sofern sie eben nicht durch außervertragliche Umstände aufgelöst werden, nicht durch einseitigen Akt, sondern nur durch contrarius actus aufgehoben werden. Andererseits erfolgte die Maßnahme in Ausübung einer neuen — machtpoltischen — Position, die nicht die Vermutung der Rechtmäßigkeit aller vorgenommenen Handlungen notwendig in sich trägt. Für diese Auslegung spricht auch die nachträgliche Billigung seitens der betroffenen Staaten.

b) Zollprivilegien

Großbritannien besaß auf Grund eines Vertrages mit der Hohen Pforte gewisse Zollprivilegien in den Provinzen Bosnien und Herzegowina. Durch Gesetz vom 20. Dezember 1879[5] wurde die Österreichisch-ungarische Zollunion auch auf Bosnien und Herzegowina ausgedehntund damit die britische Position faktisch verändert. In einem Bericht vom 22. Januar 1880[6] führen die britischen „Law Officers of the Crown" aus, daß Österreich nicht zu diesen Maßnahmen berechtigt sei, da auf Österreich-Ungarn nicht die Souveränität über Bosnien und Herzegowina übertragen worden sei, sondern lediglich das Recht der Verwaltung dieser beiden Provinzen; mithin könne es bestehende Verträge nicht aufheben. Es ist nicht klar ersichtlich, ob aus dieser Stellungnahme der Umkehrschluß gezogen werden darf, daß bei völliger Angliederung keine automatische Bindung des Nachfolgestaates in früher bestehende Verträge oder jedenfalls aber die Zulässigkeit einseitiger Aufhebung anzunehmen sei. Die Fragestellung in dem Bericht betrifft die Aufhebung — bereits übernommener — Vertragsverhältnisse, nicht aber die Übernahme selbst. Es ist juristisch auch fraglich, ob durch innerstaatliche Maßnahmen zwischenstaatliche Rechtsverhältnisse überhaupt rechtswirksam geändert werden können. Eine abschließende juristische Entscheidung wurde in dem hier geschilderten Beispiel nicht gefällt. Großbritannien verlor aber seine Zollprivilegien in Bosnien und Herzegowina. Tatsächliche Machtpositionen und weniger juristische Erwägungen dürften hierfür letztlich ausschlaggebend gewesen sein, zumal wenn man beachtet, daß Bosnien und Herzegowina 1908 schließlich von Österreich-Ungarn annektiert wurden.

---

[5] ibidem.

[6] s. *Mc Nair*, The Law of Treaties, S. 447—449.

II. Cypern

1. Allgemeines

Cypern wurde durch die britisch-türkische Konvention von Konstantinopel vom 4. Juni 1878[7] britischer Verwaltung unterstellt[8]:

„His Imperial Majesty the Sultan... consents to assign the Island of Cyprus to be occupied and administered by England." (Art. 1 der Konvention vom 4. 6. 1878.)

2. „Servituten": Kapitulationen

Die den europäischen Mächten auf Grund von Verträgen mit dem ottomanischen Reich in Cypern zustehenden Jurisdiktionsprivilegien wurden alsbald durch einseitigen Akt von Großbritannien aufgehoben. Es zeigt sich hier also die gleiche Praxis, die Österreich in Bosnien und Herzegowina tätigte. In einem vertraulichen Memorandum des britischen Lord Chancellors Cains vom 23. September 1878 heißt es hierzu[9]:

„...there would be fair ground to contend that Capitulations, so far as they relate to jurisdiction and procedure, and set up an imperium in imperio, are a device invented to meet the anomaly and inconveniences arising in the case of subjects of Christian States trading and sejourning in a Mussulman Country, and that their raison d'être ceases where the legislation and administration is no longer in Mussulman hands."

Bei der Frage, ob Großbritannien ein eigenes Justizsystem auf Cypern — entgegen den Jurisdiktionsprivilegien dritter Staaten — errichten könne, antwortete der Law Officer of the Crown kurz später am 23. April 1879[10], daß die juristische Situation zweifelhaft sei und sowohl die These der Bindung an die dritten Staaten zustehenden Privilegien als auch die der Beendigung der vom ottomanischen Reich gewährten Lizenzen (licences) sich vertreten ließe. Der das geänderte Zollsystem in Bosnien und Herzegowina betreffende Bericht vom 22. Januar 1880[11] erwähnt in einem obiter dictum, daß Großbritannien nicht an die Kapitulationen gebunden sei[12].

---

[7] *Strupp*, Doc. I, S. 288.

[8] Vgl. wegen des Verwaltungsverhältnisses selbst *Vali*, S. 274 f.

[9] s. *Mc. Nair*, The Law of Treaties, S. 447—449 und S. 191—193.

[10] Abgedruckt bei *O'Connell*, S. 332.

[11] s. *Mc Nair*, The Law of Treaties, S. 447—449, dsgl. S. 191—193.

[12] Der Bericht betrifft in erster Linie die Frage der britischen Zollprivilegien in Bosnien und Herzogewina. Die bei *de Muralt*, S. 70, wiedergegebenen Schlußsätze aus diesem Bericht sind dem vorletzten Absatz entnommen. Sie sind zwar in einer allgemeinen Formulierung gehalten, betreffen aber nicht die Kapitulationen auf Cypern, sondern die o. a. Zollprivilegien. Die Folgerungen können mithin nicht für die Untersuchung einer Rechtsüberzeugung bezgl. der Kapitulation herangezogen werden.

Die Frage nach der rechtlichen Überzeugung für einen automatischen Übergang der Privilegien bleibt mithin ungeklärt. Tatsächlich wurden die Rechte aber schließlich durch Ordonanz vom 17. Januar 1879 aufgehoben. Die hierüber von Großbritannien unterrichteten europäischen Mächte protestierten nicht[13].

III. Verpachtung eines Gebietsteiles des Unabhängigen Kongostaates

Durch Vertrag zwischen Großbritannien, Belgien und dem Unabhängigen Kongostaat vom 12. Mai 1894[14] sollte gem. Art. III ein 25 km breiter Streifen an Großbritannien verpachtet[15] werden, und zwar für die Dauer der Geltung der in diesem Vertrag in den vorausgehenden Artikeln festgelegten Grenzen.

Hinsichtlich dieses Streifens waren im Vertrag vom 8. November 1884 zwischen Deutschland und der internationalen Kongogesellschaft[16] zugunsten Deutschlands verschiedene Rechte begründet worden: Art. 2 gewährte insbesondere den deutschen Staatsangehörigen ein Aufenthalts- und Niederlassungsrecht (droit de séjourner et de s'établir) unter Berücksichtigung der Meistbegünstigung, und gewährte ihnen das Recht zu kaufen, verkaufen, Ländereien zu pachen u. ä. m. Zur Sicherung dieser Rechte bestimmte Art. 4 dieses Abkommens ausdrücklich:

> En cas de cession du territoire actuel ou futur de l'Association ou d'une partie de ce territoire, les obligations contractées par l'Association envers l'Empire d'Allemagne seront imposées à l'acquéreur. Ces obligations or les droits accordés par l'Association à l'Empire d'Allemagne et à ses sujets resteront en viguer après toute cession vis-à-vis de chaque nouvel acquéreur.

Diese Regelung wirkt zunächst nur inter partes, da sie andernfalls eine Regelung zu Lasten eines Dritten darstellen würde. Sie kann mithin zunächst nur als die Verpflichtung der Internationalen Kongogesellschaft aufgefaßt werden, im Falle einer möglichen Zession beim Nachfolgestaat dahingehend einzuwirken, daß dieser die Belastungen übernimmt oder als Verpflichtung, nur dann die beabsichtigte Zession vorzunehmen, wenn der Nachfolgestaat sich zur Übernahme der „Belastungen" bereit erklärt.

---

[13] Vgl. hierzu Max *Huber*, S. 265 n. 354.

[14] *Martens*, Nouveau Récueil Général, 2. Serie, Bd. 20, S. 805.

[15] Rechtlich ist die Verpachtung keine Gebietsabtretung; es handelt sich nur um eine vertragsmäßige Ausübung der Kompetenzen eines anderen Staates. Vgl. *Kunz*, Staatenverbindungen, S. 765; a. A. *Keith*, S. 86, der die Verpachtung als eine Zession ansieht; dem verpachteten Staat bliebe nur „a mere nudum jus of sovereignty — nothing indeed but a name plus any rights expressly reserved by treaty stipulation".

[16] *Martens*, Nouveau Recueil Général, 2. Serie, Bd. 10, S. 367.

Anläßlich des o. a. Grenzabkommens vom 12. Mai 1894 kam es zu einem Notenwechsel zwischen Congo, Deutschland und Großbritannien[17]. Die als „lease" bezeichnete Überlassung des 25 km breiten Streifens zwischen dem Albert-Edward-See und dem Tanganjika-See wurde einer Abtretung gleichgeachtet[18] und damit auf diesen Fall Art. 4 des Vertrages vom 2. November 1884 übereinstimmend für anwendbar betrachtet. Dasselbe sei auch — so wurde von Deutschland jedenfalls behauptet — nach den Grundsätzen des internationalen Rechts selbstverständlich[19]. Während Großbritannien den bloßen Übergang dieser Verpflichtungen auf den Erwerberstaat nicht bestritt[20].

„Was die Verpflichtungen anbetrifft, die auf dem von dem Kongostaat an Großbritannien verpachteten Landstreifen ruhen, so erkennt die Regierung Ihrer Majestät vollkommen an, daß die Bestimmungen des Vertrags zwischen Deutschland und dem Kongostaat in Kraft bleiben und für diesen Landstrich auch nach dessen Übergabe an Großbritannien ihre Gültigkeit behalten",

verneinte es die These Deutschlands, daß „für die auf dem erwähnten Gebietsstreifen ruhenden Verpflichtungen die Regierung des Unabhängigen Kongostaates insolange hafte, bis dieselben mit Zustimmung Deutschlands auf den neuen Erwerberstaat übergegangen sind"[21] und sowohl bezüglich der Grenzänderungen wie hinsichtlich der Übertragung der Verpflichtungen die Zustimmung Deutschlands erforderlich sei, die Deutschland nur zu erteilen bereit sei, wenn die verletzten deutschen Interessen, nämlich Verschlechterung der politischen Lage und Unterbrechung der unmittelbaren Handelsbeziehungen, ihre volle Befriedigung erfahren haben würden. Damit gab Deutschland der Ansicht Ausdruck, daß *trotz* der Bestimmungen des Art. 4 des Vertrags vom 8. November 1884, der zunächst nur zwischen den Vertragspartnern Deutschland und Internationale Kongogesellschaft galt, selbst dann kein automatischer Übergang der Verpflichtungen auf den Erwerberstaat stattfindet, wenn der Erwerberstaat sich mit der Übernahme der Verpflichtungen einverstanden erklärt.

Auf Ersuchen der Kongo-Regierung erklärte sich Großbritannien mit der Zurückziehung des Art. 3 des Abkommens vom 12. Mai 1894 einverstanden[22]. Die Zurückziehung des Artikels selbst erfolgte durch

---

[17] *Martens*, Nouveau Recueil Général, 2. Serie, Bd. 21, S. 676 ff.

[18] Vgl. Note Graf Hatzenfelds an Lord Kimberly vom 11. 6. 1894, loc. cit., S. 681; vgl. aber oben Fußnote 15.

[19] Vgl. Note Marschalls an Graf v. Grelle-Rogier, Brüssel, vom 1. 6. 1894, loc. cit., S. 676.

[20] Vgl. Note Lord Kimberleys vom 5. 6. 1894.

[21] Vgl. Note Graf Hatzenfelds vom 3. 6. 1894, loc. cit., S. 677 sowie Note Marschalls vom 1. 6. 1894, loc. cit., S. 676; desgl. Note Graf Hatzenfelds vom 11. 6. 1894, loc. cit., S. 682.

[22] Anlage zur britischen Note vom 26. 6. 1894, loc. cit., S. 684.

Vertrag vom 9. Mai 1896[23]. In der dritten britischen Note vom 2. Juli 1894 weist Großbritannien darauf hin, daß dem Vertrag vom 8. November 1884, insbesondere dessen Art. 4 nichts zu entnehmen sei, was auf eine notwendige Zustimmung Deutschlands schließen ließe. Großbritannien willige aber in die Zurückziehung des Art. 3 ein, denn es schiene ihm

„recht und billig zu sein, dem Deutschen Reich im Hinblick darauf, daß das in Rede stehende Gebiet in so naher Entfernung von der Deutschen Grenze liegt, jede Zusicherung zu geben, daß auf seine Rechte und Interessen die schuldige Rücksicht genommen werden würde".

Hieraus ergibt sich, daß Großbritannien einen automatischen Übergang der Verpflichtungen auf den Erwerberstaat annahm, aber ohne daß es einer Mitwirkung des berechtigten Staates bedurft hätte. Die Verwaltungszession ist aus politischen Gründen unterblieben; sie ist nicht etwa daran gescheitert, daß sich der Erwerberstaat gegen die Übernahme der Verpflichtungen gewehrt hätte. Die seitens Großbritanniens von vornherein akzeptierte Bindung des Erwerberstaates an die zugunsten Deutschlands begründeten Rechte ist damit zu erklären, daß zugunsten Großbritanniens in Art. 3 des Vertrags vom 12. Mai 1894 ähnliche Rechte begründet worden waren und es deshalb politisch nicht tunlich war, sich einen Präzedenzfall zu eigenen Ungunsten zu schaffen.

Fünftes Kapitel

Zessionen

I. Louisiana

1. Allgemeines

Louisiana gehörte bis zum Ende des britisch-französischen Kolonialkrieges zu Frankreich. Durch den Friedensvertrag vom 10. Februar 1763[1] wurde der westlich des Mississippi gelegene Teil Louisianas Frankreich zugesprochen. Es wurde bald danach an Spanien abgetreten.

---

[23] *Martens*, Nouveau Recueil Général, Serie 2, Bd. 34, S. 387; vgl. auch den Vertrag vom 9. 5. 1906, in: *Martens*, Nouveau Recueil Général, Serie 2, Bd. 35, S. 454.

[1] *Strupp*, Doc. I, S. 62.

2. „Servituten"

Im Vertrag von Paris vom 10. Februar 1763[1] wurde in Art. 7 der Mississippi zugunsten Großbritanniens und Frankreich der Schiffahrt geöffnet:

„...la Navigation du Fleuve Mississippi sera également libre tant aux sujets de la Grande-Bretagne comme à ceux de la France, dans toute sa Largeur et toute son Etendu, depuis sa Source jusqu'à la Mer, et nommément cette Partie qui est entre la susdite Isle de la Nouvelle Orléans, et la Rive droite de ce Fleuve, aussi bien que l'entrée, et la Sortie par son Embouchure."

Nach der Zession Louisianas nahm Großbritannien diese aus dem Vertrag von 1763 resultierenden Rechte weiter für sich in Anspruch; es erklärte sich in Art. 8 des Vertrags vom 3. September 1783[2] damit einverstanden, die Schiffahrtsberechtigungen mit den USA zu teilen:

„The navigation of the river Mississippi, from its source to the ocean, shall for ever remain free and open to the subjects of Great Britain and the citizens of the United States."

Die USA sahen ihrerseits auch durch die Regelung des Art. 8 o. a. Vertrags die englischen Berechtigungen als auf sie übergegangen an[3]; sie stützten sie ferner aber auch auf das „Law of Nature and of Nations"[4]. Dies führte zu einer diesbezüglichen Kontroverse zwischen den USA und Spanien[5], die schließlich im Vertrag von San Lorenzo am 27. Oktober 1795[6] beigelegt wurde:

Art. 4: ...And His Catholic Majesty has likewise agreed that the navigation of the said River in its whole breadth from its source to the ocean shall be free only to his subjects, and the citizens of the United States, unless he should extend this privilege to the Subjects of other Powers by special Convention"[7].

Diese neue Regelung unterscheidet sich von derjenigen des Jahres 1763. Sie gewährt zwar den Bürgern der USA freie Schiffahrt, jedoch nicht in dem Ausmaße, wie dies Großbritannien von Frankreich 1763 eingeräumt worden war, da Spanien sich nunmehr vorbehält, auch anderen Staaten ähnliche Rechte zuzugestehen. Damit genießen die USA auf Grund dieses Vertrags nicht freie Schiffahrt schlechthin, sondern jeweils begrenzt durch evtl. zukünftige vertragliche Abmachun-

---

[2] *Malloy* I, S. 586.

[3] Vgl. *Reid*, International Servitudes, S. 157; dort findet sich unter Quellenangaben der Hinweis, daß die USA sich auf die lokale Bezogenheit („run with the land"!) der Schiffahrtsrechte beriefen.

[4] Vgl. *Reid*, loc. cit., S. 157.

[5] Vgl. *Reid*, loc. cit., S. 158 mit weiteren Literaturhinweisen.

[6] *Malloy* II, S. 1640.

[7] Dieser Artikel wurde durch Art. 12 des Vertrages vom 22. 2. 1819 aufgehoben (*Malloy* II, S. 1651).

gen Spaniens mit dritten Staaten. Selbst wenn diese Klausel auf die tatsächliche Ausübung der Schiffahrtssrechte durch die USA keine Auswirkung hatte, so wurde in der geänderten Formulierung doch zum Ausdruck gebracht, daß das Recht von 1783 nicht als identisch anzusehen ist mit demjenigen von 1763. Über die Rechte Großbritanniens ist in dem Abkommen ausdrücklich nichts ausgesagt. Die Formulierung, daß die Schiffahrt *nur* für die USA und Spanien auf dem Mississippi frei sein soll vorbehaltlich anderer Abmachungen mit dritten Staaten deutet aber darauf hin, daß zumindest Spanien nicht von weiteren Rechten dritter Staaten, hier Großbritanniens, ausging. Ein automatischer Übergang des Schiffahrtsrechts läßt sich mithin nicht konstatieren. Der Vertrag von 1783 stellt eine Kompromißlösung zum Ausgleich widerstreitender Interessen dar[8].

Nach dem Friedensvertrag vom 19. November 1794[9] hatte Großbritannien keinen Zugang zum Mississippi mehr. Am 1. Oktober 1800[10] erwarb Frankreich den spanischen Anteil Louisianas zurück, und zwar wurde Louisiana zediert „with the same extent that it now has in the hands of Spain, and had while in the possession of France, and such as it ought to be in conformity with the treaties subsequently concluded between Spain and other treaties" (Art. III)[11]. Durch Vertrag vom 30. April 1803[12] wurde Louisiana nunmehr von Frankreich an die USA abgetreten und in diese nachfolgend eingegliedert. Die Abtretung an die USA erfolgte gem. Art. 1 o. a. Vertrags von 1803 in dem Umfange, in dem Frankreich Louisiana 1800 von Spanien zurückerworben hatte[13].

Nach Beendigung des britisch-amerikanischen Krieges 1812 wurde Großbritannien folgendes Recht eingeräumt[14]:

> ...shall at all times have access from His Britannic Majesty's territories by land or inland navigation, into the afore said territories of the United States to the River Mississippi with their goods, effects and merchandise, and shall have and enjoy the free navigation of the said river.

---

[8] Ebenso *Reid*, loc. cit., S. 158.

[9] *Malloy* I, S. 590.

[10] Französisch-spanischer Geheimvertrag vom 1. 10. 1800 (*Malloy* I, S. 506).

[11] Frankreich übte aber praktisch keine Kontrolle über die Schiffahrt auf dem Mississippi aus (vgl. *Reid*, loc. cit., S. 158 n. 63), so daß insoweit die Frage Schiffahrtsrechte dritter Staaten auf dem Mississippi gar nicht aufgeworfen wurde.

[12] *Malloy* I, S. 508.

[13] In Art. 6 versprachen die USA, die zwischen Spanien und den Indianerstämmen abgeschlossenen Verträge auszuführen. Ein unmittelbarer Übergang dieser Verträge läßt sich nicht hieraus interpretieren.

[14] Zitiert bei *Reid*, International Servitudes, S. 160 mit Quellennachweis in Fußnote 69.

Diese Regelung ist keine bloße Bekräftigung früher begründeter und noch bestehender territorialer Rechte[15], sondern stellt die Begründung eines neuen Rechtes dar. Einmal ist dieses neue Rechtsverhältnis durch die Gewährung des Zugangs zum Mississippi weitergehend als die Großbritannien früher eingeräumten Rechte. Zum andern wurde dieser Vertrag nach Abschluß des britisch-amerikanischen Krieges geschlossen. Die Vertragsparteien gingen dabei davon aus, daß die britisch-amerikanischen Vorkriegsverträge erloschen seien, eine These, an der insbesondere Großbritannien im Hinblick auf die Fischereirechte in Neufundland festhielt[16]. Seitens der USA wurde ferner ein Erlöschen der britischen Rechte aus dem Gesichtspunkt des mangelnden Zugangs zum Mississippi erwogen.

Auch hinsichtlich der Zession Louisianas an die USA läßt sich somit kein automatischer Übergang der britischen Schiffahrtsrechte feststellen.

3. Ergebnis

Der westliche Teil Louisianas wurde im 18. und 19. Jahrhundert mehrfach zediert; ein automatischer Übergang der Schiffahrtsrechte auf dem Mississippi auf den Erwerberstaat läßt sich nicht feststellen.

II. Alaska

1. Allgemeines

Alaska gehörte bis 1867 zu Rußland und wurde durch Vertrag vom 30. März 1867[17] an die USA abgetreten. Diese Zession war gem. Art. 6

„free and unincumbered by any reservations, privileges, franchises, grants, or possessions, by any associated companies whether corporate or incorporate, Russian or any other or by any parties, except merely private individual property — holders; and this cession hereby made, conveys all the rights, franchises, and privileges now belonging to Russia in this said territory or dominion, and appurtenances thereto".

Damit wurde zum Ausdruck gebracht, daß zwar die Rechte, nicht aber die Lasten Dritter an diesem Territorium auf die USA übergehen, d. h. die USA Alaska frei von allen „Belastungen" erwerben sollten.

2. „Servituten": Schiffahrtsrechte

Auf Grund Art. 6 des Vertrages vom 16. und 28. Februar 1825[18] mit Rußland besaß Großbritannien ein Schiffahrtsrecht auf denjenigen Strömen Alaskas, die die Grenzlinien kreuzen:

---

[15] Vgl. ebenso *Reid*, loc. cit., S. 160.
[16] Vgl. *Reid*, loc. cit., S. 160.
[17] *Malloy II*, S. 1521.
[18] *Martens*, Recueil (Leipzig 1846), Bd. 3, S. 620.

„Il est entendu que les sujets de S. M. britannique, de quelque côté qu'ils arrivent, soit de l'Océan, soit de l'intérieur du continent, jouiront à perpétuité du droit de naviguer librement, et sans entrave quelconque, sur tous les fleuves et rivières qui, dans leurs cours vers la mer Pacifique, traverseront la ligne de démarcation sur la lisière de la côté indiquée dans l'article III de la présente convention."

Diese Bestimmung wurde in Art. 19 Abs. II des Vertrages von 1859[19] bestätigt. Nach der Zession hielt Großbritannien die USA zwar an die Grenzregelungen über Alaska, nicht aber die sonstigen Abmachungen des Vertrags von 1825 gebunden[20]:

... but as regards the other Articles of that Convention, where by certain points connected with Commerce, Navigation and Fisheries, of British and Russian Subjects were settled for their reciprocal convenience, none of the obligations contracted by Russia toward Great Britain under those Articles, devolve upon the United States by virtue of the Treaty of Cession.

Die Frage der Schiffahrtsrechte fand in Art. 26 des Vertrags vom 8. Mai 1871[21] zwischen Großbritannien und den USA ihre Regelung:

The Navigation of the rivers Yukon, Porcupine, and Stikine, ascending and decending, from, to and into the sea, shall forever remain free and open for the purposes of commerce to the subjects of Her Britannic Majesty and to the citizens of the United States, subject to any laws and regulations of either country within its own territory, not inconsistent with such privilege of free navigation.

Diese neuerliche Regelung ist nicht mit derjenigen aus dem Jahre 1825 identisch, denn einmal handelt es sich nunmehr um eine auf Handelszwecke beschränkte Schiffahrtsfreiheit, zum anderen werden jetzt drei Flüsse in Betracht gezogen, während zuvor lediglich auf dem Stikine River Schiffahrtsfreiheit gewährt worden war.

Anläßlich eines durch die Klausel der Handelszwecke nicht gedeckten Transits eines Gefangenen wurde die Frage akut, ob das im Ausmaß der Berechtigung als solche weiterreichende britische Recht aus dem Jahre 1825 noch in Kraft sei, was von den USA verneint, von Großbritannien bejaht wurde[22]. Das Problem tauchte 1898 nochmals anläßlich der Frage nach der Möglichkeit eines Verschiffungsrechts in Wrangel auf. Der britische Law Officer vertrat zwar in einem Bericht[23] die Ansicht, daß

---

[19] *Martens*, Nouveau Recueil (Göttingen 1858), Bd. 16, Teil I, S. 490.

[20] So Bericht des Rechtsberaters der britischen Königin vom 26. 12. 1867 (abgedruckt bei *O'Connell*, S. 324 ff.).

[21] *Malloy* I, S. 700 ff.; hierüber auch *Moore* I, S. 635.

[22] s. Fußnote 20.

[23] Abgedruckt bei *O'Connell*, Anhang No. 59 S. 373; dort ist auch auf den Bericht vom 26. 12. 1867 ausdrücklich verwiesen, (loc. cit., S. 370).

The rights conferred by the Treaty of 1825 were not, in our opinion, affected by the cession to the United States, inasmuch as Russia could cede only what she had

er bemerkt aber gleichzeitig, daß

(a) es im Hinblick auf Art. 26 des Vertrags von 1871 schwierig sei, das Verschiffungsrecht auf den Vertrag von 1825 zu stützen und es deshalb nicht wesentlich sei („does not appear to us material"), ob das Recht aus dem Vertrag von 1825 hergeleitet werden könne;

(b) Art. 26 des Vertrags von 1871 incidenter notwendigerweise auch das Verschiffungsrecht in Wrangel beinhalte.

3. Ergebnis

Aus diesem allem ist zu entnehmen, daß Großbritannien zwar versuchte, seine Position mit dem römisch-rechtlichen Grundsatz des „nemo plus iuris transferre potest quam ipse habet" zu stützen. Dieser Gesichtspunkt ist aber nicht, wie der in der Darstellung *O'Connells*[24] aus dem Zusammenhang des Berichts heraus gerissene Satz vermuten läßt, der tragende Pfeiler der britischen Argumentation. Großbritannien scheint sich der Bedenken, die sich gegen die Anwendung eines solchen innerstaatlichen Grundsatzes auf zwischenstaatliche Rechtsverhältnisse ergeben, bewußt gewesen zu sein. Aus Aufbau und Inhalt des gesamten Berichts ergibt sich vielmehr, daß das behauptete Recht weniger aus dem Vertrag von 1825, als besonders aus einer Interpretation des Vertrags von 1871 hergeleitet wird. Ein Schluß auf das Fortbestehen der Rechtsposition auch nach der Zession läßt sich somit, jedenfalls aus den bisher zur Verfügung stehenden Quellen, nicht ziehen. Es kann aber festgehalten werden, daß jedenfalls bald nach der Zession Alaskas über die Schiffahrtsrechte eine neue, andersgeartete Abmachung getroffen wurde.

III. Elsaß-Lothringen

1. Allgemeines

Nach Beendigung des französisch-deutschen Krieges von 1870/71 wurde Elsaß-Lothringen durch Vertrag von Frankfurt vom 10. Mai 1871[25] an das Deutsche Reich abgetreten. Es wurde weder einem der deutschen Länder inkorporiert noch selbst ein Gliedstaat, sondern bildete einen „integrierenden Bestandteil des deutschen Reiches, und

---

[24] *O'Connell*, S. 55.

[25] *Martens*, Nouveau Recueil Général, 1. Serie, Bd. 19, S. 688.

zwar als dezentralisiertes Sondergebiet[26]. Die völkerrechtlichen Verträge Elsaß-Lothringens waren nunmehr solche des Deutschen Reiches für das Reichsland[27]. Über die Weitergeltung der für das Gebiet gültigen völkerrechtlichen Verträge wurde keine ausdrückliche Regelung getroffen.

2. „Servituten"

a) Demilitarisierte Zone: Hüningen

Die elsässische Stadt Hüningen in der Nähe der schweizerischen Stadt Basel war durch Art. 3 Abs. 1 des Pariser Friedensvertrages vom 20. November 1815[28] zum Schutze Basels demilitarisiert worden:

Les fortifications d'Huningue ayant été constamment un objet d'inquiétude pour la ville de Bâle, les H. P. C., pour donner à la Confédération Helvétique une nouvelle preuve de leur bienveillance et de leur sollicitude, sont convenues entre elles de faire démolir les fortifications d'Huningue, et le Gouvernement Français s'engage, par le même motif, à ne les rétablir dans aucun temps, et à ne point les remplacer par d'autres fortifications à une distance moindre que trois lieues de la ville de Bâle.

Der Vertrag wurde abgeschlossen zwischen Frankreich einerseits, und Österreich, Großbritannien, Preußen und Rußland andererseits in jeweils vier gleichlautenden bilateralen Urkunden.

Nach der Zession an Preußen unternahm dieses keinerlei Anstalten, Hüningen zu befestigen. Dies dürfte verschiedene Gründe haben: Einmal gab es keinen besonderen Anlaß, der eine Befestigung gerade dieser Stadt in unmittelbarer Grenze zur Schweiz notwendig gemacht hätte. Zum anderen war Preußen selbst durch gleichlautendes bilaterales Abkommen wie Frankreich eine Verpflichtung zur Demilitarisierung Hüningens eingegangen, d. h. die Demilitarisierungsbestimmung war von Anfang an auch für Preußen bindend[29]. Preußen stand aber wiederum auch mit Frankreich in bestimmten Vertragsbeziehungen, deren sich das Deutsche Reich bezüglich Elsaß-Lothringen bediente: Ein französisch-preußischer Auslieferungsvertrag vom 21. Juni 1845 wurde in gegenseitigem Ausgleich (s. unten) auf Elsaß-Lothringen erstreckt. Es scheint, daß das Deutsche Reich ohne größere juristische Bedenken diesen Vertrag eines dritten Staates, nämlich Preußens, anwandte. Die Erstreckung dieses Vertrags auf Elsaß-Lothringen lag im Interesse und Willen des Deutschen Reiches. Es war somit auch für das Deutsche Reich nicht opportun, bei einer

---

[26] So auch *Kunz*, Staatenverbindungen, S. 223. Dort finden sich auch weitere Literaturhinweise.

[27] s. *Wilkinson*, S. 102.

[28] *Martens*, Recueil (Leipzig 1846), Bd. 3, S. 211.

[29] Vgl. hierzu *Keith*, S. 23.

durchaus nicht zwingenden Situation sich nunmehr im Falle Hüningen darauf zu berufen, daß die Demilitarisierungsbestimmungen zwar gegenüber Preußen, aber nicht gegenüber dem Deutschen Reich bindend seien[30].

Als nach dem ersten Weltkrieg Elsaß-Lothringen auf Grund Art. 51 des Friedensvertrags von Versailles wieder an Frankreich kam, hielt sich dieses an die Bestimmung des Vertrags von 1815 gebunden[31]. Da Frankreich aber selbst 1815 Vertragspartner gewesen war, handelt es sich nach dieser Rückzession nicht um die Übernahme von Pflichten eines dritten Staates; es ist lediglich die Erfüllung einer eigenen Vertragspflicht[32].

Die Demilitarisierung Hüningens stellt mithin kein Beispiel für den automatischen Übergang bestimmter Rechtsverhältnisse auf einen unbeteiligten Nachfolgestaat dar.

b) *Rheinschiffahrt*

Durch Art. 108 bis 117 in Verbindung mit Annex. No. 16 der Wiener Schlußakte vom 4. Juni 1815[33] wurde eine Zentrale Rheinkommission zur Regelung der Rheinschiffahrt eingesetzt. Preußen war Signatar der Wiener Schlußakte. Diese Kommission bewirkte am 31. März 1831[34] die Unterzeichnung der Rheinakte von Mainz, die am 17. Oktober 1868[35] in einem Abkommen von Mannheim revidiert und im Friedensvertrag von Versailles in Art. 353 ff. nochmals geändert wurde. Mitglieder der Rheinkommission waren Anliegerstaaten des Rheins, deutscherseits also die anliegenden Länder. Es waren weder der deutsche Bund noch das Deutsche Reich Mitglied der Zentralkommission. Frankreich war durch Elsaß-Lothringen Anliegerstaat und infolgedessen Mitglied.

---

[30] *Keith* weist S. 23 ferner darauf hin, daß die französische Revolutionsregierung 1848 die Bestimmung über die Demilitarisierung Hüningens als für Frankreich nicht mehr bindend erklärt habe.

[31] Vgl. *Vali*, S. 263—264.

[32] Nach der Rückzession Elsaß-Lothringens wurde, wie *Udina*, in: RC 44 (1933 II), S. 737 berichtet, in einem französisch-schweizerischen Notenwechsel vom Juli 1920 die Aufrechterhaltung eines Fischereivertrags vom 30. 6. 1885, der zwischen Deutschland, Schweiz und den Niederlanden abgeschlossen war, sowie eines Fischereivertrags vom 18. 5. 1887 zwischen Elsaß-Lothringen, Baden und der Schweiz niedergelegt. In einem Notenwechsel vom 12. und 30. Mai 1920 wurde aber ferner auch die Aufrechterhaltung grenzpolizeilicher Bestimmungen bis zum Abschluß neuer Verträge vereinbart.

[33] *Martens*, Recueil (Leipzig 1846) Bd. 3, S. 64 ff., S. 100 ff. und 179 ff.

[34] Rheinurkunden, Teil I, S. 212 ff.

[35] Rheinurkunden, Teil II, S. 80 ff.

Die Mannheimer Akte von 1868, die von Baden, Bayern, Frankreich, Hessen-Darmstadt und den Niederlanden unterzeichnet war, bestimmte u. a. in Art. 1:

Die Schiffahrt auf dem Rheine und seinen Ausflüssen von Basel bis in das offene Meer soll, sowohl aufwärts wie abwärts, unter Beachtung der in diesem Vertrage festgesetzten Bestimmungen und der zur Aufrechterhaltung der allgemeinen Sicherheit erforderlichen polizeilichen Vorschriften, den Fahrzeugen aller Nationen zum Transit von Waren und Personen gestattet sein...

Nach der Zession Elsaß-Lotkrinngens wurde in der Zentralen Rheinkommission der französische Kommissar durch einen deutschen ersetzt, der seinerseits vom deutschen Kaiser ernannt war[36]. Diese Tatsache, die von den Niederlanden widerspruchslos hingenommen wurde, kann ebenso sehr als Merkmal für einen automatischen Übergang der Verpflichtungen aus der Mannheimer Akte auf das Deutsche Reich und damit für eine bloß deklaratorische Bedeutung dieses Beitritts sprechen wie umgekehrt für eine konstitutive Wertung und damit dafür, daß das Deutsche Reich sich ipso iure nicht an die Mannheimer Akte gebunden glaubte. Die Mitgliedschaft bei der Zentralen Rheinkommission selbst ist die auch bei einer Staatensukzession relevant werdende Frage der Mitgliedschaft an internationalen Organisationen und *als solche* hier nicht das primär interessierende Faktum. Dem Deutschen Reich konnte es nur gelegen sein, auf diese Weise die Möglichkeit der Teilnahme an einer Kommission über die Rheinschiffahrt, die nicht nur Fragen der Rheinschiffahrt am Oberrhein zu klären die Absicht hatte, zu bekommen und so einen Einfluß einerseits auf die deutschen Länder, andererseits auf die anderen Mitgliedstaaten zumindest in der Form einer Mitsprachemöglichkeit geltend zu machen. Der Rechtszustand aus der Mannheimer Akte selbst wurde nach der Zession Elsaß-Lothringens nicht geändert[37]. Nach alledem ist diese Aufrechterhaltung des Rheinschiffahrtsstatuts als ein freiwilliger Akt zu werten.

Der Versailler Friedensvertrag, durch den Elsaß-Lothringen 1919 wieder an Frankreich kam, änderte in Art. 355 die Bestimmungen über die Mitgliedschaft und die Stimmabgabe in der Zentralen Rheinschiffahrtskommission. Frankreich war von nun an wieder Mitglied der Kommission. Im Hinblick auf die Änderungen in Art. 355 FVV läßt sich jedoch schwer sagen, ob es sich nach der Rückzession ipso iure als Mitglied ansah. Auf jeden Fall blieben aber die die Schiffahrt auf dem Rhein regelnden Bestimmungen der Mannheimer Akte

---

[36] Vgl. *van Eysinga,* S. 58.

[37] *Lederle,* S. 141.

grundsätzlich (s. Art. 354 Abs. I FVV)[38] bestehen. Da Frankreich selbst 1868 an der Schiffahrtsregelung mitgewirkt hatte, sind die Bestimmungen der Akte von 1868 schon aus diesem Grunde für Frankreich bindend, so daß es sich bei dieser Rückzession nicht um die Aufrechterhaltung eines von einem dritten Staat geschaffenen territorialen Status handelt.

3. Vergleich mit sonstigen Rechtsverhältnissen

Das zwischen Frankreich und dem Heiligen Stuhl 1801 geschlossene Konkordat wurde vom Deutschen Reich zwar nicht formell übernommen, aber stillschweigend weiterhin angewandt[39]. Die zwischen Frankreich und den USA 1843 und 1845 abgeschlossenen Auslieferungsverträge wurden trotz eines anderweitigen Versuchs der USA[40] vom Deutschen Reich nicht auf Elsaß-Lothringen angewandt[41]. Andererseits wurden der französisch-preußische Auslieferungsvertrag vom 21. Juni 1845 und ein französisch-badischer Vertrag vom 16. April 1846 über Rechtshilfe auf Elsaß-Lothringen erstreckt[42]. Frankreich erklärte sich hierzu unter der Bedingung einverstanden, daß die französisch-badische Konvention über literarische Urheberrechte vom 24. März 1865 auch auf Elsaß-Lothringen erstreckt werde[43].

Hieraus ergibt sich, daß nicht nur die angeblich dinglichen Rechtsverhältnisse über Demilitarisierung und Schiffahrtsrechte aufrechterhalten blieben, sondern auch einige andere, nicht lokal gebundene

---

[38] Vgl. auch *Scheuner,* Das internationale Recht der Rheinschiffahrt, S. 55.

[39] Vgl. *Dahm, Völkerrecht* I, S. 104; *de Muralt,* S. 32.

[40] Vgl. *Wilkinson,* S. 102.

[41] Auch die von den deutschen Ländern vor 1870 mit den USA abgeschlossenen Verträge über Militärdienst und Auslieferung (sogen. Bancroft-treaties) wurden nicht auf Elsaß-Lothringen erstreckt (vgl. hierüber ausführlicher *de Muralt,* S. 31 f.; *Beiswingert,* S. 23 f.).

[42] Vgl. hierzu *Beiswingert,* S. 29 ff.

[43] Art. 18 Abs. 4 des französisch-deutschen Vertrages vom 11. 12. 1871 (*Martens,* Nouveau Recueil Général, 1. Serie, Bd. 20, S. 847 ff.) lautet:

„Ferner wird verabredet, daß die Bestimmungen des badisch-französischen Rechtshülfevertrages vom 16. April 1846, des zwischen Preußen und Frankreich am 21. Juli 1845 geschlossenen Auslieferungsvertrages und der Literarkonvention zwischen Bayern und Frankreich vom 24. März 1865 vorläufig auf Elsaß-Lothringen angewandt werden, und daß diese drei Verträge, bezüglich der darin bezeichneten Verhältnisse, für die Beziehungen zwischen den abgetretenen Gebieten und Frankreich bis auf weiteres als Richtschnur dienen sollen."

Dazu ist im Protokoll der Konferenz vom 26. 7. 1871 (*Martens,* Nouveau Recueil Général, 1. Serie, Bd. 20, S. 816) vermerkt, daß der französische Bevollmächtigte „annonce que son Gouvernement accepte l'extension à Alsace-Lorraine du traité franco-prussien sur l'extradition et du traité badois sur l'exécution des jugements, si l'on ajoute l'application au même territoire de la Convention littéraire franco-badoise de 1865".

Rechtsverhältnisse, die von Frankreich eingegangen waren und bisher in Elsaß-Lothringen Anwendung gefunden hatten. Die Abgrenzung der Übernahme und Nichtübernahme wurde nicht nach lokalen Gesichtspunkten vorgenommen. Es ist aber auch ersichtlich, daß die Übernahme von Vertragsverhältnissen mit dritten Staaten weitgehend von den politischen Gegebenheiten abhängt und zuweilen auf einem Aushandeln beruht, mit dem widerstreitende Interessen befriedigt werden.

IV. Hochsavoyen

1. Allgemeines

Savoyen gehörte bis 1860 dem Königreich Sardinien an. Durch Vertrag vom 24. März 1860[44] von Turin wurde es vom Königreich Sardinien an Frankreich abgetreten:

Sa Majesté le Roi de Sardaigne consent à la réunion de la Savoie et de l'arrondissement de Nice.... à la France et renonce, pour lui et tous ses descendants et successeurs, en faveur de Sa Majesté l'Empereur des Français à ses droits et titres sur lesdites territoires... (Art. 1 des Vertrages vom 24. 3. 1860)

2. „Servituten"

a) Neutralisierte Zonen

Durch Art. 92 der Wiener Schlußakte vom 9. Juni 1815[45] waren die savoyardischen Provinzen Chablais und Faucigny neutralisiert worden:

Les provinces du Chablais et du Faucigny, et tout le territoire de Savois au nord d'Ugine, appartenant à S. M. le Roi de Sardaigne, feront partie de la neutralité de la Suisse, telle qu'elle est reconnue et garantie par les puissances....

Inhaltlich bedeutet das:

Toutes les fois que les puissances de la Suisse se trouveront en état d'Hostilité ouverte ou imminente, les troupes de S. M. le Roi de Sargaigne qui pourraient se trouver dans ces provinces, se retireront, et pourront à cet effet passer par le Valais, si cela devient nécessaire; aucunes autres troupes armées d'aucune autre puissance ne pourront traverser ni stationner dans les provinces et territoires sesdits, sauf celles que la confédération Suisse jugerait à propos d'y placer. (Art. 92 Abs. II der Wiener Schlußakte.)

Eine zeitliche Begrenzung war nicht getroffen, dieser oben beschriebene Status der beiden Provinzen wurde im Vertrag von Paris vom

---

[44] *Strupp*, Doc. I, S. 348.

[45] *Martens*, Recueil (Leipzig 1846), Bd. 3, S. 61.

20. November 1815[46] betr. die Anerkennung der Neutralität der Schweiz in Art. 3 von Österreich, Frankreich, Großbritannien, Preußen und Rußland anerkannt. Art. 4 dieses Vertrages stellt dabei nochmals heraus, daß diese Regelung „est conforme aux véritables intérêts de la politique européenne". Der Status wurde ferner von der Schweizer Eidgenossenschaft in einer Erklärung vom 12. August 1815[47] anerkannt.

Die Aufrechterhaltung der neutralisierten Zonen wurde in Art. 2 des Vertrages vom 24. März 1860 ausdrücklich vereinbart:

„Il est également entendu que Sa Majesté le Roi de Sardaigne ne peut transférer les parties neutralisées de la Savoie qu'aux conditions auxquelles il les possède lui-même, et qu'il appartiendra à Sa Majesté l'Empereur des Français de s'entendre à ce sujet, tant avec les Puissances représentées au Congrès de Vienne qu'avec la Confédération Helvétique, et de leur donner les garanties qui résultent des stipulations rappelées dans le présent article."

Welche Erwägungen dieser Regelung zu Grunde liegen, ergibt sich aus den im Anhang[48] wiedergegebenen Stellungnahmen des französischen Außenministeriums wie auch Sardiniens. Wie Baron de Talleyrand dem französischen Außenministerium am 6. März 1860[49] mitteilte, war Sardinien der Ansicht, es handele sich bei den neutralisierten Zonen um eine Servitut. Frankreich habe gegenüber der Schweiz die Verpflichtungen, die sich aus dieser Servitut ergeben, zu erfüllen; eine Zession sei nur unter gleichzeitiger Abtretung auch dieser „Belastung" möglich. Anderfalls habe die Schweiz das *Recht*, gegenüber Sardinien wegen des ihr zugeführten Unrechts vorstellig zu werden. Da von Seiten Sardiniens auf die Rechtsposition der Schweiz ausdrücklich hingewiesen wurde, ist zugleich auch die Rechtsüberzeugung Sardiniens zum Ausdruck gekommen, und zwar dahingehend, daß Sardinien aus rechtlichen Gründen gegenüber der Schweiz gehalten sei, dafür zu sorgen, daß der Erwerberstaat in die bestehenden Verpflichtungen eintritt. Daraus ergibt sich, daß mangels einer diesbezüglichen ausdrücklichen Vereinbarung automatisch die Verpflichtungen auf den Nachfolgestaat nicht übergehen und daß andererseits im Falle einer Übernahme der Verpflichtungen durch den Nachfolgestaat der bisher verpflichtete Staat — hier: Sardinien — gegenüber dem berechtigten Staat — hier: die Schweiz — frei werde, d. h. der bisher verpflichtete Staat habe seine Pflichten gegenüber dem berechtigten Staat erfüllt, wenn er dafür sorgt, daß der Zessionar

---

[46] *Martens*, Recueil, Bd. 3, S. 242.

[47] *Klüber*, Bd. 9, S. 239.

[48] Vgl. Anhang Nr. 1 und Nr. 2.

[49] Anhang Nr. 1.

sich zur Erfüllung der in Frage stehenden „Servituten" verpflichtet. Das französische Außenministerium[50] sah sich gehalten, im Falle einer Zession die erwähnten „Belastungen" zu übernehmen. Es wurde aber betont, daß es sich im gegebenen Fall keineswegs um ein besonderes Recht der Schweiz handele, das zu beachten sei, sondern um eine internationale Servitut, die 1815 von den europäischen Mächten geschaffen worden sei. Frankreich selbst habe dieser Regelung seinerzeit zugestimmt. Die Darlegungen des französischen Außenministeriums zeigen, daß Frankreich sich aus rechtlichen Gründen für verpflichtet hielt, den Status aufrechtzuerhalten. Die französische Stellungnahme läßt aber offen, ob für diese Haltung das europäische Interesse oder der Umstand, daß Frankreich die Wiener Schlußakte selbst mit unterzeichnet hat, ausschlaggebend war.

Zusammenfassend läßt sich feststellen, daß jedenfalls Frankreich sich gegenüber den anderen Signatarstaaten aus rechtlichen Gründen zur Aufrechterhaltung der „Servitut" verpflichtet hielt und somit der Regelung des Art. 2 des Vertrages vom 24. März 1860 rein deklaratorischen Charakter beimaß. Der andere Vertragsteil — Sardinien — hingegen maß der von Frankreich in Art. 2 des Vertrages vom 24. März 1860 akzeptierten Regelung konstitutive Bedeutung zu und ging nicht von einem automatischen Fortbestand der „Servitut" aus. Beide Parteien handelten aber opinione iuris.

Nach dem ersten Weltkrieg stimmte die Schweiz der Aufhebung der Neutralisierung Hochsavoyens im Hinblick auf Art. 425 Abs. II des Vertrages von Versailles vom 28. Juni 1919[51] zu[52], hielt aber noch eine besondere Zustimmung der Signatarstaaten der Wiener Schlußakte von 1815 und der Deklaration vom 20. November 1815 für erforderlich.

b) Zollfreizonen

Im Vertrag vom 16. März 1816[53] zwischen der Schweiz und Sardinien wurde die sogenannte Sardinische Freizone geschaffen, nachdem sich Sardinien durch das Protokoll vom 3. November 1815 und eine Note vom 11. November 1815 gegenüber den europäischen Großmächten zur Schaffung einer solchen Freizone verpflichtet hatte. Eine weitere Freizone wurde durch einseitiges sardinisches Manifest vom

---

[50] Vgl. Anhang Nr. 2.

[51] *Martens*, Nouveau Recueil Général, 3. Serie, S. 321. Art. 435 Abs. II verweist darauf, daß dieses Recht „ne correspond plus aux circonstances actuelles".

[52] s. Note der Schweiz vom 5. 5. 1919, abgedruckt als Annex I zu Art. 435 FVV.

[53] *Martens*, Recueil, Bd. 3, S. 244.

9. September 1829[54] zugunsten der Schweiz in St. Gingolph begründet, „pour faire une chose agréable au Canton Vallais et lui donner une marque de sa bienveillance". Art. 1 dieses Manifestes lautet:

Le bureau des douanes existant dans le village de St. Gingolph demeure supprimé, et is sera établi au village de Locum.

Die oben besprochenen Stellungnahmen Sardiniens und Frankreichs betreffen primär nur die Neutralisierung. Tatsächlich aufrechterhalten blieben aber bis nach dem ersten Weltkrieg auch die Freizonen, und zwar auch die Freizone, die nicht durch einverständliche Regelung mehrerer europäischer Staaten geschaffen worden war. Im Gegensatz zu der Regelung über die neutralisierten Gebiete in Hochsavoyen verweigerte die Schweiz nach dem ersten Weltkrieg die Zustimmung zur Aufhebung der Freizonen von Hochsavoyen, St. Gingolph wie auch der von Gex. Nachdem Frankreich die Zollgrenze entgegen den Abmachungen über die Freizonen an die Landesgrenze verlegt hatte, entschied der StIGH[55], daß Art. 435 Abs. II des Vertrages von Versailles, an dem die Schweiz nicht beteiligt war, die Freizonen weder aufgehoben habe noch die Aufhebung bewirken sollte und daß Frankreich seine Zollgrenzen wieder zurückzuziehen habe. Damit wurde klargestellt, daß Frankreich an die zugunsten der Schweiz getroffenen Regelungen gebunden war.

V. Saarland

Die Angliederung des Saarlandes an die Bundesrepublik Deutschland 1957 wird insbesondere seitens der Bundesrepublik nicht als eine Zession aufgefaßt, da das Saarland nie von Deutschland rechtlich gelöst gewesen sei. Gleichwohl darf für eine Untersuchung über die Einwirkung der Veränderung des internationalen Status auf Rechtsverhältnisse mit dritten Staaten die Angliederung zusammen mit den Zessionen behandelt werden, da es sich um eine, was das unmittelbar betroffene Gebiet angeht, gleichgeartete Regionalsukzession handelt.

Um das Saarland von Deutschland staats- und völkerrechtlich zu trennen, führte die französische Besatzungsmacht nach 1945 im Saarland ein anderes Regime ein als in der von ihr besetzten Zone Deutschlands. Am 15. Dezember 1947 erhielt das Saarland eine eigene Verfassung. Internationale Verträge mit dritten Staaten, die das Saarland betrafen, wurden gemäß Art. 5 des französisch-saarländischen Vertrags vom 20. Mai 1953[56] von Vertretern Frankreichs für das Saar-

---

[54] Abgedruckt in StIGH AB 46, S. 121.

[55] StIGH AB 46, S. 171.

[56] J. D. I., Bd. 81 (1954), S. 506 ff.

land abgeschlossen. Diejenigen, die die französisch-saarländische Wirtschaftsunion betrafen, bedurften aber zur Wirksamkeit gegenüber dem Saarland dessen Zustimmung. Von der ihm nach dem Vertrag selbst zustehenden Handlungsfähigkeit scheint das Saarland kaum Gebrauch gemacht zu haben[57]. Durch Vertrag zwischen Frankreich und der Bundesrepublik Deutschland vom 27. Oktober 1956 wurde „der Anwendungsbereich des Grundgesetzes der Bundesrepublik Deutschland vom 1. Januar 1957 an auf das Saarland erstreckt" (Art. 1). Mit dieser Formulierung sollte die These der Bundesrepublik nochmals unterstrichen werden, daß das Saarland auch nach 1945 Teil Deutschlands geblieben ist[58] und die Angliederung juristisch keinen Beitritt darstellt[59]. Der Abschluß völkerrechtlicher Verträge, die das Saarland betreffen, richtet sich nunmehr ausschließlich nach den Vorschriften des Grundgesetzes (Art. 32 und 59 GG).

Die Bundesrepublik hat ihre internationalen Verträge auf das Territorium des Saarlandes erstreckt, soweit entsprechende Verträge zur Verfügung standen. Gem. Art. 13 Abs. II des Saarvertrages sind internationale Vereinbarungen auf dem Gebiet des Zollwesens und der Währung, die von Frankreich mit dritten Staaten abgeschlossen sind oder werden, auf das Saarland während der Übergangszeit anwendbar. Das gleiche gilt für internationale Vereinbarungen Frankreichs, die den Außenhandel betreffen. Sie sollen nach Möglichkeit mit Klauseln versehen werden, die ihre Anwendung auf das Saarland aussprechen. Der vorläufige Charakter dieser Regelung läßt nicht den Schluß auf einen automatischen, von der Überzeugung rechtlicher Notwendigkeit getragenen, Übergang auf den Nachfolgestaat zu. Die Bedeutung der in Art. 13 Abs. II erwähnten Verträge wird vornehmlich relevant bei solchen, die eine Meistbegünstigungsklausel enthalten. Nach dem unter Nr. 12 des Anhangs zum Vertrag vom 27. Oktober 1956 abgedruckten französisch-deutschen Notenwechsels vom 27. Oktober 1956 erklären beide Parteien, insbesondere bei den Vertragsparteien des allgemeinen Abkommens über Zölle und Devisen (GATT) für die Rücksichtnahme auf das im Saarland geltende Sonderregime eintreten zu wollen. Es fragt sich mithin, ob das besondere Wirtschaftsregime im Saarvertrag einen Vorrang gegenüber Rechten

[57] *Münch*, in: ZaöRVR, Bd. 18 (1957/58), S. 4. Münch erwähnt folgende vom Saarland abgeschlossene Verträge: Abkommen über Sozialversicherung mit Italien vom 26. 10. 1951 = ABIS 53/492; Auslieferungs- und Rechtshilfevertrag mit Belgien vom 4. 6. 1955 = ABIS 55/1753.

[58] *Münch*, loc.cit., S. 12.

[59] Die juristische Qualifikation der Stellung des Saarlandes ist strittig; vgl. hierzu *Laurent*, L'Union Franco-Sarroise d'après de 1948—1950 in J. D. I. 79 (1952), S. 84 ff.; ders. J. D. I. 82 (1955), S. 522 ff.

dritter Staaten hat. Das Wirtschaftsregime läßt sich aber nicht unter die oben angeführten Beispiele, die herkömmlicherweise als Servitut aufgefaßt werden, subsumieren[60]; es ist deshalb aus der vorliegenden Untersuchung auszuscheiden.

Sechstes Kapitel

Begründung von Protektoraten

I. Tunesien 1881

1. Allgemeines

Das französische Protektorat über Tunis wurde durch Vertrag mit dem Bey von Tunis vom 12. Mai 1881[1] begründet. Dieser Vertrag folgt wörtlich dem, dem Bey vorgelegten, französischen Entwurf[2]. Gem. Art. 4 dieses Vertrages bleiben alle bisher vom Bey mit dritten Staaten in Europa geschlossenen Verträge in Kraft:

Le Gouvernement de la République française se porte garant de l'exécution des Traités actuellement existant entre le Gouvernement de la Régence et les diverses Puissances Européennes.

2. „Servituten"

a) Kapitulationen

aa) Britische Jurisdiktionsprivilegien

Art. 5 Abs. 1 des Vertrags vom 19. Juli 1875[3] in Verbindung mit Art. 7 des Vertrages vom 8. August 1830[4] und einem Vertrag vom 15. November 1824 zwischen dem Bey von Tunis und Großbritannien räumte den britischen Staatsangehörigen in Tunis besonderen Ge-

60 So auch *Münch*, loc. cit., S. 16.

1 *Strupp*, Doc. II, S. 114.

2 Vgl. hierzu die Depesche Roustans an das französische Außenministerium vom 12. 5. 1881 (Minstère des Affaires Etrangères — Correspondance Politique, Tunisie, Bd. 58, S. 187).

3 *Martens*, Nouveau Recueil Général, 2. Serie, Bd. 2, S. 479 ff.

4 Wiedergegeben in der britischen Note vom 20. 5. 1881 (Ministère des Affaires Etrangères-Correspondance Politique, Angleterre, Bd. 791, S. 232 (Annexe).

richtsschutz ein. Dieser bedeutete praktisch nicht nur eine Exemption von der tunesischen Gerichtsbarkeit, sondern verbot auch die Auslieferung britischer Staatsangehöriger an dritte Staaten.

Bei der Errichtung des französischen Protektorats über Tunis kam es wegen der Aufrechterhaltung dieser Privilegien zu einem Notenwechsel zwischen Frankreich und Großbritannien. Aus der im Anhang wiedergegebenen britischen Note vom 14. Mai 1881[5] geht hervor, daß der französischen Außenminister bereits vor Errichtung des Protektorats mündlich die Beibehaltung der britischen Privilegien zugesagt, aber eine spätere Revision in Aussicht genommen hatte. Die französische Note vom 16. Mai 1881[6] bekräftigte nochmals ausdrücklich diese Haltung. Es läßt sich aus ihr nichts entnehmen, was auf einen automatischen Übergang der Pflichten schließen lassen könnte. Zieht man diese französische Note zur Interpretation des Art. 4 des Vertrags vom 12. Mai 1881 heran — und vornehmilch die französische Haltung ist als die des Nachfolgestaates hier relevant —, so kann die Regelung nur als eine solche der Opportunität, nicht aber der rechtlichen Notwendigkeit angesehen werden, zumal Frankreich von vornherein eine Änderung anstrebte. Die britische Note vom 20. Mai 1881[7] betont und billigt unter ausdrücklichem Hinweis auf die Verträge von 1824, 1830 und 1875 die französische Haltung. Rechtliche Argumente wurden jedoch von keiner Seite vorgetragen.

Unter Hinweis auf die Haltung Österreichs gegenüber den Kapitulationen in Bosnien und Herzegowina[8] und die britische Haltung gegenüber den Kapitulationen in Cypern[9] strebte Frankreich schon 1882[10] eine Änderung der britischen Privilegien in Tunis an. Als Frankreich 1886 einen britischen Staatsangehörigen ausliefern wollte,

---

[5] s. Anhang Nr. 3.

[6] s. Anhang Nr. 4.

[7] s. Fußnote 4.

[8] Vgl. hierzu oben Kap. 4, I.

[9] Vgl. oben Kap. 4, II.

[10] M. Challemel — Lacour, Ministre des Affaires Etrangères an M. Tissot, Ambassadeur de France in London, am 8. 5. 1883 (Doc. Dipl. Fr., 1. Serie, Bd. 5, no. 30).

Bemerkenswert ist, auch im Hinblick auf die Kapitulationen in Cypern, folgender Auszug aus diesem Schreiben:

„L'attitude de l'Angleterre après l'occupation de Chypre, la déclaration qu'elle nous a faite que le règime des Capitulations était caduc par le fait même de l'établissement des Anglais dans l'île, l'accueil que cette déclaration a rencontré auprès du Gouvernement de la République nous autorisent à penser que le Cabinet de Londres ne fera pas difficulté d'agir à notre égard, de la même manière, dans le cas qui nous occupe aujourd'hui ..."

In diesem Sinne auch schon am 8. 9. 1882 der französische Außenminister Duclerc an den französischen Botschafter Tissot in London (Doc. Dipl. Fr., 1. Serie, Bd. 4, no. 521).

bestand Großbritannien auf der Gültigkeit der Privilegien[11]. Frankreich gab dem britischen Standpunkt schließlich nach „as an exceptional act of grace, having regard to the personal conduct of the accused person during his sejourn in Tunis" und in Ausnahme zu dem — innerstaatlichen — „effet strict des règles de notre droit"[12]. Im Zusammenhang mit der Begründung des britischen Protektorats über Sansibar wurden am 5. August 1890[13] zwischen Großbritannien und Frankreich Erklärungen ausgetauscht[14], in denen bestimmte Interessen in Afrika gegenseitig garantiert werden. Hierbei wurde in den Vorverhandlungen auch die Tunesien-Frage kompensierend einbezogen[15]. Im Vertrag vom 18. September 1897[16] werden die britisch-französischen Verträge auf Tunis ausgedehnt; Großbritannien verzichtet auf die bisherigen Privilegien in Tunis.

bb) Italienische Jurisdiktionsprivilegien

Italien besaß in Tunis ähnliche Privilegien wie Großbritannien. Sofort nach Abschluß des Vertrages mit dem Bey von Tunis 1881 bestätigte Frankreich Italien die Aufrechterhaltung der zwischen Tunis und den europäischen Staaten bestehenden Verträge[17]. Aber auch hier war seitens Frankreich nur an eine vorläufige Aufrechterhaltung gedacht worden. Am 17. Juli 1882[18] äußert der französische Außenminister de Freycinet:

„... nous n'avons pas hésité à reconnaître les privilèges dont les Italiens jouissent en vertu des traités et des usages dans les Etats du Bey et nous étions disposés à les respecter jusqu'au jour où l'organisation complète du protectorat les aurait rendus inutiles."

---

[11] Vgl. Bericht des „Law Officer of the Crown" vom 28. 4. 1886, abgedruckt bei *O'Connell*, S. 346; vgl. auch Bericht vom 24. 8. 1887, ibidem, S. 350.

[12] So entnommen der Schilderung bei *Mc Nair*, The Law of Treaties, S. 429.

[13] Vgl. das Telegramm des französischen Botschafters Waddington in London an den französischen Außenminister Ribot vom 1. 8. 1890 (Doc. Dipl. Fr., 1. Serie, Bd. 8 No. 136); desgl. Telegramm vom 18. 7. 1890 (ibidem, No. 121).

[14] *de Clercq*, Recueil des Traités de la France, Bd. 18, S. 578.

[15] Vgl. Telegramm No. 26 des französischen Botschafters Waddington vom 18. 7. 1890 (Doc. Dipl. Fr., 1. Serie, Bd. 8, No. 121).

[16] *Martens*, Nouveau Recueil Général, 2. Serie, Bd. 25, S. 479.

[17] M. Barthélémy Saint-Hilaire, Ministre des Affaires Etrangères, an: M. de Noailles, Ambassadeur de France à Rome, 13. 5. 1881 (Doc Dipl. Fr., 1. Serie, Bd. 3, No. 535).

[18] M. de Freycinet, Ministre des Affaires Etrangères, an M. de Bâcourt, Chargé d'Affaires de France à Rome (Doc. Dipl. Fr., 1. Serie, Bd. 4, No. 455); in gleichem Sinne auch ders. am 16. 4. 1882 an M. de Reverseaux, Chargé d'Affaires de France à Rome (ibidem, No. 294).

Wie aus der Äußerung weiter hervorgeht, gewährte Frankreich die Privilegien jedoch nicht in dem bisher bestehenden Ausmaß, sondern machte in bezug auf die französische Armee im Falle einer unmittelbaren Verteidigung Ausnahmen. Unter Hinweis auf die Staatenpraxis in Bosnien, Herzegowina und Cypern wurde sehr bald eine Aufhebung der Privilegien angestrebt[19]. Der Vertrag vom 28. September 1896[20] sieht eine Gleichbehandlung von Franzosen und Italienern in Tunis vor, unterstellt die italienischen Staatsangehörigen in Tunis grundsätzlich der französischen Gerichtsbarkeit und hebt damit die bisherigen Jurisdiktionsprivilegien auf.

cc) Sonstige Jurisdiktionsprivilegien

Die den USA durch zwei Verträge von 1797 und 1824 eingeräumten Jurisdiktionsprivilegien wurden nach Begründung des Protektorats beibehalten[21]. Deutschland verzichtete auf die Kapitulationen durch Vertrag vom 18. November 1896[22], Österreich-Ungarn durch Vertrag vom 20. Juli 1896[23]. Diese beiden Verträge enthalten zugleich eine Änderung des Systems der bisherigen Zoll- und Schiffahrtsrechte und sehen eine Neuregelung auf der Basis der Meistbegünstigung vor. Die russisch-französische Deklaration vom 2./14. Oktober 1896[24] stellt die Rechte der russischen Staatsangehörigen in Tunis unter dieselben Regelungen wie sie für russische Staatsangehörige in Frankreich selbst gelten.

b) Zollprivilegien

Italienische und britische Schiffe hatten auf Grund Art. 1 des italienisch-tunesischen Vertrages von 1865 bzw. Art. 8 des britisch-tunesischen Vertrages vom 19. Juli 1875[25] gewisse Zollprivilegien. Ohne ausdrückliche internationale Abmachungen hatte sich im Laufe der Zeit die Gewohnheit herausgebildet, daß bestimmte Mengen Öl frei aufgenommen werden durften. Wie aus einem Bericht des Finanzdirektors an den französischen Außenminister vom 14. März 1886[26] hervorgeht, wurden diese Recht auch nach 1881 weiterhin gewährt

---

[19] M. Duclerc, Ministre des Affaires Etrangères, an: M. de Bâcourt, Chargé d'Affaires de France à Rome, 15. 9. 1882 (Doc. Dipl. Fr., 1. Serie, Bd. 4, No. 528).

[20] *Basdevant* II, S. 735 ff.

[21] Vgl. die bei *Moore*, Digest, Bd. 5, S. 402 wiedergegebene Mitteilung des Assistent Sec. of State vom 16. 11. 1897.

[22] *Basdevant* I, S. 78.

[23] *Basdevant* I, S. 320.

[24] *Martens*, Nouveau Recueil Général, 2. Serie, Bd. 23, S. 385.

[25] *Martens*, Nouveau Recueil Général, 2. Serie, Bd. 2, S. 479 ff.

[26] Ministère des Affaires Etrangères-Correspondance Politique, Tunisie, t. 90, p. 233.

und in Anspruch genommen. Dieser Bericht führt an, daß es sich aber, soweit keine ausdrücklichen Regelungen bestünden, nicht um einen „usage dans le sens légal du mot“ handele, sondern um eine „simple tolérance purement gracieuse, essentiellement révocable, et tout — à — fait insuffisante pour créer un droit quelconque“; soweit vertragliche Regelungen bestünden, seien sie veränderlich, wenn sich die Umstände, unter denen sie begründet wurden, ändern. Die Zollprivilegien wurden zusammen mit den Jurisdiktionsprivilegien einer anderen Regelung unterstellt[27].

3. Ergebnis

Im Ergebnis kann festgehalten werden, daß die Regelung des Art. 4 des Vertrags vom 12. Mai 1881 nur vorläufigen Charakter hatte. Sie diente dazu, Schwierigkeiten mit dritten Staaten, die sich den Operationen in Tunis entgegenstellen könnten, zu vermeiden. Weder die Praxis aus der Zeit des Abschlusses des Vertrages noch diejenige aus der nachfolgenden Zeit lassen Rückschlüsse auf eine opinio iuris zu.

II. Sansibar 1890

1. Allgemeines

Durch Vertrag zwischen Großbritannien und Deutschland vom 14. Juni 1890 wurde die Zugehörigkeit von Helgoland und Sansibar neu geregelt und das britische Protektorat über Sansibar begründet. Eine ausdrückliche Regelung über bestehende Rechte dritter Staaten, insbesondere Jurisdiktionsprivilegien, erfolgte nicht.

2. „Servituten“: Jurisdiktionsprivilegien

Frankreich hatte in Sansibar Jurisdiktions- und Zollprivilegien. Nach der überraschenden Begründung des britischen Protektorats erklärte der französische Außenminister Ribot am 20. Juni 1890[28]:

> ... Quoique nous n'ayons aucune prétention sur Zanzibar, nous y possédons cependant certains privilèges qui ne sauraient être détruits sans notre assentiment....

Ein Einverständnis Frankreichs zur Begründung des britischen Protektorats war auf Grund des britisch-französischen Vertrages vom 10. März 1862[29] erforderlich, in dem beide Staaten die Unabhängigkeit des Sultans von Sansibar garantiert hatten. Frankreich hatte infolge-

---

[27] Vertrag vom 18. 9. 1897 (*Basdevant* II, S. 735 ff.).

[28] M. Ribot, Ministre des Affaires Etrangères, à M. Waddington, Ambassadeur de France à Londres, Telegramm vom 20. 6. 1890 (Doc. Dipl. Fr., 1. Serie, Bd. 8, No. 86).

[29] *de Clercq*, Recueil des Traités de la France, Bd. 8, S. 398.

dessen in der Sansibar-Frage gegenüber Großbritannien eine juristisch vorteilhafte Position. Dies ist bei der Beurteilung der Antwort zu berücksichtigen, die Lord Salisbury auf die französischen Vorstellungen hin gab und die der französische Botschafter Waddington am 21. Juni 1890 mitteilt[30]:

...que nous[31] n'avons pas pensé à la convention de 1862. Mais, je vous le répète, il n'y avait, de ma part, absolument aucune intention de manquer d'égards vis-à-vis le Gouvernement français. Quant aux droits que vous possédez à Zanzibar, nous les respecterons, cela va sans dire; il y a pourtant le droit d'ex [territorialité] qui soulève des difficultés.

Frankreich anerkannte das britische Protektorat über Sansibar in einer Erklärung vom 5. August 1890[32]; Großbritannien anerkannte zugleich das französische Protektorat über Madagaskar. In dieser französischen Erklärung heißt es nochmals:

Il est bien entendu que l'établissement de ce protectorat ne peut pas porter attainte aux droits et immunités dont jouissent les citoyens Français dans les territoires dont il s'agit[33].

Die Aufrechterhaltung der französischen Privilegien beruht auf Erwägungen der Opportunität, nicht aber auf solchen juristischer Art. Sie war erforderlich, um die Anerkennung des Protektorats durch Frankreich zu erlangen. Eine Rechtsüberzeugung läßt sich trotz der scheinbar so selbstverständlichen Formulierung aus der britischen Antwort nicht entnehmen.

III. Korea 1905

Durch Vertrag vom 17. November 1905[34] zwischen Japan und Korea wurde über Korea das japanische Protektorat begründet; es blieb bestehen bis zur Annexion durch Japan im Jahre 1910. In Art. 2 o. a. Vertrages war ausdrücklich festgelegt:

The Government of Japan undertakes to see to the execution of the treaties actually existing between Corea and the other Powers.

Diese Regelung entspricht fast wörtlich derjenigen des Art. 4 des Vertrages vom 12. Mai 1881[35], durch den das französische Protektorat über Tunis begründet wurde. Nähere Äußerungen, die zur Inter-

---

[30] M. Waddington an M. Ribot, Telegramm vom 21. 6. 1890 (Doc. Dipl. Fr., 1. Serie, Bd. 8, No. 91).

[31] Nämlich die deutschen und britischen Vertreter.

[32] *de Clercq*, Recueil des Traités de la France, Bd. 18, S. 578.

[33] In § 1 Abs. 3 der britischen Erklärung heißt es im Hinblick auf das französische Protektorat über Madagaskar:

„It is understood that the establishment of this Protectorat will not affect any rights or immunities enjoyed by British subjects in that island."

[34] *Martens*, Nouveau Recueil Général, 2. Serie, Bd. 34, S. 728.

[35] *Strupp*, Doc. II, S. 114.

pretation des Art. 2 des Vertrages vom 17. November 1905 beigezogen werden könnten, sind nicht bekannt. Die japanische Erklärung vom 23. November 1905[36] wiederholte den in Art. 2 niedergelegten Standpunkt. Die britischen Kapitulationen in Korea wurden erst nach der japanischen Annexion im Jahre 1910 aufgehoben[37]; sie überdauerten mithin das Protektorat.

IV. Marokko 1912

1. Allgemeines

Durch Vertrag von Fez vom 30. März 1912[38] zwischen Marokko und Frankreich wurde Marokko französisches Protektorat, nachdem sich die europäischen Mächte bereits durch britisch-französischen Vertrag vom 8. April 1904[39] sowie französisch-spanischen Vertrag vom 3. Oktober 1904[40] und die Akte von Algeciras vom 7. April 1906[41] weitgehenden Einfluß in Marokko gesichert hatten. Gem. Art. 6 § 2 des Abkommens von Fez verpflichtete sich Marokko, fortan keinen Vertrag ohne die Zustimmung Frankreichs mit dritten Mächten zu schließen. Durch spanisch-französischen Vertrag vom 27. November 1912[42] wurde die spanische Einflußzone in Marokko gesichert.

2. „Servituten"

a) Kapitulationen

Die *USA* besaßen in Marokko Jurisdiktionsprivilegien auf Grund Art. 20 und 21 des Vertrages vom 18. Juli 1787[43] und die fast damit übereinstimmende Regelung der Art. 20 und 21 des Vertrags mit Marokko vom 16. September 1836[44]. Der Internationale Gerichtshof entschied 1952[45], daß in der französischen Einflußzone Marokkos die Privilegien der Bürger sowie Protégés der USA weiterhin gültig sind. Wenn auch diese Fragen in der Entscheidung nicht unter dem besonderen Aspekt der Staatensukzession geprüft wurden, so ergibt sich

---

[36] Wiedergegeben in der bei *Mc Nair*, The Law of Treaties, S. 406—407 abgedruckten britischen Depesche vom 14. 7. 1910.

[37] s. *O'Connell*, S. 60.

[38] *Basdevant* III, S. 69 ff.

[39] *Basdevant* II, S. 407 ff.

[40] *Basdevant* II, S. 198 ff.

[41] *Basdevant* IV, S. 450 ff.

[42] *Strupp*, Doc. II, S. 162.

[43] *Malloy* I, S. 1206.

[44] *Malloy* I, S. 1212.

[45] International Court of Justice, Reports, 1952, S. 212; vgl. hierzu auch *Bomli*, S. 99.

aus dem gefällten Urteil aber doch, daß die Kapitulationen jedenfalls nicht durch die Begründung des französischen Protektorats beeinflußt wurden.

Spanien besaß Jurisdiktionsprivilegien auf Grund zweier Verträge von 1799 und 1861. Es verzichtete nach Errichtung des französischen Protektorats in einer gemeinsamen französisch-spanischen Deklaration vom 7. März 1914 auf diese Rechte „taking into consideration the guarantees of judicial equality offered to foreigners by the French Tribunes of the Protectorate ...“[46].

Großbritannien waren Jurisdiktionsprivilegien durch die Verträge von 1721, 1760, 1824 und 9. Dezember 1856[47] eingeräumt worden. Es gab diese Privilegien in der französischen Einflußzone Marokkos durch Vertrag mit Frankreich 1938 und diejenigen in Tanger bereits 1923 auf. Die Privilegien in der spanischen Einflußzone blieben während des Protektorats bis zur Unabhängigkeitserklärung Marokkos bestehen[48].

Die *Niederlande* hatten Privilegien gemäß zweier Verträge vom 24. Dezember 1610 und von 1684, *Dänemark* auf Grund von Verträgen aus den Jahren 1753 und 1767; *Frankreich* durch Verträge vom 14. September 1631, 1682 und 1767. Andere Staaten erlangten ähnliche Rechte auf Grund der Meistbegünstigungsklausel[49]. Auf Ersuchen Frankreichs verzichteten die meisten Staaten zu Beginn des ersten Weltkrieges auf ihre Jurisdiktionsprivilegien in Marokko[50]. Deutschland mußte in Art. 142 des Versailler Vertrages auf diese Rechte verzichten.

b) Die Zone von Tanger

Über den Status Tangers war bis 1912 noch keine genaue Abmachung getroffen worden. Durch das Interesse der europäischen Mächte gerade an diesem Punkt Nordafrikas wurde schon in Art. 9 des spanisch-französischen Vertrages von 1904, des Vertrags von 1905 sowie allgemein in der Akte von Algeciras 1906 der spezielle Charakter Tangers hervorgehoben[51]. Mit Rücksicht hierauf sah Art. 1 § 4 des Vertrags vom 30. März 1912 vor:

De même, la ville de Tanger gardera le caractère spécial qui lui a été reconnu et qui déterminera son organisation municipale.

---

[46] International Court of Justice, Reports, 1952, S. 194.

[47] *Martens*, Nouveau Recueil Général, 1. Serie, Bd. 17, Teil 1, S. 128.

[48] Vgl. Kapitel 9, III., b), bb).

[49] Vgl. *Bomli*, S. 93.

[50] Vgl. *Bomli*, S. 99.

[51] Einzelheiten s. bei *Hoyt*, S. 187 ff.; *Stuart*, S. 56—65.

3. Ergebnis

Aus den zur Verfügung stehenden Unterlagen scheint sich entnehmen zu lassen, daß die vor Errichtung des Protektorats bestehenden Rechtsverhältnisse aufrechterhalten wurden. Jurisdiktionsprivilegien wurden zum Teil später aufgehoben.

Siebentes Kapitel

Annexionen

I. Korea 1910

1. Allgemeines

Korea wurde durch Vertrag von Seoul vom 22. August 1910[1] von Japan annektiert[2]. Am 29. August 1910[3] erklärte Japan in bezug auf die Verträge dritter Staaten:

> Treaties hitherto concluded by Corea with foreign Powers ceasing to be operative, Japan's existing treaties will, so far as practicable be applied to Corea.

2. „Servituten"

a) Hafennutzungsrechte

Schon vor der Annexion Koreas wurde Großbritannien im Hinblick auf den in Aussicht genommenen japanischen Schritt wegen der Import- und Exportzölle in koreanischen Häfen, wegen der Nutzungsmöglichkeit dieser Häfen sowie wegen des Küstenhandels zwischen koreanischen und japanischen Häfen vorstellig. Im Vordergrund der britischen Argumente zur Beibehaltung des status quo in bezug auf diese Rechte standen wirtschaftliche Interessen. Verknüpft wurden sie mit taktischen politischen Hinweisen. Dies geht deutlich aus der Depesche des britischen Staatssekretärs im Auswärtigen Amt (Sir Edward Grey) an den britischen Botschafter in Tokio vom 14. Juli 1910 hervor[4]. Sie ist überhaupt ein anschauliches Beispiel dafür, wie sehr der Übergang von Verträgen eines Staates auf den Nachfolgestaat in

---

[1] *Martens*, Nouveau Recueil Général, 1. Serie, Bd. 4, S. 24 ff.

[2] Der Vertrag spricht von Zession wie von Annexion gleichermaßen.

[3] *Martens*, Nouveau Recueil Général, 3. Serie, Bd. 4, S. 26 ff.

[4] Abgedruckt bei *Mc Nair*, The Law of Treaties, S. 406—407.

der Praxis oft eine politische und weniger eine rechtliche Frage ist und Lösungen schwerlich ohne Hinzuziehung des Gedankens des „do ut des" getroffen werden. Japan erklärte sich hierauf zu Konzessionen bereit. Maßgebend waren seitens Japan einmal wirtschaftliche Interessen[5], zum andern war es das Bestreben, keine Einwendungen gegen die beabsichtigte Annexion heraufzubeschwören, auf die von Großbritannien nachdrücklich hingewiesen worden war[6]. Die Stellungnahme des japanischen Botschafters wird in der britischen Depesche vom 19. Juli 1910[7] wiedergegeben:

When annexation took place, Corea would become part of Japan, and the Treaties between Corea and other Countries would be extinguished. But Japan had in view the economic interests of Powers who had Treaties with Corea, and she desired to preserve their "status quo" in economic matters.

Demzufolge wurden in der Deklaration vom 29. August 1910 gegenüber dem zunächst dargelegten allgemeinen japanischen Standpunkt die von Großbritannien gewünschten Ausnahmen gemacht. Hinsichtlich der Hafennutzungsrechte wurde unter No. 4 ausgeführt:

The existing open ports of Corea with the exemption of Masampo, will be continued as open ports, and in addition Shiwiji will be newly opened so that vessels, foreign as well as Japanese, will there be admitted and goods may be imported into and exported from these ports.

Die oben geschilderten Umstände zeigen, daß von einem automatischen Übergang dieser Hafennutzungsrechte zu Lasten Japans nicht gesprochen werden kann, sondern daß die Beibehaltung des bisherigen Status politische Gründe hat. Dies ergibt sich auch daraus, daß nicht dieselben Hafennutzungsrechte weitergewährt wurden, sondern ein Hafen (Masampo) ausgenommen und dafür ein anderer Hafen nunmehr freigegeben wurde.

b) Kapitulationen

Die den europäischen Mächten in Korea zustehenden Jurisdiktionsprivilegien wurden aufgehoben. Hierzu führt die Erklärung des japanischen Außenministeriums vom 29. August 1910 aus[8]:

...The Japanese Government believe that they are entirely justified in regarding such right of extra-territoriality as ended upon the termination

[5] Vgl. auch die Erklärung des japanischen Auswärtigen Amtes vom 29. 8. 1910 (*Martens*, Nouveau Recueil Général, 3. Serie, Bd. 4, S. 28, insbes. S. 30).

[6] Vgl. die britische Depesche vom 14. 7. 1910 (*Mc Nair*, loc. cit., S. 406—407).

[7] Abgedruckt bei *Mc Nair*, The Law of Treaties, S. 409.

[8] *Martens*, Nouveau Recueil Général, 3. Serie, Bd. 4, S. 28, insbes. S. 29—30.

of Corea's treaties in consequence of the annexation, considering that the continuance of that system would inevitably prove a serious obstacle and interfere with the unification of the administration of Corea. Moreover, it seems only natural that foreigners, being allowed to enjoy in Corea the same rights and privileges as in Japan Proper should be called upon to surrender the right of extra-territorility which is not granted to them in Japan Proper.

3. Ergebnis

Das vorliegende Beispiel der Annexion Koreas durch Japan scheint auf den ersten Blick die Thesen der herrschenden Lehre bestätigen zu können, daß nämlich etwas besonderes für die sogenannten Servituten gilt. Es wurde aber gezeigt, daß tatsächlich kein automatischer Übergang der britischen Hafennutzungsrechte zu Lasten Japans stattfand, sondern politische Gründe die Aufrechterhaltung und damit die unterschiedliche Regelung bewirkten. Der äußere Schein erwies sich mithin in der Praxis als Trugbild. Die Kapitulationen wurden gleich anderen Verträgen behandelt und als erloschen angesehen.

II. Burenrepubliken 1900

Großbritannien annektierte 1900 die Burenrepubliken. Zwischen den Burenrepubliken und Portugal bestand ein Abkommen über die Eisenbahnverbindung zur Bucht von Angola. 1901 schloß Großbritannien ein neues Abkommen über diese Eisenbahnverbindung[9]. Aus der Tatsache allein, daß ein neuer Vertrag über dieses Transitrecht geschlossen wurde, läßt sich jedoch weder schließen, daß der spätere Vertrag rein deklaratorischen Charakter habe[10] noch, daß er deshalb abgeschlossen wurde, weil der frühere Vertrag von beiden Seiten als erloschen angesehen wurde[11]. Ein Handelsvertrag zwischen Portugal und Transvaal wurde durch die Annexion als ipso facto erloschen angesehen[12]. Ein klares Bild über die tatsächlich geübte Praxis läßt sich aus dem wenigen zur Verfügung stehenden Material nicht gewinnen.

---

[9] s. *Keith*, S. 20.

[10] So offenbar *de Muralt*, S. 59.

[11] So *O'Connell*, S. 22.

[12] Vgl. hierüber *O'Connell*, S. 22.

Achtes Kapitel

Sezessionen

I. Panama 1903

1. Allgemeines

Panama bildete bis 1903 einen integrierenden Bestandteil Neu-Granadas (Columbiens). Die Loslösung erfolgte im November 1903 nach einem Aufstande, der von den USA mit der Begründung begünstigt wurde, sie müßten die im Vertrag vom 12. Dezember 1846 garantierte Neutralität schützen.

2. „Servituten": Transitrechte

Auf Grund Art. 35 § 1 des Vertrages vom 12. Dezember 1846[1] mit Neu-Granada, das sich später Columbien nannte, besaßen die USA ein Transitrecht im Isthmus von Panama:

> ... The Government of New Granada guarantees to the Government of the United States that the right of way or transit across the Isthmus of Panama upon any modes of communication that now exist or that may be hereafter constructed, shall be open and free to the Government and citizens of the United States....

Die USA garantierten die Neutralität des Isthmus sowie die Souveränitäts- und „Eigentumsrechte" Neu-Granadas über diesen Streifen. Sie interpretierten diese auf Grund von Art. 35 o. a. Vertrages gewährten Berechtigungen extensiv und begriffen unter den irgendwie gearteten Transitmöglichkeiten über den Isthmus auch das Recht zum Ausbau des Kanals[2], das an eine französische Gesellschaft vergeben war, aber von dieser nicht ausgeführt wurde. Nachdem die USA die Rechte der französischen Panama-Gesellschaft aufgekauft hatten, bemühten sie sich schon vor der Sezession Panamas um derartige Zugeständnisse, da sie im Hinblick auf die F. de Lesseps gewährte Konzession zum Bau des Suez-Kanals eine Kontrolle des Panama-Kanals durch europäische Mächte fürchteten[3]. Andererseits war auch der Territorialstaat Columbien selbst sehr an dem Ausbau des Kanals interessiert. Ein diesbezüglicher Vertrag vom 22. Januar 1903 (Hay-Herran-Vertrag) wurde zwar im Senat der USA, nicht aber

---

[1] *Malloy* I, S. 302.

[2] Vgl. hierüber *Reid*, International Servitudes, S. 119 ff. (S. 123).

[3] Vgl. *Wimmer*, Karl Ludwig, Die völkerrechtliche Stellung des Panama-Kanals, Diss. München 1959, S. 34.

im Kongreß Columbiens angenommen[4]. Die Sezession Panamas im Jahre 1903 fand statt, während dieser Prozeß der Machtentfaltung und der ständigen Versuche, an allen territorialen Angelpunkten Fuß zu fassen, besonders im Fluß war. Unter diesem Aspekt ist die Äußerung Roosevelts nach der Sezession Panamas im Kongreß der USA zu verstehen:

The treaty vested in the United States a substantial property right carved out of the rights of sovereignty a property which New Granada has passed away and its territory has been divided. Its successor, the Government of Columbia, has ceased to own any property in the Isthmus. A new Republic, that of Panama, which was at one time a sovereign state, and at another time a mere department of the successive confederation known as New Granada and Columbia, has now succeeded to the rights which first one and then the other formerly exercised over the Isthmus. But as long as the Isthmus endures, the mere geographical fact of its existence, and the peculiar interest therein which is required by our position, perpetuate the solemn contract therein which binds the holders of the territory to respect our right to freedom of transit across it, and binds us in return to safeguard for the Isthmus and the world the exercise of that inestimable privilege[5].

Dies bedeutet, daß hinter dieser Äußerung im Grunde weniger der Gesichtspunkt der bloßen Beibehaltung einer erlangten Rechtsposition, und zwar aus rechtlichen Erwägungen steht, sondern vielmehr der Gedanke der Fortführung der Bemühungen um Ausweitung der bisherigen Position.

Darüber hinaus ist zu vermerken, daß diese Ansprache sich zwar auf den Vertrag vom Jahre 1846 bezieht. Sie wurde aber am 7. Dezember 1903 gehalten, nachdem bereits zwei Wochen zuvor, am 18. November 1903, ein neuerlicher Vertrag mit Panama, der nachfolgend erörtert werden wird, abgeschlossen worden war und der die Position der USA verbesserte. Damit wird der politisch-propagandistische Wert dieser Äußerung in einer Jahresrede im Kongreß besonders deutlich, die offensichtlich den Erfolg der Außenpolitik der USA unterstreichen sollte. Ein juristischer Gehalt kann in dieser Rede mithin nicht erblickt werden.

Am 18. November 1903[6], also unmittelbar nach der Sezession Panamas, wurde zwischen den USA und Panama auf der Grundlage des Entwurfs vom 22. Januar 1903[7] ein neuer Vertrag (der sog. Hay-Varilla-Vertrag) geschlossen, der in Art. 2 bestimmt:

---

[4] *Reid* loc. cit., S. 126.

[5] President Roosevelt's Annual Message, Dec. 7th, 1903 (*Moore*, Digest, S. 46—47).

[6] *Martens*, Nouveau Recueil Général, 2. Serie, Bd. 31, S. 599.

[7] *Reid*, loc. cit., S. 126.

The Republic of Panama grants to the United States in perpetuity the use, occupation and control of a zone of land and land under water for the construction, maintenance, operation, sanitation and protection of the said Canal of the width of ten miles extending to the distance of five miles on each side of the centre line of the route of the Canal to be constructed;...

und in Art. 3:

The Republic of Panama grants to the United States all the rights, power and authority within the zone mentioned and described in Article 2 of this agreement and within the limits of all auxiliary lands and waters mentioned and described in the said Article 2 which the United States would possess and exercise if it were the sovereign of the territory within which the said lands and waters are located to the entire exclusion of the exercise by the Republic of Panama of any such sovereign rights, power or authority.

Der Vertrag vom 18. November 1903 geht mithin bedeutend weiter als der vom Jahre 1846, der nur ein ausgedehntes Transitrecht gewährte, nicht aber eine quasi-souveräne Position mit ausgedehnten Benutzungsrechten zum Bau und Betrieb des Kanals, Konstruktionsmonopolen für die Kanal- und Straßenverbindung oder den Isthmus und der festlegt, daß diese Rechte von einem eventuellen Souveränitätswechsel nicht berührt werden sollen. Damit wird aber auch die oben vertretene Ansicht bestärkt, daß dieses Abkommen nicht eine Bekräftigung des Rechtszustandes vor der Sezession darstellt, sondern das Ergebnis andauernder politischer Bestrebungen[8]. Ein Vergleich des Rechtszustandes vor und nach der Sezession weist keine Identität auf[9]. Keinesfalls aber kann wegen des Flusses der Entwicklungen aus dem Eintritt Panamas in die bereits bestehenden Verhandlungen und dem Abschluß eines neuen Vertrages, der auf diesen alten Verhandlungen beruht, ein Indiz für den automatischen Eintritt Panamas in den mit Columbien geschlossenen Vertrag vom Jahre 1846 entnommen werden. Im Gegenteil, der neue Vertrag vom 18. November 1903 basiert auf einem Entwurf, der von dem Vorgängerstaat Columbien nicht akzeptiert worden war.

3. Vergleich mit sonstigen Rechtsverhältnissen

Einen mit Columbien am 4. Mai 1850 abgeschlossenen Konsularvertrag hielten sowohl die USA wie auch Panama für nicht mehr gültig; das gleiche gilt für einen Auslieferungsvertrag[10/11]. Die deutsch-

---

[8] Einzelheiten über die politischen Zusammenhänge vgl. bei *Friedlander*, A Reassessment of Roosevelt's Role in the Panamanian Revolution of 1903.

[9] Der Vertrag vom 2. 3. 1936 modifizierte lediglich die territoriale Begrenzung; vgl. hierüber *Vali*, S. 254—262.

[10] *Hackworth*, Digest V, S. 363; am 25. 5. 1904 (*Malloy* II, S. 1357) wurde infolgedessen ein neues Auslieferungsabkommen mit Panama geschlossen.

[11] Die „List of Treaties in Force" führt S. 131 keinerlei Verträge aus der Zeit vor 1903 auf.

columbischen Verträge wurden hingegen fortgeführt[12]. Großbritannien hielt Panama nicht an Auslieferungs- und Handelsverträge Columbiens gebunden[13]. Die von den USA herausgegebene Aufstellung der mit Panama noch gültigen Verträge[14] enthält keinen Vertrag aus der Zeit vor 1903. Eine inoffizielle Aufstellung der von Frankreich noch als gültig angesehenen Verträge[15] enthält hinsichtlich Panama keinen Vertrag, der noch mit Columbien abgeschlossen wurde.

Die Praxis bei der Loslösung Panamas scheint mithin völlig uneinheitlich zu sein. Auf jeden Fall war der für die Weitergeltung entscheidende Gesichtspunkt nicht die lokale Bezogenheit eines Vertrages.

II. Finnland 1919

1. Allgemeines

Finnland war durch Vertrag von Friedrichsham vom 5./17. September 1809[16] von Schweden an Rußland abgetreten worden und bildete seither als Großfürstentum Rußlands einen integrierenden Bestandteil Rußlands[17], für das dieses sämtliche internationalen Verträge mit anderen Staaten abschloß. Finnland selbst betätigte sich völkerrechtlich nicht. Durch den Friedensvertrag von Dorpat vom 14. Oktober 1920 erlangte es seine Unabhängigkeit.

---

[12] s. Notenwechsel zwischen Deutschland und Panama vom 27. und 30. November 1903 (*Martens*, Nouveau Recueil Général, 3. Serie, Bd. 4, S. 796).

Die deutsche Note, die nachfolgend von Panama angenommen wurde, führt aus:

Il est l'intention formelle de mon Gouvernement, et il s'engage par ma voix d'une façon expresse, solennelle et définitive à respecter et à maintenir les traités ou ententes explicites intervenus entre l'Empire d'Allemagne et la République de Colombie, pour tout ce qui, dans ces traités ou ententes explicites, s'applique au territoire de la République de Panama, sur lequel la République entend exercer sa souveraineté et pour tout ce qui, dans ces traités ou ententes explicites doit être considéré conformément aux principes du droit des gens comme suivant la transmission de Souveraineté de la République de Colombie à la République de Panama.

Somit kommt in dieser Note der Grundsatz zum Ausdruck, den man als das Prinzip der beweglichen Vertragsgrenzen in der Doktrin herausstellt.

[13] *Mc Nair*, The Law of Treaties, verweist S. 461 auf den Abschluß eines neuen Auslieferungsvertrages vom 25. 8. 1906 und eines Handelsvertrages vom 25. 9. 1928.

[14] Treaties in Force, S. 132.

[15] In: R G D I P, 1960, S. 134.

[16] *Martens*, Recueil (Leipzig 1846) Bd. 2, S. 338 ff.

[17] Vgl. *Kunz*, Staatenverbindungen, S. 206; dort S. 202—209 auch Hinweis auf die übrigen über den Status Finnlands bestehenden Theorien.

2. „Staatsservituten"

a) *Demilitarisierte Zonen: Aaland-Inseln*

Die im Golf von Bothnien gelegenen Aaland-Inseln wurden im Vertrag von Dorpat Finnland zugesprochen. Ein Teil der Bewohner dieser Inseln erstrebte unter Berufung auf das sog Selbstbestimmungsrecht der Völker[18] eine Wiederangliederung an Schweden und versuchte, diese Frage dem Völkerbundsrat zur Entscheidung vorzulegen. Um dem prozessualen Einwand der ausschließlichen Zuständigkeit Finnlands für dieses Problem (vgl. Art. 15 Abs. 8 der Satzung des Völkerbundes) zu entgehen, trug Schweden, welches die schwedenfreundliche Gruppe der Aaländer unterstützte, die Verletzung eines völkerrechtlichen Abkommens vor.

In Art. 33 des Friedensvertrages von Paris vom 30. März 1856[19] in Verbindung mit Art. 1 der Zusatzkonvention gleichen Datums[20] hatte sich Rußland zur Demilitarisierung der strategisch wichtigen Aaland-Insel verpflichtet. Dieser Vertrag war zwischen Österreich, Frankreich, Großbritannien, Preußen, der Hohen Pforte und Rußland geschlossen worden. Schweden war nicht Vertragspartner.

Art. 1 des Zusatzabkommens vom 30. März 1856 bestimmt:

Sa Majesté l'Empereur de toutes les Russies, pour répondre au désir qui lui a été exprimé par Leurs Majestés la Reine du Royaume Uni de la Grande Gretagne et d'Irlande et l'Empereur des Français déclare que les Iles d'Aland ne seront par fortifiées et qu'iln'y sera maintenu ni créé aucun établissement militaire ou naval.

Am 10. April 1908[21] und am 23. April 1908[22] erklärten sich Deutschland, Rußland, Schweden und Dänemark über die Beibehaltung des status quo „dans les régions limitrophes de la mer du Nord". Während des 1. Weltkrieges errichtete Rußland entgegen den Bestimmungen des Vertrages vom 30. März 1856 auf den Inseln Befestigungen[23], deren Schleifung in Art. 6 Abs. 3 des Friedensvertrages von Brest-Litowsk vom 3. bis 7. März 1918[24] und in Art. 30 des Abkom-

[18] Es ist hier darauf hinzuweisen, daß das „Selbstbestimmungsrecht" lediglich als ein politisches, nicht aber als ein rechtliches Prinzip anerkannt ist. Vgl. *Berber*, Indien und das Völkerrecht, S. 234.

[19] *Martens*, Nouveau Recueil Général, 1. Serie, Bd. 15, S. 770 ff.

[20] *Martens*, Nouveau Recueil Général, 1. Serie, Bd. 15, S. 788 ff.

[21] *Martens*, Nouveau Recueil Général, 3. Serie, Bd. 15, S. 18.

[22] *Martens*, Nouveau Recueil Général, 3. Serie, Bd. 15, S. 17.

[23] Über die z. T. geheimen diplomatischen Vorbereitungen vgl. *Steinmayr*, S. 4.

[24] Zwischen Deutschland, Österreich-Ungarn, Bulgarien, Türkei und Rußland (*Martens*, Nouveau Recueil Général, 3. Serie, Bd. 10, S. 773 ff.).

mens von Berlin vom 7. März 1918[25] festgelegt wurde[26]. Gegen die trotzdem bestehenden finnischen Befestigungen auf den Aaland-Inseln wandte sich Schweden, das die Demilitarisierung der Inseln als eine Servitut zugunsten Schwedens betrachtete, an die auch Finnland auf Grund des Vertrages von 1856 gebunden sei[27].

Zur Entscheidung des Aaland-Insel-Streits bat der Völkerbundsrat eine neutrale Juristenkommission um ein Gutachten darüber,

a) ob es sich bei dieser Frage um eine innere Angelegenheit Finnlands handele und

b) welches der gegenwärtige Status der Verpflichtungen in bezug auf die Demilitarisierung der Aaland-Inseln sei.

Der Bericht des Juristenkomitees[28] legte u. a. dar[29] — in der Stellungnahme zu Ziff. b) —, daß die Demilitarisierung der Aaland-Inseln schon deshalb jedenfalls nicht als Servitut zugunsten Schwedens begriffen werden könne, weil Schweden nicht Partner des Abkommens von 1856 und deshalb nicht als „praedium dominans" anzusehen sei. Die Demilitarisierung sei jedoch nicht nur im schwedischen, sondern im europäischen Interesse erfolgt. Man habe 1856 ein europäisches öffentliches Recht schaffen wollen und zwar als ein „véritable droit objectif, vrais status politiques, dont les effets se font sentir en dehors même du cercle des parties contractantes". Finnland sei deshalb an diese Bestimmungen gebunden. Schweden[30] und Finnland[31] unterwarfen sich der Entscheidung, die der Völkerbundsrat in der gesamten vorgetragenen Frage treffen würde. Damit stand zur Entscheidung auch die vorgebrachte Frage der Zugehörigkeit der Aaland-Inseln.

Die Resolution des Völkerbundsrates vom 24. Juni 1921[32] sprach die Souveränität über die Aland-Inseln Finnland zu und regte den Abschluß eines Vertrages über die Demilitarisierung der Aaland-Inseln

---

[25] *Martens*, Nouveau Recueil Général, 3. Serie, Bd. 10, S. 835.

[26] Ausführliche Darstellung der hier nur kurz zusammengefaßten Daten s. bei *Vali*, S. 264, Suontausta in ZaörVR, Bd. XIII (1950/51), S. 741 ff.

Im Art. 12 des Friedensvertrages von Dorpat vom 14. 10. 1920 zwischen Rußland und Finnland bekennen sich beide Staaten, also auch Finnland, zur Neutralisierung des finnischen Meerbusens und der Ostsee.

[27] Vgl. hierzu *Castrén*, Die Entmilitarisierung und Neutralisierung der Aalandinseln, S. 108 f.

[28] Das Gutachten wurde erstattet von den Professoren F. Larnaude, A. Struyken und Max Huber.

[29] LoNOJ, spec. suppl; no. 2 (Oct. 1920) S. 14 ff.

[30] LoNOJ, 2nd year, no. 7 (Sept. 1921), 12th meeting (23. 6. 1921), S. 693/694.

[31] LoNOJ, 2nd year, no. 7 (Sept. 1921 12th meeting (23. 6. 1921), S. 693. Finnland erklärte: ... that Finnland would strictly observe the Covenant and carry out the Promises which she had made on decision of the Council.

[32] LoNOJ, no. 7 (Sept. 1921), 14th meeting, S. 699.

an, der die Konvention von 1856 ersetzen solle. Die Entscheidung ist als eine Kompromißlösung der juristisch verbrämten beiderseitigen Ansprüche anzusehen.

Auf Grund dieser Resolution des Völkerbundrates wurde am 20. Oktober 1921 von den Anliegerstaaten der Nord- und Ostsee mit Ausnahme Rußlands ein Abkommen über die Demilitarisierung der Aaland-Inseln geschlossen[33].

Art. 1 dieses Abkommens bekräftigt die russische Deklaration vom 30. März 1956:

La Finlande, confirmant autant que de besoins en ce qui concerne la déclaration faite par la Russie dans la Convention du 30 mars 1856, relative aux îles d'Aland, annexée au Traité de Paris du même jour, s'engage à ne pas fortifier la partie de l'archipel finlandaise, dite »les îles d'Aland«.

Art. 2 legt die genaue Umgrenzung des Gebietes fest; Art. 3 bestimmt:

Aucun établissement ou base d'opération militaires ou navales, aucun établissement ou base d'op«ration aeronautique militaire ni aucune autre installation utilise à des fins de guerre ne pourra être maintenus ou créés dans la région décrite à l'article 2.

Diese Regelungen sind gem. Art. 8 trotz jedweder Veränderungen im Ostseeraum aufrechtzuerhalten.

Ein Vergleich dieser beiden Bestimmungen von 1856 und 1921[34] ergibt, daß sie sich bezüglich der Demilitarisierung grundsätzlich decken; diejenige von 1921 gibt nur in räumlicher Hinsicht und mit Rücksicht auf die neuzeitliche Kriegstechnik detailliertere Ausgestaltungen (vgl. Art. 4 und 5). Die Konvention von 1921 enthält darüber hinaus aber noch eine Neutralisierung.

Art. 6 der Konvention von 1921 bestimmt nämlich:

En temps de guerre, la zone décrite à l'article 2 sera considérée comme zone neutre et ne sera, strictement ou indirectement, l'objet d'une utilisation quelconque ayant trait à des opérations militaire.

Néanmoins, au cas où une guerre intéressait la mer Baltique, il sera loisible à la Finlande, en vue d'assurer le respect de la neutralité de la zone, de poser des mines à titre temporaire dans ses eaux et de prendre à cet effet les dispositions d'ordre maritime strictement nécessaire.

La Finlande en référera immédiatement au Conseil de la Société des Nations.

und hat mithin das Verbot militärischer Operationen zum Inhalt. Neutralisation wie Demilitarisation werden gem. Art. 7 von den übrigen

---

[33] *Martens*, Nouveau Recueil Général, 3. Serie, Bd. 12, S. 65. Vertragspartner sind: Deutschland, Italien, Lettland, Polen, Schweden und das Vereinigte Königreich.

[34] Vgl. hierzu *Castrén*, Die Entmilitarisierung und Neutralisierung der Aalandinseln, S. 110 ff.

Signatarstaaten garantiert. Damit geht die Konvention von 1921 als Ganzes betrachtet weiter als diejenige von 1856.

Darüber hinaus sind die Vertragspartner der beiden Konventionen nicht dieselben; insbesondere ist 1921 Rußland nicht Vertragspartner[35], hingegen aber Schweden, beides im Gegensatz zu der Konvention von 1856. Aus diesem allem ergibt sich, daß die Aaland-Inseln bestimmende Rechtsverhältnis 1921 nicht das gleiche ist wie 1856.

Für die Frage, ob nach Ansicht der beteiligten Staaten die Demilitarisierungsbestimmungen der Konvention von 1856 automatisch auf Finnland übergegangen sind und sich Finnland gegebenenfalls aus rechtlichen Erwägungen daran gebunden hielt, ist ein Vergleich der verschiedenen Vertragsentwürfe interessant und aufschlußreich:

Art. 7 des 1. schwedischen Entwurfs[36]; Art. 9 des 2. schwedischen Entwurfs[37], Art. 7 des 3. schwedischen Entwurfs[38], Art. 8 des finnischen Entwurfs vom 1. Oktober 1921[39] sprachen ausdrücklich von einer Weitergeltung der Konvention von 1856. In die Präambeln des 1. und 3. schwedischen Entwurfs war die Formulierung der Resolution des Völkerbundsrates über die Notwendigkeit eines Vertragsabschlusses aufgenommen worden. Keine dieser Formulierungen wurde als endgültige Fassung akzeptiert[40]. M. Askenazy (Polen) betrachtete die neue Konvention als „développement" derjenigen von 1856[41], M. Gregory

---

[35] Lt. *Castrén*, loc. cit., S. 110, „vertrat das inzwischen zur Sowjetunion gewordene Rußland auch systematisch den Standpunkt, daß es durch das Abkommen nicht gebunden" sei.

[36] Art. 7 lautet:

En attendant que la reconnaissance par les Hautes Parties Contractantes d'un Gouvernement puisse permettre à la Russie d'accéder à la présente Convention les stipulations de l'article 33 du Traité de Paris du 30 mars 1856 et de la Convention y jointe comme troisième annexe, resteront en vigueur concurrement avec les dispositions de la présente Convention.

[37] Art. 9 lautet wie Art. 7 des 1. Entwurfs.

[38] Art. 7 des 3. schwedischen Entwurfs lautet:

Les stipulations de l'article 33 du Traité de Paris du 30 mars 1856 et de la Convention y jointe comme troisième annexe resteront en vigueur concurrement aves les clauses de la présente Convention en attendant.... que toutes les Puissances signataires dudit Traité, ou leurs successeurs en droit, aient déclaré vouloir participer à l'abrogation des stipulations antérieures.

[39] Art. 8 des finnischen Entwurfs lautet:

...les stipulations de l'article 33 du Traité de Paris du 30 mars 1856 et de la Convention y jointe comme troisième annexe resteront en vigueur à la charge de la Finlande concurrement avec les dispositions de la présente Convention.

[40] *Søderhjelm* verweist S. 215 darauf, daß diese Klauseln wegen der Nichtteilnahme beider Signatarstaaten Österreich-Ungarn und Rußland der Konvention von 1856 nicht angenommen worden seien.

[41] Procès-verbal, 5me séance, 19. 10. 1921, S. 62.

(Großbritannien) als „suite“[42] und ließ ausdrücklich protokollieren, daß dieser Fall nicht als ein Präzedenzfall für ähnlich gelagerte Fälle angesehen werden könne. Im Protokoll über die Sitzung vom 19. Oktober 1921 heißt es ausdrücklich:

... le délégué britannique tient à préciser que cette procédure ne pourra être considéré comme un précédent pour des conventions similaires et il désire que son observation soit inscrite au procès-verbal[43].

Hieraus sowie aus der endgültigen Fassung der Präambel, daß das Abkommen geschlossen worden sei

pour réaliser le voeu émi par le Conseil de la Société des Nations dans sa résolution du 24 juin 1921... und

... compléter, sans y porter atteinte, l'effet de l'engagement pris par la Russie dans la convention du 30 mars 1856...

ist zu entnehmen, daß die Parteien — aus welchen Motiven auch immer[44] — in ihrer Gesamtheit nicht von einer automatischen Weitergeltung der Konvention von 1856 zu Lasten Finnlands ausgingen und daß sie mit dieser neuen Konvention schon gar nicht einer Rechtsüberzeugung über den Übergang derartiger Verpflichtungen auf den Nachfolgestaat Ausdruck gebn wollten. Es handelt sich nur um die Ausführung der vom Völkerbundsrat getroffenen und von den Hauptbeteiligten zuvor akzeptierten Resolution, die ihrerseits eine politische Kompromißlösung darstellt. Diese Interpretation steht in Einklang mit dem Vorwort der Resolution des Völkerbundsrates[45], das einerseits auf

all the geographical, ethnical, political, economic and military considerations

andererseits

a maximum of security both for the population of the Islands and the parties concerned

verweist.

b) *Flößereirechte*

aa) an der schwedisch-finnischen Grenze

Die Flößerei in den angrenzenden Gebieten des Tornea und Muonio wurde in einer schwedisch-russischen Vereinbarung vom 3. Juli/

[42] ibidem.

[43] Es ist hier darauf hinzuweisen, daß Großbritannien keine Vertragsbindungen gegenüber Finnland durch Verträge, die zwischen Rußland und Großbritannien abgeschlossen waren, annahm (vgl. brit. Note, abgedruckt bei *Mc Nair*, The Law of Treaties, S. 454 — ohne Quellenhinweis).

[44] Wegen des politischen Hintergrundes vgl. *Castrén*, loc. cit., S. 113.

[45] LoNOJ, Sept. 1921 (Nr. 7), 14th meetig, S. 699, verweist auf geographische, ethnische, politische, wirtschaftliche und militärische Gesichtspunkte und Berücksichtigung der Sicherheit nicht nur der beteiligten Parteien, sondern auch der Aaländer.

20. Juni 1917[46] geregelt; keinem der beiden Staaten wurden größere Rechte eingeräumt. Das Abkommen sah eine Kündigung mit einjähriger Frist vor (Art. 33). Im finnisch-schwedischen Notenwechsel vom 10. Mai 1920[47] wird von schwedischer Seite hierzu ausgeführt, daß die schwedische Regierung

est disposé à reconnaître que la Declaration ... devront être considérés comme ayant été et étant en vigueur pour les rapports entre la Suède et la Finlande, jusqu'à ce qu'un nouvel accord soit intervenu, sous réserve du droit de dénonciation par les parties ainsi qu'il est fixé dans la déclaration[48].

Es dürften praktische Erwägungen für die Aufrechterhaltung des Vertragsverhältnisses ausschlaggebend gewesen sein[49]. Keineswegs läßt sich aber eine Rechtsüberzeugung für einen automatischen Fortbestand dieses Rechtsverhältnisses entnehmen.

bb) an der norwegisch-finnischen Grenze

Die norwegisch-finnische Regelung über die Flößereirechte auf dem Flusse Pasvic (Patsjoki) vom 14. Februar 1925[50] enthält keinen ausdrücklichen Hinweis auf frühere Regelungen.

c) Fischereirechte

aa) an der schwedisch-finnischen Grenze

Das schwedisch-finnische Abkommen über den Fischfang im Tornea (Tornio) und Mùonio vom 10. Mai 1927[51] sagt nichts über etwaige frühere Regelungen.

bb) an der norwegisch-finnischen Grenze

Der Fischfang im Tana an der nunmehr finnisch-norwegischen Grenze war innerstaatlich seitens Norwegens u. a. durch Dekret vom 4. Mai 1872[52] sowie durch finnisches Gesetz vom 8. April 1905[53] und vom 18. April 1873 geregelt. Durch Notenwechsel vom 29. Juni und

---

[46] *Martens*, Nouveau Recueil Général, 3. Serie, Bd. 9, S. 743. Ein Zusatzabkommen gleichen Datums enthält Ausführungsbestimmungen (LNTS II (1920), S.1 42).

[47] LNTS II (1920), S. 141.

[48] Die Deklaration wurde ferner in der schwedisch-finnischen Erklärung vom 10. 5. 1927 (LNTS LXX, 1928, S. 226), die lediglich Zollbestimmungen des Art. 2 o. a. Deklaration vom 20. 6./3. 7. 1917 änderte, aufrechterhalten.

[49] Insbes. da durch denselben Notenwechsel die Regelung des Fischfangs in demselben Fluß geändert wurde.

[50] LNTS XLIX, S. 391.

[51] LNTS LXX (1928), S. 201.

[52] Betr. die Netzgröße beim Fischfang.

[53] Dessen Art. 37, 38 und 45 die Fangzeiten regelten.

3. Juli 1920[54] zwischen Norwegen und Finnland wurden die bisherigen Fischereiregelungen geändert[55]. Einige Bestimmungen des Gesetzes vom 23. Februar 1902 wurden gem. Art. 8 Abs. 2 der finnischen Regelung vom 30. Juli 1920, die Gegenstand des Notenwechsels war und durch diesen zum Inhalt einer zwischenstaatlichen Vereinbarung wurde, beibehalten; Art. 15 hebt das Gesetz vom 18. April 1873 ausdrücklich auf. Entsprechendes wurde seitens Norwegens unternommen. Die neuen Regelungen des Fischfangs tragen den Grenzlinien Rechnung[56]. Der finnisch-norwegische Vertrag vom 21. April 1938[57] über den Fischfang im Tana enthält keinen Hinweis auf frühere Regelungen. Auch das finnisch-norwegische Abkommen gleichen Datums über den Fischfang im Pasvik (Pasvikelva) besagt nichts über frühere Regelungen.

d) Wassernutzungs- und Schiffahrtsrechte

In dem zwischen Finnland und Norwegen am 14. Februar 1925[58] abgeschlossenen Vertrag über die Wassernutzung der Flüsse Pasvik (Patsjoki) und Jakobselv (Vuoremajoki)[59] sowie im Schiffahrtsabkommen vom 19. Dezember 1925[60] findet sich kein Hinweis auf frühere Regelungen.

e) Sonstige territoriale Rechtsverhältnisse

Im Vertrag von Petersburg vom 2. / 14. Mai 1826 zwischen dem König von Norwegen und Schweden und dem Zaren von Rußland[61] war gem. Art. 8 den russischen und norwegischen Lappen bei Strafe untersagt, ihre Renntiere auf dem Territorium des anderen Staates weiden zu lassen. Gem. Art. 24 des finnisch-norwegischen Abkommens vom 3. März 1922[62] soll die Regelung des Art. 8 o. a. Vertrags von 1826 „remain in force until further notice". Das deutet auf eine nur aus praktischen Erwägungen getroffene Übergangsregelung. Hinsichtlich

---

[54] LNTS I, S. 317.

[55] Die norwegische Note vom 29. 6. 1920 bezieht sich auf einen vorausgegangenen, in LNTS jedoch nicht veröffentlichten Notenwechsel. Die Änderung scheint auf finnische Anregung zurückzugehen.

[56] Vgl. Art. 8 Abs. I finnisches Dekret vom 2. 7. 1920.

[57] LNTS CLXXXVIII (1938), S. 231. Sie wurde modifiziert am 13. 6. 1949 (UNTS 34 (1949) S. 9) und aufgehoben durch Vertrag vom 20. 5. 1953 (UNTS 173 (1953), S. 163).

[58] LNTS XLIX, S. 379.

[59] Schiffahrt, Flösserei und Fischfang waren auf dem Jakobselv und im Gebiet von Paswig gem. Art. 9 des russisch-norwegisch-schwedischen Vertrags vom 2./14. 5. 1826 für die Angehörigen beider Staaten frei.

[60] LNTS LVI, S. 183.

[61] *Martens*, Nouveau Recueil de traités, Bd. 6, Teil 2, S. 1014.

[62] LNTS XIV, S. 157.

der übrigen Bestimmungen des Vertrags von 1826, die teilweise ebenfalls lokal bezogene Rechte beinhalten[63], ist nichts gesagt. Im Abkommen zwischen Finnland und Schweden vom 9. Mai 1925[64] über Transitrechte der Lappländer und ihrer Renntierherden sind frühere Regelungen nicht erwähnt.

3. Vergleich mit sonstigen Rechtsverhältnissen

Mit Schweden erfolgte angeblich ein Notenwechsel, in dem 13 Verträge bezeichnet sind, die aufrechterhalten bleiben sollen[65]. Großbritannien hielt Finnland nicht an die von Rußland geschlossenen Verträge gebunden[66], desgl. die USA[67].

Eine ipso-iure-Bindung läßt sich nach der Sezession Finnlands mithin für keinen der untersuchten Typen feststellen. Mit Nachbarstaaten und solchen, die ein besonderes Interesse an der Wahrung des bisherigen Zustandes hatten, wurden einige Regelungen aufrechterhalten oder ähnliche Neuregelungen getroffen.

Diese Abmachungen scheinen getroffen worden zu sein, um den notwendigen Lebensbedürfnissen der Bevölkerung, die in diesem Gebiet auf die Ausnutzung der dortigen „lokalen Rechtsverhältnisse" in besonderem Maße angewiesen ist, Rechnung zu tragen. Die Aufrechterhaltung der bisherigen Rechtsverhältnisse trägt aber durchweg nur einen Übergangscharakter; eine automatische Bindung gerade an diese „Servituten" läßt sich nicht feststellen.

III. Belgien 1830

1. Allgemeines

Belgien löste sich 1830 nach einer Revolution des südlichen Teils gegen den nördlichen Teil der Niederlande von diesen. Durch die Verträge vom 19. April 1839[68] wurde Belgiens Unabhängigkeit anerkannt

---

[63] Art. 1 und 2 betreffen Grenzregelungen; Art. 6 Abs. 2 und 3 gewährt ein Kirchenbesuchsrecht auf dem Territorium des anderen Staates mit der Verpflichtung, zur Unterhaltung der Kirche beizutragen.

Wegen Art. 9 vgl. oben Fußnote 59.

[64] LNTS XLVII (1926), S. 283.

[65] *Udina*, in: RC 44 (1933 II), S. 738, lt. *de Muralt*, S. 107. Dieser Notenwechsel betrifft aber o. a. Fischereirecht im Tornea und Múonio; ferner BFSP 112 (1919), S. 1023, lt. *O'Connell*, S. 36, Note 2.

[66] Britische Note abgedruckt bei *Mc Nair*, The Law of Treaties S. 454.

[67] Die vom Department of State herausgegebene Liste der noch als gültig angesehenen Verträge vom 1. 1. 1959 führt bezüglich Finnland keinen Vertrag aus der Zeit vor 1919 auf. Am 1. 8. 1924 — LNTS XXXIV, S. 103 — wurde ein neuer Auslieferungsvertrag geschlossen.

[68] *Strupp*, Doc. I, S. 376.

und seine dauernde Neutralität garantiert. Eine allgemeine Regelung über die von den Niederlanden abgeschlossenen völkerrechtlichen Verträge, welche Belgien betreffen, erfolgte nicht.

2. „Servituten"

a) Befestigungsgebote

In dem zwischen Frankreich, Großbritannien, Preußen, Rußland und Österreich am 30. Mai 1814 in Paris abgeschlossenen Friedensvertrag[69] hatten sich die Signatarstaaten in Art. 3 § 8 Abs. 5 gegenseitig die Möglichkeit gewahrt „de fortifier tel point de leurs Etats qu'elles jugeront convenable pour leur sûreté". Dies war die Grundlage für die Errichtung von Befestigungen an der niederländisch-französischen Grenze auf niederländischem Territorium. Die Wiener Schlußakte von 1815 nahm in Art. 46 auf die Grenzregelungen des Pariser Vertrags vom 30. Mai 1814 Bezug. Nach der Loslösung Belgiens wurde — zunächst auf der Londoner Konferenz von 1930/31 — die Frage streitig, ob Belgien an diese Verpflichtungen zur Befestigung der nunmehr belgisch-französischen Grenze gebunden sei. Die Großmächte betrachteten die Regelungen über die Grenzbefestigungen als einen Teil der im europäischen Interesse abgeschlossenen Verträge, an die Belgien mithin gebunden sei. So heißt es im 7. Protokoll der Londoner Konferenz vom 20. Dezember 1830[70]:

> Unie à la Hollande, et faisant partie intégrante du Royaume des Pays-Bas, la Belgique avait à remplir sa part des devoirs Européens de ce Royaume, et des obligations que les Traités lui avaient fait contracter envers les autres Puissances. Sa séparation d'avec la Hollande ne saurait la libérer de cette part de ses devoirs et de ses obligations.

Dieser Gedanke findet sich noch an weiteren Stellen der Protokolle über die Londoner Konferenz[71] sowie auch in dem bei *O'Connell*[72] wiedergegebenen Ausschnitt einer britischen Note, auf die sich O'Connell als einziges Material[73] in seiner Untersuchung hierüber stützt.

Von einer automatischen Übernahme sämtlicher im europäischen Interesse von den Niederländern eingegangenen und nunmehr Belgien betreffenden Verpflichtungen scheinen aber trotz obiger Äußerung

---

[69] 2. Pariser Frieden (*Martens*, Recueil (Leipzig 1846), Bd. 3, S. 11 ff.).

[70] *Martens*, Nouveau Recueil, Bd. 10, S. 124 ff.

[71] Vgl. Protokoll vom 18. 2. 1831 (*Martens*, Nouveau Recueil, Bd. 10, S. 191).

[72] *O'Connell*, S. 57.

[73] Trotz der bei Martens, Nouveau Recueil, in Bd. 10 ausführlich niedergelegten Protokolle über die mit diesen Fragen befaßte Londoner Konferenz, auf die Max *Huber* mit wörtlichen Zitaten, S. 268 ff. mehrfach verweist. Max *Huber*'s Werk, Die Staatensukzession, wurde von *O'Connell* lt. Bibliographie S. 409 und Zitaten S. 8 und 271 beigezogen!

auch die Großmächte nicht ausgegangen zu sein. Das Protokoll vom 20. Dezember 1830 führt nämlich sofort anschließend aus, daß die neue Lage Belgiens mit dem bisherigen Zustand so weit als möglich in Einklang gebracht werden soll:

La conférance s'occupera conséquemment de discuter et de concerter les nouveaux arrangements les plus propres à combiner l'indépendence future de la Belgique avec les stipulations des Traités, avec les intérêts et la sécurité des autres puissances, avec l'équilibre Européen.

Im Protokoll vom 17. April 1831[74] ist nochmals ausdrücklich darauf hingewiesen, daß die dauernde Neutralität Belgiens auch eine Veränderung des Verteidigungssystems bedingen würde. Der vornehmlich betroffene Staat, nämlich Belgien, erklärte sich in einer Note an Frankreich vom 29. August 1831[75] bereit, in Fragen der Befestigungen mit den Mächten Verhandlungen aufzunehmen, „voulant ... donner une preuve de son désir de vivre en paix avec la France ...".

Die Überzeugung einer rechtlichen Notwendigkeit zur Aufrechterhaltung dieser Festungen läßt sich hieraus ebensowenig entnehmen wie aus der belgischen Verbalnote vom 3. Januar 1831[76] an Lord Pansonby, in der ausgeführt ist:

...La Belgique indépendante a sans doute sa part des devoirs Européens à remplir; mais on concevrait difficilement quelles obligations ont pu résulter pour elle de Traités auxquels elle est restée étrangère.

Es wird mithin die Frage des automatischen Überganges bestimmter Verpflichtungen auf einen Staat unterschieden von der — von Belgien anerkannten — Pflicht, bestimmte „europäische Verpflichtungen" zu erfüllen, d. h. Verpflichtungen, die alle europäischen Staaten binden und insofern auch Belgien, aber nicht unter dem besonderen Aspekt des Nachfolgestaates eines Teiles der Niederlande.

Der am 14. Dezember 1831[77] zwischen Belgien, Preußen, Österreich, Großbritannien und Rußland abgeschlossene Vertrag über die Befestigungsanlagen ging davon aus, daß die Unabhängigkeit und dauernde Neutralität Belgiens das Befestigungssystem ändere und legte in Art. 1 die Schleifung einiger der Festungen, nämlich Menin, Ath, Mons, Philippeville und Marienbourg fest. Lediglich die übrigen Festungen waren von Belgien aufrechtzuerhalten. Das Ausmaß der Befestigungen ist mithin geändert worden. Ein geheimer Zusatzartikel gleichen Datums[78] hält Belgien an Stelle und im gleichen Umfange wie

---

[74] *Strupp*, Doc. I, S. 359.
[75] *Strupp*, Doc. I, S. 363.
[76] *Martens*, Nouveau Recueil, Bd. 10, S. 142.
[77] *Strupp*, Doc. I, S. 372 ff.
[78] *Strupp*, Doc. I, S. 374.

die Niederlande im Rahmen der aus der dauernden Neutralität sich ergebenden allgemeinen Verpflichtungen gebunden:

Il est également entendu qu'à l'égard de ses forteresses, Sa Majesté le roi des Belges se trouve placé dans la position où se trouvait le roi des Pays—Bas envers les quatre cours ...

Da hieraus nachfolgend hergeleitet wird, daß bei einer Gefährdung dieser in Frage stehenden — also der aufrechterhaltenen — Festungen Belgien im Einvernehmen mit Österreich, Großbritannien, Preußen und Rußland Sicherheitsmaßnahmen vorzunehmen habe, kann diese Bestimmung nur als eine nähere Ausgestaltung der von Belgien durch den Vertrag vom 14. Dezember 1831 übernommenen Befestigungspflicht aufgefaßt werden, nicht aber als ein Beweis für den automatischen Übergang sowohl hinsichtlich Art wie Ausmaß sämtlicher bisher den Niederlanden obliegenden Befestigungspflichten.

b) Hafennutzungsrechte

Durch Art. 15 § 6 des Pariser Vertrages vom 30. Mai 1814 war Antwerpen zum reinen Handelshafen erklärt worden. Dieser Status des Antwerpener Hafens wurde in den Entwürfen der Londoner Konferenz für einen Vertrag zur Regelung der künftigen Stellung Belgiens bestätigt[79] und gem. Art. 14 des Vertrages vom 19. April 1839[80] zwischen den Niederlanden und Belgien aufrechterhalten:

Art. 14: Le port d'Anvers, comformément aux stipulations de l'article XV du traité de Paris, du 30 Mai 1814, continuera d'être uniquement un port de commerce.

Es darf hier auch darauf verwiesen werden, daß in Art. 9 § 1 desselben Vertrages auch die Bestimmungen der Art. 108 bis 117 der Wiener Schlußakte über die Flußschiffahrt ausdrücklich auf die sowohl belgischen wie niederländischen Territorien kreuzenden Flüsse für anwendbar erklärt wurden.

3. Vergleich mit sonstigen Rechtsverhältnissen

De Muralt[81] schildert verschiedene Fälle der Aufhebung des Heimfallrechts, welche bereits durch völkerrechtliche Verträge seitens der Niederlande geregelt worden waren. Die belgische Praxis scheint hiernach von der Wirksamkeit solcher Aufhebungsverträge gegenüber Belgien ausgegangen zu sein und zum Teil aus klarstellenden Gründen nochmals Verträge über die Aufhebung abgeschlossen zu haben. Das

---

[79] Vgl. z. B. *Martens*, Nouveau Recueil, Bd. 10, S. 164 ff. (169) und S. 172.

[80] *Strupp*, Doc. I, S. 377.

[81] *de Muralt*, S. 98.

vom Heiligen Stuhl mit den Niederlanden 1827 abgeschlossene Konkordat wurde hingegen nicht als gegenüber Belgien bindend angesehen[82].

Die im Zuge der großen europäischen Umgliederung 1814/15 getroffenen Vereinbarungen scheinen beibehalten worden zu sein, seitens Belgiens aber weniger aus dem Gesichtspunkt einer notwendigen Nachfolge in die insoweit eingegangenen Verträge der Niederlande als vielmehr deshalb, weil Belgien sich in den europäischen Rahmen gestellt sah und insofern die für eine Ausgewogenheit der tatsächlichen Lage nötigen Schritte aus politischen Gründen tat. Es hielt sich an die im europäischen Interesse geschaffene Ordnung generell gebunden. Die Übernahme der von den Niederlanden als Vorgängerstaat eingegangenen Verpflichtungen erfolgte nicht automatisch, sondern freiwillig als ein als geeignet erkannter Beitrag zur Aufrechterhaltung dieser Ordnung. Maßgebend war mithin die Rücksichtnahme auf europäische Interessen. Eine Rechtsüberzeugung des Nachfolgestaates Belgien zur Aufrechterhaltung der vom Vorgängerstaat begründeten Rechtsverhältnisse läßt sich weder allgemein noch in bezug auf die 1814/15 begründeten Rechtsverhältnisse nachweisen.

IV. Pakistan 1947

1. Allgemeines

Der indische Subkontinent umfaßte in seiner politischen Struktur bis 1947 Britisch-Indien sowie etwa 500 bis 600 indische Fürstenstaaten unter britischer Suzeränität. Die Britisch-Indien betreffenden internationalen Verträge wurden seit 1919 teils vom Vereinigten Königreich ausdrücklich für Indien, teils erst später auf Indien erstreckt, teils von der indischen Regierung selbst abgeschlossen[83]. Die auswärtigen Angelegenheiten standen aber gänzlich unter britischer Kontrolle, die der Fürstenstaaten lagen gänzlich bei der britischen Krone[84].

Durch die Indian Independence Act vom 18. Juli 1947[85] wurden auf dem indischen Subkontinent zwei unabhängige Staaten als neue Glieder im Britischen Commonwealth gegründet — Indien und Pakistan — unter gleichzeitiger Aufhebung der britischen Suzeränität über die Fürstenstaaten (Art. 7 lit. b), die die Möglichkeit behielten[86], der Indischen Union oder Pakistan beizutreten. Aus diesem Vorgang lassen

[82] Vgl. hierzu ausführlich *de Muralt*, S. 101.
[83] Vgl. hierzu *Jones*, in: BrYB 1947, S. 370.
[84] Vgl. hierzu *Stewart*, S. 20—21.
[85] *Mansergh* II, S. 699 ff.
[86] s. Art. 5 der ‚Government of India Act', 1935, in: *Mansergh* I, S. 254 ff.

sich bei Berücksichtigung der im 1. Kapitel aufgeführten „Sukzessionstitel“ (Max Huber) drei Möglichkeiten einer gleichzeitigen Staatensukzession herausstellen:

1. In bezug auf das Verhältnis der Britischen Krone zu
   a) Britisch-Indien und Pakistan sowie
   b) den Fürstenstaaten;
2. in bezug auf das Verhältnis Indien : Pakistan;
3. in bezug auf den Beitritt der indischen Fürstenstaaten zur Indischen Union oder Pakistan.

Es handelt sich hier um den äußerst komplizierten und — wie es scheint — in der Doktrin bisher noch nicht gesondert behandelten Fall einer *gleichzeitig mehrfachen Staatensukzession,* der die Möglichkeit einer vergleichsweisen Heranziehung von ähnlich gelagerten, jeweils aber doch nur *einen* Sukzessionsaspekt betreffenden, Vorgängen der Staatenpraxis erschwert. Es ist dabei auf folgendes hinzuweisen:

ad 1.: Sieht man mit Jones[87] Britisch-Indien vor 1947 als Völkerrechtssubjekt an, dessen Außenpolitik aber von einem anderen Staat kontrolliert wurde, so ist der internationale Status insoweit ähnlich dem Ägyptens vor 1919/1922 und 1936 oder Marokkos vor 1956 zu beurteilen[88] und die Erlangung der Kontrolle über die auswärtigen Angelegenheiten als Veränderung im internationalen Status und wie das im Schrifttum[89] als Staatensukzession gewertete Beispiel Ägypten zu beurteilen[90]. Das gleiche ist hinsichtlich der durch Art. 7 b der Indian Independence Act bewirkten Aufhebung der britischen Suzeränität über die Fürstenstaaten zu sagen.

ad 2.: Die „Teilung“ Britisch-Indiens in zwei Staatsgebilde „Indien“ und „Pakistan“ ist juristisch von dem unter 1. geschilderten Fall scharf zu trennen, da beide Vorgänge als solche unabhängig voneinander denkbar sind. Vor allem in Hinblick darauf, daß Britisch-Indien selbst völkerrechtliche Verträge — wenn auch unter britischer Kontrolle — vor 1947 abschloß, ist die Frage erheblich, ob die Trennung selber (also nicht die Unabhängigkeitserklärung!) den internationalen Status

---

[87] *Jones,* loc. cit., S. 370.

[88] ibidem.

[89] z. B. *O'Connell,* S. 45; *de Muralt,* S. 102.

[90] Die Unabhängigkeit Indiens und Pakistans unterscheidet sich aber insoweit, als diese beiden Staaten als Glieder im Britischen Commonwealth im Gegensatz zu Ägypten in — wenn auch lockeren — Beziehungen zum „Mutterland“ geblieben sind. Hieran erhellt der graduelle Unterschied in der Stufenleiter der Sukzessionsmöglichkeiten, vor allem bei den sog. beschränkten Sukzessionen, und zeigt sich zugleich die Schwierigkeit, völkerrechtliche tatsächliche Erscheinungsformen unter theoretische Begriffe zu subsumieren.

Britisch-Indiens geändert und insoweit zwei neue Gebilde geschaffen hat, oder ob lediglich in bezug auf Pakistan eine Änderung des internationalen Status eingetreten und Indien mit Britisch-Indien noch identisch ist und insofern ein den historischen Beispielen Belgiens 1830/39 oder Finnlands 1918 parallel gelagerter Fall der Sezession gegeben ist[91]. Die Frage wurde im August 1947 bei dem Antrag Pakistans um Aufnahme in die UNO relevant und wurde im letzteren Sinne entschieden[92].

ad 3.: Der Beitritt der indischen Fürstenstaaten zur Indischen Union ist als Beitritt (späterer) Gliedstaaten zu einem Bundesstaat wiederum ein gleichzeitiger oder unmittelbar nachzeitiger gesonderter Aspekt einer Staatensukzession[93].

Im vorliegenden Abschnitt soll nunmehr lediglich der Aspekt der Sezession Pakistans in bezug auf Staatsservituten aufgerissen werden. Die „Indian Independence (International Arrangements) Order" von 1947[94] sah in Art. 3 vor, daß Rechte und Pflichten aus internationalen Abkommen, an denen Britisch-Indien bisher Vertragspartei war, auf Indien und Pakistan übergehen. Solche, die sich ausschließlich auf pakistanisches Territorium beziehen, sollen lediglich auf Pakistan übergehen. Es wurde nicht klar zwischen der Erlangung der Unabhängigkeit und der Loslösung Pakistans als solcher geschieden.

2. „Servituten": Luftverkehrsrechte

Zwischen Britisch-Indien und den USA war am 14. November 1946[95] ein Luftfahrtsabkommen geschlossen worden, das den Vertragsparteien gegenseitig Transitrechte des Luftverkehrs über das Territorium des anderen Staates sowie Flughafennutzungsrechte einräumte.

---

[91] Vergleichend darf auf die Trennung Burmas von Britisch-Indien 1937 hingewiesen werden. Vgl. hierzu *Leriche*, S. 106; *Menon*, S. 404; vgl. ferner die bei *Mc Nair*, The Law of Treaties, S. 467—468 wiedergegebene Erklärung des britischen Vertreters bei der "International Labour Conference" am 15. 6. 1937.

[92] Es würde den Rahmen dieser nicht ausschließlich mit dem Fall Indien und Pakistan befaßten Arbeit sprengen, wenn die einzelnen juristischen Argumente hier nochmals aufgerollt würden. Die Verf. schließt sich insoweit dem von der Praxis eingenommenen Standpunkt der Loslösung Pakistans von Britisch-Indien an und verweist im übrigen auf die Darstellungen bei *O'Connell*, S. 5—6 und 41—42 und vor allem *de Muralt*, S. 115—118; vgl. auch *Jones*, loc. cit., S. 372 und die Darstellung bei *Menon*, S. 405—406.
Die Bildung der indischen Republik im Jahre 1949 ist lediglich als Änderung der Regierung und mithin des innerstaatlichen Status anzusehen (so auch *de Muralt*, S. 118; *Vallat*, S. 132.

[93] Vgl. über die sog. Bundessukzession die Ausführungen bei Max *Huber*, S. 165—170.

[94] In Auszügen abgedruckt bei *Jones*, loc. cit., S. 370; lt. *O'Connell*, S. 42 n. 1 veröffentlicht in: Annex to U. N. Doc. A/C 6—161.

[95] UNTS 22, S. 55 ff.

In einem Notenwechsel mit den USA vom 1. / 16. Juni 1948[96] führte Pakistan hierzu aus:

...have the honour to confirm that under the Indian Independence (International Agreements) Order the Air Agreement, which was concluded and signed before the partition of India on behalf of the United India and United States of America should be deemed to have been concluded between Pakistan and United States of America. The Government of Pakistan consider themselves bound by the provision of that Agreement and request that a similar confirmation on behalf of the Government of the United States of America may kindly be conveyed to this Ministry at an early date.

Die gleiche Haltung hierzu wurde in der Antwortnote der USA vom 16. Juni 1948 eingenommen:

...in reaffirming that the United States considers itself bound to comply with the terms of the aformentioned air agreement devolving upon Pakistan....

The fact that the United States is still desirous of negotiating a new air agreement with Pakistan in no way detracts from the validity of the present agreement between the two governments.

Nach den ausdrücklichen Formulierungen ist ein Fortbestand der Rechte aus dem Luftfahrtsabkommen gegeben, jedoch kein automatischer Übergang. Pakistan ersuchte um eine entsprechende Stellungnahme der USA. Dem Notenwechsel kommt damit keine rein deklaratorische Bedeutung zu[97]. Die diplomatisch höfliche Abfassung der Noten macht es ferner schwer, den Ausdruck rechtlicher Notwendigkeit aus ihnen zu lesen, zumal die Berufung auf die „Indian Independence (International Agreements) Order" auch Hinweis auf eine Richtlinie sein kann. Ausgeschlossen ist jedoch nicht, daß eine opinio iuris zugrunde liegt, insbesondere im Hinblick auf den von den USA gegebenen Hinweis der Bindung trotz der Bestrebungen für den Abschluß eines neuen Vertrages.

---

[96] UNTS 235, S. 29 ff.

[97] Ergänzend ist in diesem Zusammenhang auf die Regelung des Lufttransits zwischen Pakistan und Burma hinzuweisen. Die Orient Airways, Ltd., eine britisch-indische Fluggesellschaft, führte den Luftverkehr zwischen Kalkutta-Akyab-Rangoon aus. Nach der Teilung Britisch-Indiens wurde die Gesellschaft eine pakistanische Fluggesellschaft. Durch Notenwechsel vom 20. 9., 19. 10., 18. 11. 1947 (UNTS 35, S. 323 ff.) wandte sich Pakistan wegen der Fortführung des Flugverkehrs, jetzt zwischen Chittayong-Akyab-Rangoon, an Burma. Dies wurde gewährt. Gesichtspunkte, die auf eine opinio iuris vel necessiatis hinweisen, lassen sich aus dem Notenwechsel nicht entnehmen. Darüber hinaus könnte es sich bei diesem Rechtsverhältnis eventuell um eine völkerrechtliche Konzession zu Gunsten der Orient Airways handeln; hinsichtlich der Konzessionen ist in diesem Zusammenhang zu verweisen auf *Mosler*, Wirtschaftskonzessionen bei Änderung der Staatshoheit, 1948.

3. Vergleich mit sonstigen Rechtsverhältnissen

Pakistan trat den Vereinten Nationen gesondert bei, nachdem der bisherige Sitz Britisch-Indiens als Indien zustehend erklärt wurde[98]. An die Konventionen über obszöne Publikationen[99] und Handel mit Frauen und Kindern hielt Pakistan sich gebunden[100]. In der vom State Department der USA herausgegebenen Aufstellung der am 1. Januar 1959 in Kraft befindlichen Verträge sind in bezug auf Pakistan mehrere nicht radizierte Verträge aus der Zeit vor 1947 aufgeführt[101]. Aus den wenigen zugänglichen Beispielen ist zu entnehmen, daß Pakistan verschiedentlich die von Britisch-Indien abgeschlossenen Verträge als sich gegenüber geltend ansieht, soweit sie auf Pakistan angewandt werden können und nicht speziell das Territorium Indiens betreffen. Eine Globalübernahme scheint Pakistan auch gegenüber den einzelnen Staaten nicht ausgedrückt zu haben. Der Übergang der Vertragsverhältnisse auf Pakistan scheint jeweils gesondert geprüft worden zu sein, und zwar weniger nach Vertragstypen als vielmehr nach praktischen Erwägungen; es läßt sich im Ergebnis kein Unterschied zwischen radizierten und anderen völkerrechtlichen Verträgen feststellen[102]. Diese Praxis deutet darauf hin, daß die tatsächlich erfolgte Übernahme von Verträgen nicht aus der Erwägung erfolgte[103], aus rechtlichen Gründen dazu verpflichtet zu sein.

---

[98] Einzelheiten s. bei *de Muralt*, S. 115 ff.

[99] Pakistan hielt sich als Partner der Konvention gebunden „by the fact that India became party to the above — mentioned International Convention before the 15th day of August, 1947", zitiert nach E. *Lauterpacht*, in: I. C. L. Q., 1958, S. 526 n. 32.

[100] s. *O'Connell*, S. 42; weitere Beispiele vgl. bei *Vallat*, S. 132; E. *Lauterpacht*, in: I. C. L. Q., 1958, S. 527; vgl. auch Notenwechsel zwischen Pakistan und Irak vom 20. 6. 1950, in: UNTS 77, S. 215 betr. das Abkommen von Chicago über die Zivilluftfahrt vom 7. 12. 1944.

[101] In „Treaties in Force" S. 128 ff. sind aufgeführt:

Konsularvertrag vom 3. 7. 1815 (*Malloy* I, S. 624); Auslieferungsvertrag vom 22. 12. 1931 i. Vbdg. mit Art. 14 des Vertrages vom 9. 3. 1942 (LNTS, CLXIII, S. 59); Vertrag über persönliches Eigentum vom 2. 3. 1899 i. Vbdg. mit dem Vertrag vom 13. 1. 1899 (*Malloy* I, S. 774 und 776). Bezüglich eines Vertrages über wirtschaftliche Hilfe vom 16. 5. 1946 führt eine pakistanische Note vom 12. 6. 1948 aus:

„the terms of the United States Settlement Agreement with India of May 16, 1946 .... would continue to devolve on the Government of Pakistan to the extent to which they are applicable and have to be fulfilled in Pakistan" (zitiert nach der Wiedergabe in: Treaties in Force, S. 130).

[102] wie sie *Menon*, S. 405, annimmt.

[103] Vgl. *O'Connell*, S. 42: „Pakistan took over treaties of British India only because it was willing to do so ....". In diesem Sinn auch *Jones*, loc. cit., S. 372.

Neuntes Kapitel

Unabhängigkeitsbestrebungen abhängiger Staaten

I. Ägypten

1. Allgemeines

Ägypten war seit 1517 türkische Provinz. Es wurde von einem Statthalter verwaltet, den der türkische Sultan ernannte[1]. Unter der ottomanischen Herrschaft erlangte es zur Zeit Mehemet Alis eine gewisse Selbständigkeit und eine beschränkte Kompetenz zum Abschluß völkerrechtlicher Verträge, war selbst aber noch Teil des ottomanischen Reiches und somit an die von der Hohen Pforte abgeschlossenen Verträge gebunden[2]. Durch Firman vom 13. Februar 1841 erlangte es interne Autonomie unter ottomanischer Suzeränität. Das ottomanische Reich behielt aber die Kontrolle über die äußeren Angelegenheiten[3]. Seit 1867 konnte Ägypten nichtpolitische[4] und seit 1873 ausdrücklich selbständig Handelsverträge abschließen[5]. Anläßlich der Unruhen infolge der ägyptischen Selbständigkeitsbestrebungen rief der Khedif von Ägypten britische Truppen, eine Gelegenheit, die Großbritannien zur Begründung einer britischen Besetzung wahrnahm. Nach der britischen Kriegserklärung an die Türkei vom 6. November 1914[6] erklärte Großbritannien einseitig die türkische Suzeränität über Ägypten als erloschen und Ägypten als britisches Protektorat[7]. Die auswärtigen Angelegenheiten Ägyptens wurden nunmehr von einem

---

[1] Vg. *Rauschning*, Der Streit um den Suezkanal, S. XI.

[2] Vgl. *Avram*, S. 22.

[3] Die juristische Qualifikation des Status Ägyptens im Verhältnis zum ottomanischen Reich ist strittig. Ägypten wird in der Doktrin beurteilt als

a) ottomanischer Vasallenstaat (vgl. *de Belaunde* im Sicherheitsrat — U. N. O. J., 737th meeting, no. 11, p. 4; *Bonfils*, Manuel, S. 97; *Kunz*, Staatenverbindungen, S. 770).

b) privilegierte ottomanische Provinz (RDIP, Bd. III (1896), S. 291 ff., insbes. S. 305 — ohne Verfasserangabe —; *Avram*, S. 22; *Despagnet-Boeck*, No. 127, S. 169).

c) Staat i. e. S.

O'Connell spricht S. 45 schlechthin von einem halbsouveränen Staat; vgl. über diesen Fragenkomplex *Plášilová*, S. 21 ff.

[4] *Kunz*, Staatenverbindungen, S. 767.

[5] Vgl. *de Muralt*, S. 102.

[6] *Strupp*, Doc. V, S. 262.

[7] *Strupp*, Doc. V, S. 263. Ein Vertrag wurde nicht abgeschlossen. Es handelt sich folglich um ein rein tatsächliches, nicht um ein juristisches Verhältnis.

britischen Vertreter in Cairo wahrgenommen[8]. Noch vor der formellen Auflösung des ottomanischen Reiches im Vertrag von Lausanne[9] erfolgte am 22. Februar 1922[10] die Unabhängigkeitserklärung Ägyptens, und zwar wegen der verschiedenen, bei den ägyptisch-britischen Verhandlungen aufgetretenen Schwierigkeiten[11] durch einseitige Erklärung Großbritanniens. In dieser Erklärung machte Großbritannien zur Sicherung seiner Interessen in Ägypten und damit mittelbar in Indien Vorbehalte im Hinblick auf

a) the security of the communications of the British Empire in Egypt;

b) the defense of Egypt against all foreign agression or interference, direct or indirect;

c) the protection of foreign interests in Egypt and the protection of minorities;

d) the Soudan.

Insoweit sollte der status quo bestehen bleiben. Von ägyptischer Seite wurden diese Vorbehalte nie anerkannt, da schon die Errichtung des Protektorats 1914 einseitig und mithin illegal gewesen[12] und somit für das Zurückbehalten nicht zustehender Rechte keine rechtliche Grundlage vorhanden sei[13]. Gleichwohl muß aber beachtet werden, daß die — faktische — Anwesenheit britischer Truppen in Ägypten es für Ägypten politisch nicht angebracht sein ließ, sich über die in den Vorbehalten bezeichneten Punkte hinwegzusetzen. Die diesen Sektor berührende Vertragspraxis — und diese dürfte sämtliche in Ägypten bestehende „Servituten" betreffen — kann daher infolge mangelnder tatsächlicher Unabhängigkeit nur mit größter Vorsicht auf Indizien nach einer Rechtsüberzeugung untersucht werden.

Das nicht in Kraft getretene Memorandum des Comité Milner vom 18. August 1920[14] sah in Art. 8 lit. d) die Aufrechterhaltung von Handels-, Schiffahrts-, Post- und Telegraphenverträgen, ferner die Bei-

---

[8] Vgl. „Copie de la Communication transmise à Sa Hautesse le Sultan de la part du Gouvernement Britannique" vom 19. 12. 1914 (*Strupp*, Doc. V, S. 264—265).

[9] *Martens*, Nouveau Recueil Général, 3. Serie, Bd.. 13, S. 343.

[10] *Strupp*, Doc. V, S. 269.

[11] Telegramm from the Secretary of State for the Colonies to the Gouvernor-General of Canada, 27. 2. 1922 (*Strupp*, Doc. V, 272).

[12] Ein Protektorat wird regelmäßig nur durch einen Vertrag begründet; vgl. hierzu *Verdross*, Völkerrecht, 4. Aufl., S. 281 ff., der das Beispiel Ägyptens aber dafür anführt, daß ein Protektorat auch durch einseitigen Akt begründet werden kann, sofern dieser *effektive* Wirkung entfaltet. Dsgl. *Dahm*, Völkerrecht II, S. 130.

[13] Vgl. Erklärung des ägyptischen Premierministers Saad Zaghloul vom 10. 4. 1924, abgedruckt bei El-Hefnaoui, S. 63; dort auch weitere Ausführungen hierüber.

[14] Abgedruckt in französischer Übersetzung bei *Adam*, Juliette, L'Angleterre en Egypte, Paris 1922, Annex S. 319.

behaltung bestimmter Auslieferungsverträge sowie bilateraler und „unilateraler" Verträge politischer Natur bis zum Abschluß neuer Konventionen vor. Wenn auch dieses Memorandum keine Rechtswirkung entfaltete, so zeigt sich daraus aber doch, daß jedenfalls von britischer Seite aus kein rechtlicher Unterschied zwischen „persönlichen" und „dinglichen" Vertragstypen gemacht wurde.

Die britische militärische Besetzung wurde formell durch den anglo-ägyptischen Allianzvertrag vom 26. August 1936[15] (Art. 1) beendet. Großbritannien behielt sich aber das Recht vor, in der Suezkanalzone Truppen zu stationieren[16]. Dieser Allianzvertrag wurde durch das Abkommen vom 19. Oktober 1954[17] (vgl. dessen Art. 2) ersetzt, das das britische Recht zur Stationierung von Truppen auf den Eintritt bestimmter Ereignisse beschränkte.

2. „Servituten"

a) Kapitulationen

Die von den europäischen Mächten mit der Hohen Pforte abgeschlossenen Verträge über Jurisdiktionsprivilegien räumten diese Vorrechte auch in Ägypten ein[18]. Nach der faktischen Aufhebung der ottomanischen Suzeränität und Begründung des faktischen britischen Protektorates erklärte Großbritannien[19]:

His Majesty's Government have repeatedly placed record that the system of Treaties known as the Capitulations, by which Your Highness's Government is bound, are no longer in harmony with the development of the country; but in the opinion of His Majesty's Government the revision of those treaties may most conveniently be postponed until the end of the present war.

Hieraus geht hervor, daß Großbritannien mit dem Eintritt Ägyptens in die internationale Staatengemeinschaft die diskriminierenden, auf Grund militärischer und politischer Überlegenheit[20] begründeten, Privilegien als mit der neuen Situation nicht mehr vereinbar ansah, aber kein automatisches Erlöschen annahm. Die vorgesehene Regelung nach Beendigung des Krieges sah folgendermaßen aus:

Schon vor der formellen, von Ägypten hinsichtlich der Vorbehalte nicht akzeptierten, Unabhängigkeitserklärung verzichteten verschiedene Staaten mit Rücksicht auf die von Großbritannien ausgeübten

---

[15] BrTS, No. 6 (1937).

[16] Vgl. hierzu *Vali*, S. 219 ff.

[17] BrTS, No. 67 (1955).

[18] Einzelheiten über die Kapitulationen in Ägypten vgl. bei: *Gemayel*, Philippe, Un régime qui meurt: Les Capitulations en Egypte, Paris 1938.

[19] s. Fußnote 8.

[20] Vgl. *Dahm*, Völkerrecht I, S. 253.

Kontrollen und im Hinblick auf die britische Wahrnehmung ausländischer Interessen während der Dauer des britischen Schutzes — vgl. hierzu lit. c) der Vorbehalte! — zugunsten Großbritanniens auf ihre Jurisdiktionsprivilegien. Griechenland[21] und Portugal[22] verzichteten 1920 unter gleichzeitiger rückwirkender Anerkennung des faktischen britischen Protektorats auf ihre Rechte. Norwegen[23], Schweden[24] und Dänemark[25] verzichteten 1921 auf ihre Privilegien. Deutschland[26], Österreich[27] und Ungarn[28] verzichteten ebenfalls in den Friedensverträgen nach dem ersten Weltkrieg auf ihre Jurisdiktionsprivilegien. Diese Verzichtserklärungen müssen in diesem Falle aber unter dem besonderen Aspekt des einem unterlegenen Staate diktierten Friedensvertrages gewürdigt werden und können nicht als Ausdruck einer Rechtsüberzeugung im Hinblick auf eine notwendige Änderung eines Zustandes gewertet werden[29].

Die USA besaßen auf Grund Art. 4 des Vertrages vom 7. Mai 1830[30] mit der Hohen Pforte Jurisdiktionsprivilegien für ihre Staatsangehörigen in Ägypten. Bis 1921 erneuerten die USA das Abkommen über die besonderen gemischten Gerichtshöfe; 1921 schlossen sie es auf unbestimmte Zeit mit einjähriger Kündigungsfrist ab[31]. Noch 1929 bestand das Department of State auf dem Fortbestand dieser Privilegien[32].

Die Kapitulationen wurden schließlich — nach dem britisch-ägyptischen Vertrag von 1936 — durch die Konvention von Montreux 1937[33] zwischen Ägypten einerseits und den USA, Belgien, Groß-

---

[21] Vertrag vom 4. 9. 1920 (*Martens*, Nouveau Recueil Général, 3. Serie, Bd. 15, S. 305).

[22] Vertrag vom 9. 12. 1920 (LNTS, VII, S. 257).

[23] Vertrag vom 22. 4. 1921 (LNTS, V, S. 33).

[24] Vertrag vom 8. 7. 1921 (LNTS, V, S. 329).

[25] Vertrag vom 14. 7. 1921 (LNTS, VI, S. 181).

[26] Art. 147 des Vertrages von Versailles.

[27] Art. 102 des Vertrags von St. Germain (*Martens*, Nouveau Recueil Général, 3. Serie, Bd. 11, S. 691 ff.).

[28] Art. 86 des Vertrags von Trianon (*Martens*, Nouveau Recueil Général, 3. Serie, Bd. 12, S. 423).

[29] Vgl. hierzu auch *Berber*, Die Rechtsquellen des internationalen Wassernutzungsrechts, S. 53.

[30] *Malloy* I, S. 1318.

[31] *Hackworth*, Digest II, S. 515.

[32] *Hackworth*, Digest V, S. 366; die Gültigkeit wurde auch in dem bei *Hackworth* II, S. 514 zitierten Urteil von keiner Seite bestritten. Ibidem, S. 515 findet sich der Hinweis, daß die USA die exterritorialen Rechte in Ägypten trotz der Ereignisse von 1914 und 1922 als weiterhin in Kraft befindlich ansahen.

[33] LNTS, CLXXXII (1937—1938), S. 37.

britannien, Dänemark, Spanien, Frankreich, Griechenland, Italien, Norwegen, den Niederlanden[34], Portugal und Schweden aufgehoben. Zuvor war bereits in Art. 13 des britisch-ägyptischen Vertrages vom 26. August 1936 hervorgehoben worden:

His Majesty The King and Emperor recognizes that the capitulatory régime now existing in Egypt is no longer in accordance with the spirit of the times and with the present state of Egypt.

His Majesty the King of Egypt desires the abolition of this régime without delay . . . .[35]

b) Wassernutzungsrechte

Die Nutzung des Nilwassers scheint vor der Unabhängigkeitserklärung Ägyptens vertraglich nicht geregelt gewesen zu sein. Dies ist auf die tatsächlich einheitliche verwaltungsmäßige Einflußnahme des Niltales zurückzuführen. Anläßlich des Baues des Sennar-Staudammes am blauen Nil im Sudan zur Bewässerung von Gezira fürchtete Ägypten um ausreichende Wasservorräte für das eigene Land[36]. Die zur Klärung dieser wasserwirtschaftlichen und wasserrechtlichen Fragen 1925 berufene Kommission führt in ihrem Bericht keine ausdrücklichen Rechte des Sudan oder Ägyptens am Nilwasser an. Ziff. 89 des Berichts der Kommission, der zum Inhalt des Vertrags vom 7. Mai 1929[37] gemacht wurde, besagt:

It is regarded as essential that all established irrigation should be respected in any future review of the question.

Dazu führt die britische Note vom 7. Mai 1929 aus[38]:

...that His Majesty's Government in the United Kingdom have already acknowledged the natural and historical rights of Egypt in the Waters of the Nile.

und zwar „as a fundamental principle of British policy". Diese Note kann nur dahin verstanden werden, daß praktischen Bedürfnissen, die sich im Laufe der Zeit ergeben haben, Rechnung getragen werden soll. Eine juristisch fundierte Rechtsposition, wie sie eine sog. Servitut erfordern würde, insbesondere eine solche, die eine automatische „Belastung" des Nachfolgestaates darstellen könnte, läßt sich mangels konkreten Rechtstitels nicht erweisen. Im Gegenteil, verwiesen ist

---

[34] Die Niederlande besaßen Jurisdiktionsprivilegien auf Grund der Verträge vom 15. 9. 1680, erneut 1712, 1840 und 1862.

[35] So auch bereits Art. 11 des Entwurfs von 1929; vgl. den anglo-ägyptischen Notenwechsel vom 3. 8. 1929 (*Martens*, Nouveau Recueil Général, 3. Serie, Bd. 21, S. 128 ff.).

[36] *Pompe*, S. 278.

[37] LNTS, XCIII (1929), S. 43 ff.

[38] LNTS, XCIII (1929), S. 116.

lediglich auf natürliche und historische Rechte; juristische frühere Rechte sind damit nicht anerkannt[39].

Das am 8. November 1959 abgeschlossene Nilwasserabkommen ist im Zusammenhang mit der Unabhängigkeitserklärung des Sudan zu behandeln.

c) Schiffahrts- und Transitrechte

Anläßlich eines Projektes zum Bau des — maritimen — Suezkanals erlangte F. de Lesseps von dem ägyptischen Khedifen unter Mitwirkung der Hohen Pforte am 30. November 1854[40] die „Konzession" zur Errichtung einer mit diesen Arbeiten befaßten Gesellschaft auf 99 Jahre. Sie wurde ergänzt durch die „Konzession" vom 5. Januar 1856[41], die in Art. 14 den Kanal als neutralen Wasserweg für Handelsschiffe erklärte ohne Bevorzugung irgendeines Staates. Am 22. Januar 1866[42] erfolgte der Abschluß eines weiteren Abkommens, das Ägyptens Polizeihoheit über den Kanal beschränkte.

Die britische Besetzung der Suez-Kanal-Zone im Jahre 1882 erfolgte unter stillschweigender Duldung der Hohen Pforte und mit Willen des ägyptischen Khedifen. Sie räumte Großbritannien faktisch eine gegenüber den anderen Staaten privilegierte Stellung ein und vermittelte Großbritannien die tatsächliche Macht über den Kanal.

Die von Deutschland, Österreich-Ungarn, Spanien, Frankreich, Großbritannien, Italien, den Niederlanden und dem ottomanischen Reich am 29. Oktober 1888[43] in Konstantinopel abgeschlossene Konvention bezweckte die Errichtung eines

> régime définitif, destiné à garantir, en tout temps et à toutes les puissances le libre usage du Canal Maritime de Suez et compléter ainsi le régime sous lequel la navigation par ce Canal a été placée, par le Firman de Sa Majesté Impériale le Sultan, en date du 22 février 1866...

Damit wurde die freie Durchfahrt auch für Nichtsignatarstaaten der Konvention festgelegt[44]. Art. 1 der Konvention gewährt in Kriegs- wie in Friedenszeiten den Handels- und Kriegsschiffen aller Staaten freie Durchfahrt:

> Le Canal Maritime de Suez sera toujours libre et ouvert, en temps de guerre comme en temps de paix, à tout navire de commerce ou de guerre,

---

[39] Vgl. hierzu *Berber*, „Die Rechtsquellen des internationalen Wassernutzungsrechts", S. 70, wo sich der Hinweis findet, daß natürliche und historische Rechte das Gegenteil von juristischen Rechten sind und das Abkommen von 1929 das Ergebnis einer „sehr speziellen politischen Situation" sei; vgl. ferner *Batstone*, S. 533.

[40] *Rauschning*, Der Streit um den Suez-Kanal, S. 2.

[41] ibidem, S. 7.

[42] ibidem, S. 46.

[43] *Martens*, Nouveau Recueil Général, 2. Serie, Bd. 15, S. 557 ff.

[44] Vgl. *Avram*, S. 33.

sans distinction de pavillon. En conséquence, les Hautes Parties Contractantes conviennent de ne porter aucune atteinte au libre usage du Canal en temps de guerre comme en temps de paix.

Gem. Art. 4 Abs. I darf kein Akt der Feindseligkeit im Gebiete des Kanals vorgenommen werden[45]. Art. 1 Abs. 3 verbietet die Ausübung einer Blockade im Kanal. Art. 9 ermächtgt die ägyptische Regierung im Rahmen der durch die Firmane gesetzten Befugnisse und unter bestimmten Bedingungen für die Innehaltung der Vertragsbestimmungen Sorge zu tragen, notfalls mit Unterstützung der ottomanischen Regierung.

Zum Abschluß dieser Konvention war der Khedif von Ägypten (innerstaatlich) nicht befugt. Die Konvention wurde für Ägypten durch die Unterschrift des Sultans bindend[46]. Großbritannien machte wegen der vorübergehenden und außergewöhnlichen Lage Ägyptens einen Generalvorbehalt[47] und erklärte erst in Art. 6 des französisch-britischen Abkommens vom 8. April 1904[48] seine Zustimmung zu der Konvention vom 29. Oktober 1888.

Nach der britischen Protektoratserklärung über Ägypten im Jahre 1914 übernahm Großbritannien faktisch die Sicherung des Suez-Kanals, obwohl diese gem. Art. 9 und 10 der Konvention von 1888 dem ottomanischen Reich und dem Khedifen von Ägypten zustand und die Konvention Befestigungsverbote im Gebiet des Kanals enthielt[49]. Nach dem ersten Weltkrieg war der Suez-Kanal mehrfach Gegenstand internationaler Übereinkommen. Deutschland und Österreich-Ungarn, die beide Signatare der Konvention von 1888 waren, mußten im Friedensvertrag von Versailles (Art. 152), im Vertrag von St. Germain (Art. 107) und im Vertrag von Trianon (Art. 91) ihre Rechte aus dieser

---

[45] Dabei ist strittig, ob die Territorialmacht, in deren Bereich der Kanal liegt, den Kanal für die Schiffe derjenigen Staaten schließen darf, mit denen sie sich im Kriegszustand befindet, da Art. 4 Abs. 1 den grundsätzlichen Regelungen über Sicherheitsmaßnahmen eines Staates nachgehe. Anderer Ansicht aber mit Recht *Avram,* S. 35, der anführt, daß die Berichte der Pariser Kommission und die französisch-britische diplomatische Korrespondenz keinen Anhalt für eine solche Interpretation bieten. In einer ähnlich gelagerten Erörterung im sogen. Wimbledon-Fall (C. P. J. I. A 1) hat der Ständige Internationale Gerichtshof hinsichtlich des Kieler Kanals ausgesprochen, daß die spezielle Regel des freien Transits der allgemeinen Regel über das Neutralitätsrecht vorgehe.

[46] Vgl. hierzu *Avram,* S. 40.

[47] *Martens,* Nouveau Recueil Général, 2. Serie, Bd. 15, S. 289.

[48] *Basdevant* II, S. 407; es kann hier dahingestellt bleiben, ob die Konvention von Konstantinopel erst 1904 in Kraft trat oder ob sie bis dahin nur insoweit, als sie Großbritannien betrifft, suspendiert war. Vgl. hierzu *Avram,* S. 46.

[49] Hins. der Stellung des Suez-Kanals im 1. Weltkrieg vgl. *Avram,* S. 82 bis 91.

Konvention zugunsten Großbritanniens aufgeben. Hinsichtlich der Türkei war ähnliches im Vertrag vom 10. August 1920 von Sèvres vorgesehen, den die Türkei jedoch nicht ratifizierte. Die Türkei verzichtete schließlich 1923 im Vertrag von Lausanne[50] auf alle Rechte außerhalb der neu gezogenen Grenzen; zu wessen Gunsten ist nicht erwähnt[51].

Gem. Art. 99 Nr. 6 des Vertrages von Lausanne wurde alsdann die Konvention von 1888 zwischen der Türkei und den übrigen Signatarstaaten wieder in Kraft gesetzt. Das bedeutet, daß der Status des Suez-Kanals von den Vertragspartnern dieses Vertrags[52] als weiterhin in Kraft befindlich angesehen wird. Die Rechte aus der Konvention von 1888 werden aber nicht als die einer besonderen territorialen Regelung, sondern im Rahmen von mehreren multilateralen wirtschaftlichen und technischen Abkommen bekandelt[53]. Von der fortbestehenden Gültigkeit der Konvention von 1888 ging auch die nicht in Kraft getretene Genfer Konvention vom 20. September 1931 aus[54]. Die von Großbritannien nach dem Scheitern der Verhandlungen mit Ägypten abgegebene einseitige Unabhängigkeitserklärung (s. o.) sah in lit. c der — von Ägypten nicht akzeptierten — Vorbehalte die Sicherung ausländischer Interessen in Ägypten vor. Darunter läßt sich auch die freie Durchfahrt durch den Kanal begreifen. Anläßlich des italienisch-äthiopischen Krieges wurde die Frage aufgeworfen, ob Italien von der Benutzung des Kanals ausgeschlossen werden könne. Irgendwelche Zweifel an der Fortgeltung der Konvention an sich wurden nicht erhoben[55]. Eine Schließung des Kanals wurde infolge der Beilegung der politischen Spannungen nicht effektiv. Der britisch-ägyptische Vertrag vom 26. August 1936[56], der die britische Besetzung Ägyptens weitgehend minderte, ging in Art. 8 ebenfalls vom Fortbestehen der Konvention von 1888 aus:

> ... in view of the fact that the Suez Canal, whilst being an intregal part of Egypt, is a universal means of communication as also an essential means between the different parts of the British Empire ....

Bestärkt werden sollte aber durch das britische Truppenstationierungsrecht weniger die aus dem Abkommen von 1888 resultierende Rechts-

---

[50] BrTS, No. 16 (1923).

[51] *Badavi* schließt S. 24 daraus, daß nur zu Gunsten Ägyptens der Verzicht zu interpretieren sei.

[52] Großbritannien, Frankreich, Italien, Japan, Griechenland, Rumänien, Serbien, Kroatien.

[53] *Avram* führt S. 57 hierzu aus, daß die Türkei lediglich ein Nutzungsrecht erlangte, ohne selbst Vertragspartner zu werden.

[54] Vgl. hierzu *Avram*, S. 77.

[55] Vgl. hierzu *Avram*, S. 74.

[56] BrTS, No. 6 (1937).

position als vielmehr die tatsächlich privilegierte Stellung Großbritanniens in diesem Raum.

Im britisch-italienischen Abkommen vom 16. April 1938[57] bekräftigten beide Vertragsteile in Annex B

their intention always to respect and abide by the provision of the Convention signed at Constantinople on the 29th october, 1888, which guarantees at all times and for all powers the free use of the Suez-Canal.

Auf die diesbezügliche Mitteilung beider Vertragsparteien lautete die ägyptische Antwort[58]:

I have the honour to inform Your Excellency that the Egyptian Government, as the territorial Power concerned, take note of the intention of the Government of the United Kingdom and the Italian Government and associate themselves therewith.

In dieser ägyptischen Note kommt zwar die Bereitwilligkeit Ägyptens zur Aufrechterhaltung des durch die Konvention geschaffenen Status des Suez-Kanals zum Ausdruck, nicht aber eine Überzeugung, zu solchem Handeln rechtlich verpflichtet zu sein. Nach der Kündigung des Abkommens von 1936 durch Ägypten wurde am 19. Oktober 1954[59] zwischen Großbritannien und Ägypten ein neuer Vertrag geschlossen, der unter Aufhebung des Vertrags von 1936 insbesondere eine Änderung der britischen Truppenstationierungsrechte zum Gegenstand hatte. In bezug auf die Konvention von 1888 ist in Art. 8 ausgeführt:

The two contracting Governments recognize that the Suez Maritime Canal, which is an integral part of Egypt, is a waterway economically, commercially and strategically of international importance, and express the determination to uphold the Convention guaranteeing the freedom of navigation signed at Constantinople on the 29 th of october, 1888.[60]

Damit werden wirtschaftliche und strategische, nicht aber rechtliche Gründe als maßgebend für die Aufrechterhaltung der Konvention angeführt.

---

[57] *Martens*, Nouveau Recueil Général, 3. Serie, Bd. 35, S. 647. Es ist zu beachten, daß das Abkommen jedenfalls zur Zeit der Veröffentlichung bei Martens noch nicht in Kraft getreten war.

[58] ibidem, S. 668.

[59] BrTS, No. 67 (1955).

[60] Die Regelungen des Art. 3 des Vertrags von 1954 widersprechen nicht der Konvention von 1888, da das Recht der Truppenstationierung so begrenzt ist, daß Ägypten die effektive Überwachung des Kanals verbleibt. Der freie Transit als solcher bleibt bestehen. Dieser war auch nicht durch das ägyptische Nationalisierungsgesetz vom 26. 7. 1956 (abgedruckt in englischer Übersetzung in: The Suez Canal Problem, S. 30) aufgehoben. Die in der gemeinsamen Erklärung der Außenminister Frankreichs, USA und Großbritanniens vom 2. 8. 1956 ausgedrückte Befürchtung (The Suez Canal Problem, S. 34) ist hierdurch nicht eingetreten.

Ägypten schlug am 10. September 1956[61] allen an der freien Durchfahrt interessierten Staaten eine Revision der Konvention von 1888 vor, die mit den Signatarstaaten bzw. deren Nachfolgestaaten abzuschließen sei, und zwar auf der Grundlage der Garantie freier Durchfahrt. Anlaß waren für Ägypten finanzielle Erwägungen. In der ägyptischen Note vom 17. September 1956 an den Sicherheitsrat heißt es[62]:

Simultaneously with nationalization, the Government of Egypt reaffirmed its determination to continue to guarantee the freedom of passage through the Canal in conformity with the 1888 Convention.[63]

Ausdruck einer Rechtsüberzeugung für eine diesbezügliche Stellungnahme ist hieraus nicht zu entnehmen; es ist lediglich eine Bereitwilligkeit. Noch deutlicher findet sich dies in der Erklärung, die Ägypten nach Beilegung des Suez-Konfliktes anläßlich der Nationalisierung der Suez-Kanal-Gesellschaft am 18. März 1957 abgab[64]:

It remains the unaltered policy and firm purpose of the Government of Egypt to respect the terms and the spirit of the Constantinople Convention of 1888 and the rights and obligations arising therefrom. The Government of Egypt will continue to respect, observe and implement them.

Nachdem in den nachfolgenden Absätzen nochmals auf die freie Durchfahrt gemäß der Konvention von 1888 verwiesen worden ist, wird in Absatz 10 ausgeführt:

The Government of Egypt make this Declaration, which reaffirms and is in full accord with the terms and spirit of the Constantinople Convention of 1888, as an expression of their desire and determination to enable the Suez Canal to be an efficient and adequate waterway linking the nations of the world and serving the cause of peace and prosperity.

Hierzu führt der Vertreter Ägyptens — M. Loufty — im Sicherheitsrat aus[65]:

En conclusion, l'Egypte est décidée, pour permettre en oeuvre notamment, la résolution du 13 octobre 1956 et les principes qui y sont contenus, à continuer d'appliquer la déclaration elle — même, qui a été enregistrée auprès des Nations Unies et qu'elle considère comme un instrument international, et ce dans l'intérêt de la prospérité du commerce, de la paix et de la communauté internationale.

Ägypten hielt sich mithin grundsätzlich sowohl nach 1919 wie nach 1936 als auch 1954 an die den freien Transit regelnden Bestimmungen der Konvention von 1888. Die übrigen Signatarstaaten resp. deren Rechtsnachfolger nahmen ein Fortbestehen der durch die Konvention

---

[61] S. C. O. R., 11th year, suppl. July-Sept. 1956, S. 38.

[62] S. C. O. R., 736th meeting, 8. 10. 1956, S. 3, no. 19.

[63] Vgl. hierzu die bei *Brüel*, S. 61 angegebenen Hinweise Nassers aus dem Jahre 1956, zitiert nach dem ägyptischen Weißbuch.

[64] S. C. O. R., 12th year, suppl., April—June 1957, S. 9.

[65] S. C. O. R., 778th meeting, 20. 5. 1957, S. 14, no. 95.

geschaffenen Rechtsposition an[66]. Ägypten gab jedoch nie der Meinung Ausdruck, aus rechtlichen Gründen an die Konvention, die nicht von Ägypten unterzeichnet worden war, gebunden zu sein. Auch wenn man, wie Rauschning[67] unter Berfung auf die Staatenpraxis näher begründet, eine Bindung Ägyptens an die einseitige Erklärung vom 18. März 1957 annimmt[68], so läßt sie aber doch keineswegs den Schluß auf eine nur deklaratorische Bedeutung gegenüber der Konvention von 1888 zu. Ägypten betonte verschiedentlich seine Bereitwilligkeit zu Erfüllung der Bestimmungen dieser Konvention. Bereitwilligkeit und Rücksichtnahme auf den internationalen Frieden und das internationale Interesse sind jedoch nicht Ausdruck rechtlicher Notwendigkeit, sondern politischer Klugheit[69].

Der tatsächliche Transit durch den Suez-Kanal war trotz der Konvention von 1888 nicht immer gegeben. Während der beiden Weltkriege, also vor wie auch nach der Verselbständigung Ägyptens, war die freie Schiffahrt nicht garantiert[70], wohl aber zur Zeit der ottomanischen Herrschaft vor dem ersten Weltkrieg[71]. Die Verstöße gegen die Bestimmungen der Konvention von Konstantinopel sind Ausfluß einer tatsächlichen Machtstellung, die ein dritter Staat im Suez-Kanal-Gebiet hatte und die es ihm faktisch ermöglichte, das politische und militärische Interesse den Bestimmungen der Konvention von 1888 vorgehen zu lassen. Die Beschränkung des Transits für israelische Schiffe scheint von den *Signatar*staaten der Konvention hingenommen zu werden[72].

3. Vergleich mit sonstigen Rechtsverhältnissen

Ein 1885 zwischen dem ottomanischen Reich einerseits und Großbritannien und Frankreich andererseits abgeschlossener Vertrag über die Gewährung eines Darlehns wurde von Großbritannien im Gegen-

---

[66] Vgl. auch die in: The Suez Canal Problem, wiedergegebenen Reden auf der Londoner Konferenz von 1956.

[67] *Rauschning*, Die Abwicklung des Suezkanalkonflikts, S. 269. *Brüel* sieht S. 63 eine gewisse Sicherheit in dem Umstand, daß die Erklärung von den Vereinten Nationen registriert würde.

[68] Die einseitige Erklärung Ägyptens bezeichnete der Vertreter Frankreichs im Sicherheitsrat als rechtlich wertlos, da sie jederzeit widerrufbar sei (M. *Picot*, in: S. C. O. R., 776th meeting, S. 8, no. 45, 46 und insbes. 59).

[69] Über die rechtliche Lage nach Beendigung der Suez-Kanal-Krise vgl. *Rauschning*, Die Abwicklung des Suezkanalkonfliktes.

[70] Vgl. *Avram*, S. 85—94 und die dort geschilderte Praxis der britischen Prisengerichtsbarkeit; ferner *El-Hefnaoui*, S. 185, *Brüel*, S. 38.

[71] Vgl. *Avram*, S. 36, 82—83; *El-Hefnaoui*, S. 172.

[72] Vgl. hins. des israelischen Transits *Solomon*, The Inge Toft Controversy, in: AJIL, 1960, S. 398 ff.; historischen Überblick über die Beschränkungen gegenüber Israel s. in: R G D I P, 1960, S. 620 ff.

satz zu Ägypten als noch bindend angesehen. Die Streitfrage wurde schließlich durch Abschluß eines neuen Vertrages gelöst[73]. Ein am 11. August 1874[74] zwischen den USA und dem ottomanischen Reich abgeschlossener Auslieferungsvertrag wurde von den USA am 1. Januar 1959 als noch in Kraft befindlich angesehen[75]. Die von Deutschland in bezug auf Ägypten abgeschlossenen Verträge wurden unterschiedslos gem. Art. 148 des Vertrages von Versailles als ab 4. August 1914 aufgehoben angesehen. Die Rechte aus der Konvention von 1888 wurden gem. Art. 153 Abs. I des Vertrages von Versailles auf Großbritannien übertragen, Deutschland aber gem. Art. 282 desselben Vertrages die Nutzungen wieder zugestanden. Diese Transaktionen müssen aber unter dem besonderen Aspekt des Verhältnisses von Siegerstaat und Besiegtem gesehen werden und weniger als eine Rechtsfrage der sich in Ägypten vollziehenden Sukzession. Entsprechendes gilt für Österreich (Art. 103 und 234 des Vertrages von St. Germain) und Ungarn (Art. 87 und 217 des Vertrages von Trianon).

II. Sudan

1. Allgemeines

Durch die anglo-ägyptischen Konventionen vom 19. Januar und 10. Juli 1899[1] wurde über den Sudan eine gemeinsame anglo-ägyptische Verwaltung begründet. Die juristische Klassifikation dieses Systems ist strittig[2]; ebenso wie die Gültigkeit der beiden Abkommen selbst, da sie ohne Beteiligung des ottomanischen Reiches abgeschlossen wurden[3]. Für die vorliegende Darstellung kann die Subsumtion unter eine der theoretischen Konstruktionen dahingestellt bleiben. Die den Sudan betreffenden internationalen Verträge wurden jedenfalls

---

[73] *O'Connell,* S. 45.

[74] *Malloy* II, S. 1341.

[75] Treaties in Force, S. 165.

[1] *Martens,* Nouveau Recueil Général, 3. Serie, Bd. 4, S. 791.

[2] Es ist strittig, ob der Sudan anzusehen ist als

a) autonome Provinz des ottomanischen Reiches,

b) ägyptische Provinz,

c) unabhängiger Staat, der dem König von Großbritannien und dem Khediven von Ägypten gleichermaßen gehört (Kondominium).

Vgl. *Blanchard,* Le problème de la Souveraineté au Soudan Nilotique, in: RGDIP 1903, S. 169 ff. (S. 196),

d) integrierender Bestandteil des ottomanischen Reiches mit lediglich anglo-ägyptischer Regierung (Ko-Imperium).

Wegen des Unterschiedes Kondominium: Koimperium vgl. *Delbez,* S. 166.

[3] Vgl. *Guggenheim,* Paul, La validité et la nullité des actes juridiques internationaux, in: RC 1949 I, S. 195 ff. (S. 205 n. 4).

nunmehr tatsächlich nicht mehr vom ottomanischen Reich direkt abgeschlossen, sondern teils von Großbritannien[4], teils von der sudanesischen Regierung unter gleichzeitiger Zustimmung[5] oder späterer Billigung[6] Großbritanniens. Zuweilen trat der Sudan auch als gleichberechtigter Mitsignatar auf[7]. Eine ständige Beteiligung Ägyptens ist zumindest während des Zeitraums, in dem Ägypten selbst noch nicht unabhängig war, nicht festzustellen. Eine besondere Abmachung über den Abschluß der den Sudan betreffenden völkerrechtlichen Verträge scheint nicht getroffen worden zu sein. Der Annex zu Art. 11 des anglo-ägyptischen Vertrages vom 26. August 1936[8] sieht vor, daß die den Sudan betreffenden Verträge von Ägypten und Großbritannien gemeinsam abzuschließen sind. Für Verträge technischen und humanitären Charakters sah Abs. 2 des Annexes eine von Großbritannien und Ägypten gemeinsam zu bewirkende Adhäsion vor. Das britisch-ägyptische Abkommen vom 12. Februar 1953[9] beendete die oben dargelegte gemeinsame Verwaltung des Sudans[10]. Regelungen über die Abwicklung der während der gemeinsamen Verwaltung abgeschlossenen Verträge finden sich in dem Abkommen nicht. Am 1. Januar 1956 erfolgte auf Grund des von der sudanesischen Bevölkerung getroffenen Entscheides die Unabhängigkeitserklärung des Sudans. Auch in ihr findet sich keine Bestimmung über die Abwicklung früherer Verträge[11].

2. „Servituten“: Wassernutzungsrechte

Über die Nutzung der Wasser des Nils, die aus verschiedenen Quellen in mehreren afrikanischen Staaten gespeist werden (Atbara, blauer

---

[4] So der britisch-äthiopische Grenzvertrag vom 15. 5. 1902 (Martens, Nouveau Recueil Général, 3. Serie, Bd. 2, S. 826).

[5] LNTS LXIII (1927), S. 185 (Abkommen betr. Telegraphenkabel).

[6] LNTS XXVII (1924), S. 506 (betr. Grenzberichtigung).

[7] LNTS CLXXII (1936), S. 241 (Naturschutzkonvention).

[8] BrTS, No. 6 (1937) = LNTS CLXXIII, S. 403.

[9] *Colliard*, Bd. II, S. 79.

[10] Das Abkommen vom 10. 7. 1899 wurde zusammen mit dem vom 26. 8. 1936 seitens Ägyptens unter Hinweis auf veränderte Umstände gekündigt (vgl. Thronrede Faruks vom 16. 11. 1950 in: Documents on International Affairs 1951, S. 437 sowie die ägyptische Note vom 24. 4. 1951, ibidem, S. 444), nachdem bereits unmittelbar nach dem 1. Weltkrieg seitens des nunmehr selbständigen Ägyptens eine Revision angestrebt worden war (vgl. hierzu auch den in der „Documentation Française, Notes et Etudes Documentaires vom 3. 11. 1951, No. 1944, S. 21 ff. abgedruckten britisch-ägyptischen Notenwechsel). Das Vereinigte Königreich bestritt die Kündbarkeit dieser Abkommen, desgl. der US. Secretary of State am 10. 10. 1951 (s. Basic Documents 1950—1955 II, S. 2303). Das Vereinigte Königreich hob am 8. 10. 1951 die Ratifizierungsgesetze auf (s. Documents on International Affairs 1951, S. 464); die Aufhebung des Abkommens erfolgte durch o. a. Vertrag vom 12. 2. 1953. Wegen der Frage der Kündbarkeit vgl. *Plášilová*, S. 115—120.

[11] Historischen und politischen Überblick vgl. bei *Bullard*, S. 418 f.

Nil und weißer Nil) wurde durch Notenwechsel vom 7. Mai 1929[12] auf Grund der Ausarbeitungen der Nilwasserkommission ein Abkommen getroffen, das eine starke Berücksichtigung der ägyptischen und britischen[13] Interessen enthält. Das Nilwasserabkommen von 1919 enthält u. a. folgende „belastende" Regelungen im Hinblick auf den Sudan:

Art. 4 Abs. II:

Save with the previous agreement of the Egyptian Government, no irrigation or power works, or measures are to be constructed or taken on the River Nile and its branches, or on the lakes from which it flows, so far as all these are in the Sudan or in countries under British administration, which would, in such a manner as to entail any prejudice to the interests of Egypt, either reduce the quantity of water arriving in Egypt, or modify the date of its arrival, or lower its level.

Art. 4 Abs. IV gewährte Ägypten das Recht, im Einvernehmen mit den örtlichen Behörden im Sudan Wasseranlagen zu bauen, aufrechtzuerhalten und zu verwalten. Die ägyptischen Rechte wurden von Großbritannien für alle Zeiten garantiert (Art. 4 Abs. VI).

Seit der Unabhängigkeit des Sudans wurde die Weitergeltung dieses Abkommens zweifelhaft. Auf eine Anfrage erklärte der Foreign Secretary of State im britischen Unterhaus[14], daß Großbritannien dieses Abkommen noch weiterhin beachte, der Sudan sich hingegen nicht als an dieses Abkommen gebunden betrachte[14a]. In der Doktrin wird die Fortgeltung des Nilwasserabkommens unter Berufung auf die Lehre von den lokal gebundenen Rechtsverhältnissen vertreten[15]; es ist aber zweifelhaft, ob diese Lehre einer vergleichenden Untersuchung der Völkerrechtspraxis standhält. Anläßlich des Semar-Staudamm-Projektes wurde im Oktober 1952[16] zwischen der ägyptischen

---

[12] *Martens*, Nouveau Recueil Général, 3. Serie, Bd. 21, S. 97 ff.

[13] Vgl. hierüber *Berber*, Rivers in International Law, S. 95; *Batstone*, S. 528, 532.

[14] Nach: House of Commons Debates, vol. 596 col. 342, Nov. 26, 1958; abgedruckt in: ICLQ 1958 S. 160.

[14a] Vgl. auch den diesbezüglichen Hinweis bei *Bräutigam*, in: ZaöRVR, 1961, S. 81 ff. (insbes. S. 82).

[15] So *Vali*, S. 164.

Batstone anerkennt S. 538/539 grundsätzlich den Übergang territorialer Verträge, läßt auf sie aber die *clausula rebus sic stantibus* Anwendung finden. Das Abkommen von 1929 stelle eine Unterordnung der sudanesischen Interessen unter die ägyptischen dar. Eine solche Unterordnung vereinbare sich aber nicht mit der nunmehrigen Unabhängigkeit des Sudans, so daß ein derartiger Wechsel in der politischen und wirtschaftlichen Entwicklung angenommen werden müsse, der die besonderen Umstände, unter denen der Vertrag 1929 geschlossen sei, betreffe. Damit könne der Sudan nicht mehr länger als an das Abkommen von 1929 gebunden angesehen werden.

[16] Vgl. hierüber *Berber*, Die Rechtsquellen des internationalen Wassernutzungsrechts, S. 69; ferner *Batstone*, loc. cit.

und der sudanesischen Regierung ein Abkommen getroffen, das den Abschluß eines neuen Wasservertrages vorsieht[17]. Am 8. November 1959 wurde zwischen der Vereinigten Arabischen Republik und dem Sudan ein zunächst auf 100 Jahre laufendes Abkommen über die Nilwassernutzung unterzeichnet, und zwar, wie es ausdrücklich heißt, da die beiden Vertragsparteien das Nilwasserabkommen von 1929 als unzulänglich[18] für die Aufrechterhaltung einer Kontrolle über das Nilwasser ansehen[19].

Beide Staaten kommen in diesem neuerlichen Abkommen dahin überein, daß

a) die Vereinigte Arabische Republik einen Hoch-Staudamm baut und b) der Sudan am Blauen Nil den Roseires-Damm baut sowie „any other projects which the Sudanes Republic see fit for the exploitation of its share".

Der den beiden Staaten zustehende Anteil des Nilwassers wird berechnet[20] auf der Grundlage des bisherigen Wasserverbrauchs[21] und gemessen am Abfluß bei Assuan, und zwar derart, daß die bisher verbrauchte Wassermenge, die im einzelnen festgelegt ist, weiterhin den beiden Staaten zustehen soll (der Anteil der Vereinigten Arabischen Republik bzw. Ägyptens war hiernach zwölfmal so hoch wie

---

[17] lt. *Batstone*, S. 539.

[18] Die englische Übersetzung (s. Fußnote 19!) lautet „inadequate".

[19] Eine offizielle Veröffentlichung des arabischen Vertragstextes war nicht zugänglich. Es besteht eine Veröffentlichung des Inhalts des Nilwasserabkommens von 1959 durch „Foreign Press Attaches Section — Information Department" in englischer Sprache sowie eine Wiedergabe in der „Arabischen Korrespondenz", hrsg. von der Delegation der Liga der Arabischen Staaten, Bonn-Venusberg, Jahrg. III, Nr. 48/49 (Sondernummer vom 28. 11. 1959) in deutscher Sprache. Die Wiedergaben divergieren, wohl infolge der Übersetzungen, u. a. in der genauen Angabe der Wassermengen. Ferner ist das Abkommen vom 8. 11. 1959 in englischer Übersetzung in ZaöRVR 1961, S. 81 ff., abgedruckt. Diese Veröffentlichung beruht, wie sich aus einer Anmerkung ergibt, auf der Wiedergabe in der „Revue Egyptienne de Droit International", Bd. 15 (1959), S. 321 ff., wo sich der Hinweis befinden soll, daß es sich um eine vom Außenministerium der VAR herausgegebene Übersetzung handele.

[20] Divergenzen der Übersetzungen des Vertragstextes bestehen in der Angabe des Nennwertes („Milliarden" oder „billions"?). Es können infolgedessen nur die verschiedenen Zählwerte zueinander in Relation gesetzt und als Basis benutzt werden.

[21] Die im Text gebrachten Erörterungen gehen von folgender Grundlage aus:

Nach dem Vertragsinhalt sollen bisher von der VAR 48 Teile und vom Sudan 4 Teile an Wasser verbraucht worden sein. Die durch den Hochdamm gewonnene Wassermenge (berechnet nach der natürlichen Ablaufmenge) soll 84 Teile betragen, 10 Teile sind als Wasserverlust zu berücksichtigen. Von den verbleibenden 74 Teilen sind die bisherigen Verbrauchsanteile beider Staaten zu subtrahieren, also zusammen 52 Teile. Die so verbleibenden 22 Teile gliedern sich derart auf, daß der VAR 7,5 und dem Sudan 14,5 Teile

der des Sudan); die nach Abzug einer Durchschnittsverlustmenge verbleibende überschießende Wassermenge wird unter die Vereinigte Arabische Republik und den Sudan so verteilt, daß von diesem Rest der Sudan etwa die doppelte Wassermenge als Anteil erhält als die Vereinigte Arabische Republik. Nach Addition dieser beiden Anteile der Anteil der Vereinigten Arabischen Republik am Wasser des Nil (d. i. des bisherigen Verbrauchs sowie der Verteilung des Restes) ist etwa dreimal so hoch wie der des Sudans.

Diese Regelung weist inhaltlich große Unterschiede gegenüber der vom Jahre 1929 auf. Die den Sudan belastende Regelung über den Bau von Wasser- und Kraftwerken (Art. 4 b) ist aufgehoben. Stattdessen geht das Abkommen von 1959 von einem gegenseitigen Übereinkommen beim Bau von Anlagen am Nil aus, und zwar sowohl bei Anlagen auf dem Territorium der Vereinigten Arabischen Republik als auch des Sudans. Nach der getroffenen Übereinkunft bedarf der Sudan keiner neuerlichen Zustimmung seitens der Vereinigten Arabischen Republik. Da der Wasseranteil des Oberliegerstaates festgelegt worden ist, konnte eine solch weitgefaßte Regelung über den Bau von Anlagen auf sudanesischem Territorium getroffen werden; denn alle Anlagen dürfen den Rahmen der zugestandenen Wassermenge nicht überschreiten. Es bestand mithin keine rechtliche Notwendigkeit, besondere Interessen dadurch zu schützen, daß vor der Errichtung der Anlagen ein Übereinkommen getroffen werden muß. Auch der Wasseranteil beider Staaten am Nilwasser selbst ist gegenüber 1929 unterschiedlich verteilt. Während bisher der Sudan nach den Angaben, von denen das Abkommen von 1959 ausgeht, nur ein Zwölftel des Wasserverbrauchs der Vereinigten Arabischen Republik hatte, ist der Anteil nunmehr etwa ein Drittel von dem der Vereinigten Arabischen Republik, d. h. gemessen am Wasseranteil der Vereinigten Arabischen Republik und zu diesem ins Verhältnis gesetzt, ist der nunmehr zugestandene Wasseranteil des Sudans viermal so hoch wie nach dem Abkommen von 1929.

3. Vergleich mit sonstigen Rechtsverhältnissen

Die Grenze zwischen dem Sudan und Ägypten wurde durch Vertrag vom 19. Januar 1899 auf den 22. Breitengrad festgelegt und durch

---

zukommen sollen, so daß insgesamt der VAR 48 plus 7,5, also 55,5 Teile, und dem Sudan 4 plus 14,5, also insgesamt 18,5 Teile, zukommen.

Die englische Wiedergabe des Vertragstextes bezeichnet den bisherigen Verbrauch als „acquired rights“ „established rights“; die deutsche Wiedergabe spricht von einer „rechtmäßigen Entnahme“ dieser Wassermenge. Es kann infolge dieser ungenauen und divergierenden Formulierungen nicht darauf eingegangen werden, ob durch die jeweilige Bezeichnung ein Hinweis auf bestimmte, bei einer Staatensukzession fortbestehende Rechte gegeben werden sollte.

besondere Abkommen des ägyptischen Innenministers mit den Nomadenstämmen während der Jahre 1899, 1902 und 1907 zugunsten des Sudans verschoben[22]. Anläßlich von Unstimmigkeiten an der ägyptisch-sudanesischen Grenze berief sich der Sudan auf die verwaltungstechnischen Vereinbarungen der Jahre 1902 und 1907. Die vom State Department der USA herausgegebene Aufstellung der am 1. Januar 1959 gültigen Verträge enthält im Hinblick auf den Sudan keine Verträge aus der Zeit vor 1956[23]. An die Konvention über das Verbot des Sklavenhandels aus dem Jahre 1926, der Großbritannien bezüglich des Sudans 1927 beitrat, hielt der Sudan sich nach Erlangung der Unabhängigkeit gebunden[24].

Der Sudan scheint mithin nicht in alle Verträge aus der Zeit der anglo-ägyptischen Verwaltung eingetreten zu sein. Es läßt sich aber keine Differenzierung nach territorialen Verträgen und solchen anderer Art feststellen.

III. Marokko 1956

1. Allgemeines

Durch das französisch-marokkanische Abkommen von Fez vom 30. März 1912[1] war über Marokko das französische und durch den nachfolgenden französisch-spanischen Vertrag vom 27. November 1912[2] das spanische Protektorat begründet worden. Die Überwachung der marokkanischen Außenpolitik lag von nun an in den Händen Frankreichs und Spaniens.

Nach einer gemeinsamen Erklärung des französischen Außenministers M. Pineau und des marokkanischen Premierministers Si Bekkai vom 2. März 1956[3] sowie einer gemeinsamen Erklärung des spanischen Außenministers Sr. Artajo und Si Bekkais vom 7. April 1956[4] erlangte Marokko durch den Vertrag mit Frankreich vom 28. Mai 1956[5] und mit Spanien vom 13. Juli 1956 die Unabhängigkeit. Gem. Art. 11 des Vertrages vom 28. Mai 1956 übernahm Marokko die Frankreich in bezug auf Marokko obliegenden Verpflichtungen aus internationalen Verträgen:

---

[22] Vgl. hierüber C. S., 1958, S. 224.
[23] Treaties in Force, S. 152.
[24] Vgl. E. *Lauterpacht*, in: ICLQ, 1958, S. 525 ff., insbes. S. 527.

[1] *Basdevant* III, S. 69 ff.
[2] *Martens*, Nouveau Recueil Général, 3. Serie, Bd. 7, S. 323.
[3] *Colliard*, Claude-Albert, Actualité Internationale et Diplomatique 1950—1956, Bd. II (Paris 1957), S. 7.
[4] ibidem, S. 12 ff.
[5] RGDIP, 1956, S. 481.

Le Maroc assume les obligations résultant des traités internationaux passés par la France au nom du Maroc, ainsi que celles qui résultent des actes internationaux relatifs au Maroc, qui n'ont pas donné lieu à des observations de sa part.

2. „Servituten"

a) Militärbasen

Zwischen dem französischen Außenminister Bidault und dem Botschafter der USA in Paris, Caffery, wurde am 22. Dezember 1950[6] ein Geheimabkommen über die Errichtung von Flugstützpunkten in Sidi Slimane, Boulhaut, Nonaceur, Louis Gentil und Ben Guerir sowie einer Marinebasis in Port Lyanry abgeschlossen. Der Inhalt dieser Abmachungen ist noch nicht bekannt[7]. Marokko wurde zu den Beratungen über diese Stützpunkte nicht hinzugezogen. Bereits seit 1950 protestierte der Sultan von Marokko gegen die Errichtung dieser Basen[8]. Noch vor der endgültigen Regelung der Unabhängigkeit Marokkos erklärten die USA, daß sie Marokko selbst in dem Fall, daß es die Kontrolle über seine Außenpolitik, die durch o. a. Vertrag vom 30. März 1912 Frankreich übertragen worden war, erlangen würde, als an die Verträge Frankreichs über die Militärbasen der USA gebunden betrachte[9]. Marokko verwahrte sich weiterhin auch nach der Unabhängigkeitserklärung ausdrücklich gegen diese Rechte der USA[10], die mit der Souveränität Marokkos nicht vereinbar seien[11]. M. Alin Savary antwortete auf eine diesbezügliche marokkanische Note vom 20. Mai 1956[12]:

Le Government Français a pris acte de vos réserves sur l'accord franco — américain du 22 décembre 1950. Je vous confirme, à cet égard, que cet accord ne rentre pas dans la catégorie des actes et traités visés à l'article 11 de l'accord diplomatique entre la France et le Maroc en date de ce jour.

Nach Pressemeldungen[13] sind die USA nunmehr bereit, den nationalen Bestrebungen in Marokko nachzugeben und die Stützpunkte aufzuheben[14].

---

[6] Vgl. *Vali*, S. 246, lit. c).

[7] Vgl. *Flory*, in: AFDI, 1955, S. 27; *Vali*, loc. cit.

[8] Vgl. *Flory*, loc. cit., S. 28.

[9] lt. AFDI, 1956, S. 871.

[10] Vgl. Lettre de M. Ahmed Balafrey à M. Pineau, 20. 5. 1956, in: RGDIP, 1956, S. 483.

[11] Vgl. Thronrede König Mohammeds V. von Marokko vom 18. 11. 1958, abgedruckt in deutscher Übersetzung, in: Afrika-Informationsdienst, Nr. 32, hrsg. von der Deutschen Afrika-Gesellschaft, Bonn.

[12] RGDIP, 1956, S. 483.

[13] Vgl. Frankfurter Allgemeine Zeitung vom 2. 11. 1959 und 6. 11. 1959.

[14] Nach einer Mitteilung in RGDIP, 1960, S. 802 wurde in einem französisch-marokkanischen Notenwechsel vom 1. 9. 1960 die Aufhebung der französischen Militärbasen in Marokko vereinbart.

b) *Kapitulationen*

aa) Kapitulationen der USA

Die USA besaßen auf Grund der Verträge vom 18. Juli 1787[15] und 16. September 1836[16] mit Marokko Jurisdiktionsprivilegien. Nach der Unabhängigkeitserklärung Marokkos verzichteten die USA am 6. Oktober 1956 auf diese Privilegien[17]. Die sonstigen Bestimmungen des Vertrages vom 16. September 1836 werden von den USA aber noch als gültig angesehen[18].

bb) Britische Kapitulationen

Großbritannien besaß in Marokko Jurisdiktionsprivilegien auf Grund der Verträge von 1721, 28. Juli 1760[19], 19. Januar 1824[20] und 9. Dezember 1856[21]. Die Privilegien in der französischen Einflußzone hatte Großbritannien bereits 1938 in einem Vertrag mit Frankreich[22], diejenigen in der Zone von Tanger 1923 aufgegeben. Damit besaß Großbritannien 1956 derartige Privilegien nur noch in der spanischen Einflußzone. Am 22. Januar 1956 erklärte[23] die britische Regierung, daß die

jurisdictional rights and privileges at present enjoyed by Her Majesty's Government should be abolished as soon as possible....

They declare now that it is their intention to renounce as from 6 th December, 1956, the jurisdictional rights and privileges enjoyed by Her Majesty's Government in the northern zone of Marokko by virtue of the Treaty of 1856.

c) *Zollprivilegien*

Auf die aus dem Verrag vom 16. September 1856 Großbritannien zustehenden Zollprivilegien wurde seitens des Vereinigten Königreiches von Großbritannien gemäß einem Notenwechsel zwischen beiden Staaten vom 1. März 1957 verzichtet[24].

d) *Internationale Zone: Tanger*

Tanger war durch seine Lage am Eingang des Mittelmeeres, nahe der britischen Festung Gibraltar, schon zu Ende des 19. Jahrhunderts der natürliche Kanal diplomatischer und handelspolitischer Verbin-

---

15 *Malloy I*, S. 1206.
16 Malloy I, S. 1212.
17 Treaties in Force, S. 116, Fußnote 1; vgl. auch die Angaben bei *Hoyt*, S. 190, Fußnote 3.
18 Treaties in Force, S. 116.
19 *Martens*, Recueil (Leipzig 1846), Bd. 1, S. 2.
20 *Martens*, Recueil, Bd. 3, S. 579.
21 *Martens*, Nouveau Recueil Général, Bd. 17, Teil 1, S. 128.
22 BrTS, No. 8 (1938).
23 C. S., Bd. 2 (1956), S. 1034/1035.
24 lt. AFDI, 1957, S. 871.

dungen zu Europa. Dieser spezielle Charakter wurde bereits in Art. 9 des spanisch-französischen Abkommens von 1904 und im spanisch-französischen Abkommen von 1905 anerkannt, desgl. in der Akte von Algeciras vom 7. April 1906[25]. Aber erst nach Errichtung des französischen Protektorats über Marokko wurde durch Art. 7 des spanisch-französischen Vertrags vom 27. November 1912[26] die Zone von Tanger abgesteckt und die Errichtung eines internationalen Regimes vorgesehen. Die Konferenz von Paris im Oktober 1923 führte zur Unterzeichnung des Tanger-Statuts vom 18. Dezember 1923[27], das von den Unterzeichnern der Algeciras-Akte mit Ausnahme von Deutschland, Österreich, Schweden, USA und UdSSR angenommen wurde; Marokko selbst war nicht Signatar. Das besondere, nunmehr für die Zone von Tanger geltende Regime ist in Art. 3 umrissen. Es umfaßt:

(1) eine *Neutralisierung* der Zone:

Art. 3 Abs. 1 des Statuts lautet:

La zone de Tanger est placée sous le régime de la neutralité permanente. En conséquence, aucun acte d'hostilité sur terre, sur mer ou par air ne pourra être accompli par ou contre la Zone, ni dans ses limites.

(2) eine *beschränkte Demilitarisierung* der Zone:

Aucun établissement militaire terrestre, naval ou aéronautique, aucune base d'opérations, aucune installation susceptible d'être utilisés dans un but de guerre ne pourront être ni créés ni maintenus dans la Zone.

Sont interdits tous dépôts de munitions et de matériels de guerre.

Sont toutefois autorisés ceux qui seront constitués par l'Administration de la Zone pour les besoins de la défense locale contre les incursions de tribus ennemies. D'autre part, l'Administration pourra, dans la même limite, prendre toutes mesures autres qu'un groupement de forces aeriennes et même élever des ouvrages et fortifications peu importants de défense sur le front de terre.

Die folgenden Paragraphen regeln technische Fragen zur Ausführung dieser Bestimmungen.

(3) ein *besonderes Zollrégime* gem. Art. 20;

(4) eine *internationale Verwaltung* der Zone:

Die in Art. 15 des Statuts formell dem Sultan von Marokko garantierte Verwaltung ist nur als eine Verwaltung der arabischen Bevölkerung festgelegt und insoweit als schon von vornherein hinsichtlich des Personenkreises beschränkt. Die Funktionen sind darüber hinaus aber noch durch die Begründung eines internationalen Kontrollkomitees beschränkt. In Art. 29 § 1 des Statuts ist ausgeführt:

---

[25] Vgl. hierzu oben Kapitel 6, IV, 2, b).

[26] *Martens*, Nouveau Récueil Général, 3. Serie, Bd. 7, S. 323.

[27] *Martens*, Nouveau Récueil Général, 3. Serie, Bd. 13, S. 246.

Sa Majesté chérifienne désigne pour la représenter à Tanger un mendoub qui promulge les textes législatifs votés par l'Assemblée internationale avec le visa, pour contreseing, du président du comité de contrôle.

Dieses Kontrollkomitee besteht besteht gem. Art. 30 § 1 aus

des consuls de carrière des puissances signataires de l'acte d'Algéciras....

und hat gem. Art. 30 § 5 die Aufgabe

de veiller à l'observation du régime de l'égalité économique et des dispositions insérées dans le status de Tanger.

Die Jurisdiktion wurde an Stelle der bisherigen gemischten Gerichtshöfe der verschiedenen europäischen Staaten auf Grund der diesen in Marokko zustehenden Privilegien nunmehr von einem besonderen gemischten Gerichtshof von Tanger ausgeübt (Art. 48 des Statuts).

Die Tanger-Zone selbst war durch dieses Statut nicht in das spanische Verwaltungsgebiet eingegliedert. Sie gehörte noch weiterhin zu Marokko[28] und unterstand der Hoheit des Sultans im Rahmen des für ganz Marokko geltenden französischen und spanischen Protektorats. Es handelte sich bei dem Tanger-Statut um eine — weitere — Verminderung der Rechte des Sultans von Marokko in dieser Zone, nicht aber um eine Abtrennung aus der französisch-spanischen Verwaltungszone und eventuell Inkorporation in die spanische Einflußzone oder vollständige Herauslösung aus dem marokkanischen Staatsgebilde[29]. Dies ergibt sich einmal aus Art. 1 des Statuts von 1923, der ausdrücklich die Vereinbarkeit des Art. 1 des Vertrags vom 30. März 1912 und Art. 7 des Vertrags vom 27. November 1912 hervorhebt und damit die Aufteilung Marokkos in eben nur zwei Verwaltungszonen unterstreicht. Ferner ist in Art. 25 des Statuts niedergelegt, daß die souveränen Rechte des Sultans nicht durch das Statut präjudiziert werden. Zwar kann angesichts des Vertrags von Fez von 1912 schwerlich von echten souveränen Rechten des Sultans von Marokko zu dieser Zeit gesprochen werden[30], aber selbst wenn die „souveränen Rechte" in diesem Fall keinen materiellen Gehalt haben, so kommt durch die Formulierung doch zum Ausdruck, daß die Zone von Tanger, was die Beziehung zum Sultanat Marokko angeht, weiterhin grundsätzlich diesem angehört und nicht ausgegliedert ist. Diese Ansicht wird auch dadurch gestützt, daß der von Spanien im November 1940 unternommene Versuch, Tanger formell in die spanische Einflußzone einzu-

[28] So auch *Dahm*, Völkerrecht I, S. 556.

[29] So auch *Stuart*, S. 79, 87 und 110.

[30] a. A. *Stuart*, S. 110, wohl wegen des Wortlautes von Art. 25. Maßgebend sind jedoch nicht allein die Formulierung, sondern Inhalt und Ausmaß der Begriffe!

gliedern — vgl. das spanische Dekret vom 3. November 1940[31] — infolge der Proteste Frankreichs, der USA und des Vereinigten Königreichs von Großbritannien scheiterte und Spanien schließlich im Juni 1945[32] seine Truppen wieder zurückzog. Es handelt sich mithin bei der Zone von Tanger um einen durch dritte Staaten begründeten internationalen Status[33]. Am 25. Juli 1928[34] wurde das Tanger-Statut zugunsten Italiens geändert und im Mai 1936 nach Ablauf der ursprünglich vereinbarten Frist erneuert. Das anglo-französische Abkommen vom 31. August 1945, das von mehreren Staaten[35], nicht aber von Spanien, angenommen wurde, stellte den Zustand von 1928/1936 wieder her, der durch die spanische Besetzung unterbrochen worden war. In Verwaltungs-, Justiz- und Polizeifragen wurde das Statut durch den Vertrag vom 10. November 1952, der den USA eine günstigere Position einräumte, geändert[36].

Das Tanger-Statut wurde von Frankreich nicht im Namen Marokkos abgeschlossen, sondern gem. Art. 1 nur „conformément aux dispositions de l'Article 1er du Traité de Protectorat du 30 mars 1912 et de l'Article 7 de la Convention franco-espagnole relative au Maroc du 27 novembre 1912". Es gehört damit zu den in der 2. Alternative des Art. 11 des Vertrags vom 28. Mai 1956 erwähnten Verträgen. Bereits vor Unterzeichnung der Unabhängigkeitserklärung erklärten aber die Vertreter aller beteiligten Mächte im Kontrollkomitee Tangers, daß die internationale Zone nicht mit dem neuen Status Marokkos vereinbar sei. Das Protokoll von Fedala vom 5. Juli 1956 gab die Erlaubnis zur formellen Aufhebung des Statuts und dessen Abwicklung[37]. Durch Protokoll vom 29. Oktober 1956, das von Belgien, Spanien, USA, Frankreich, Italien, Marokko, den Niederlanden, Portugal und dem Vereinigten Königreich von Großbritannien unterzeichnet wurde, wurde das Tanger-Statut formell aufgehoben[38].

---

[31] Näheres bei *Stuart*, S. 144.

[32] Vgl. *Stuart*, S. 150.

[33] Ein Sukzessionsproblem ergibt sich auch bei der Begründung der Zone von Tanger selbst. Gem. Art. 7 des Statuts werden die in Kraft befindlichen Verträge in der neu begründeten Zone von Tanger respektiert und die aus solchen Verträgen resultierende wirtschaftliche Gleichheit der Staaten auch dann weiterhin gewahrt, wenn die besagten Verträge später aufgehoben oder modifiziert werden.

[34] LNTS, LXXXVII (1929), S. 211.

[35] Belgien, Niederlande, Portugal, Schweden, UdSSR, USA, Italien.

[36] Vgl. hierüber *Stuart*, S. 163 ff.

[37] Vgl. C. S., Bd. 2, S. 1032 ff.

[38] RGDIP, 1957, S. 143; es wurde abgeschlossen von Belgien, Spanien, USA, Frankreich, Italien, Marokko, den Niederlanden, Portugal und dem Vereinigten Königreich von Großbritannien.

Art. 1 lautet:

Désireux de consacrer le principe de l'indépendance du Maroc de l'unité et de l'intégrité de son territoire, sont d'accord pour reconnaître l'abolition du régime international de la zone de Tanger et déclarent abrogés, pour autant qu'ils y aient participé, tous les actes, accords et conventions concernant ledit régime.[39]

Tanger erhielt auf Grund einer internen marokkanischen Charta vom 30. August 1957 zunächst noch einen besonderen Status in wirtschaftlicher Hinsicht eingeräumt. Dieser wurde im Oktober 1959 aufgehoben[40]. Durch einen Beschluß des marokkanischen Ministerrats vom 13. April 1960 wurde am 18. April 1960 die Zollgrenze zwischen Tanger und Marokko aufgehoben und damit Tanger auch wirtschaftlich in das Territorium Marokkos eingegliedert[41].

Am 27. Juli 1961 gab nach Pressemeldungen[42] der König von Marokko die Wiedererrichtung einer Freihafenzone in Tanger am 1. Januar 1962 bekannt. Dadurch soll die wirtschaftliche Aktivität Tangers wieder hergestellt werden.

e) Internationale Verwaltung des Leuchtturms von Kap Spartel

Durch Vertrag vom 31. Mai 1865 zwischen Belgien, Frankreich, Italien, den Niederlanden, Portugal, Spanien, Schweden, Großbritannien, den USA und Marokko[43], dem Deutschland 1878 und Rußland 1899 beitraten, wurde der Leuchtturm von Kap Spartel einer internationalen Verwaltung unterstellt (Art. 1) und seine Neutralität von den Signatarstaaten garantiert (Art. 3)[44]. Diese Konvention wurde durch Art. 53 des Tanger-Statuts vom 23. November 1923[45] provisorisch aufrechterhalten und das „Eigentum" des Cherifen an diesem Leuchtturm weiterhin garantiert. Die Konvention von 1865 wurde

---

[39] Eine Frage der Staatensukzession könnte ferner die Abwicklung des Tanger-Statuts bei der Rückübertragung auf Marokko sein, insbes. als internationale Verträge von einer internationalen Versammlung oder aber von dem Cherif unter Billigung dieser Versammlung abgeschlossen wurden. Gem. Art. 2 eines Zusatzabkommens vom 29. 10. 1956 (s. RGDIP, 1957, S. 144) übernimmt Marokko die von der internationalen Verwaltung eingegangenen Verpflichtungen, und zwar, wie es in Art. II Abs. 2 des Hauptvertrages ausdrücklich heißt „animé du désir de régler les questions soulevées par la disparition du régime international de Tanger selon les principes de justice et d'équitité et dans l'esprit de compréhension et d'amitié qui a toujours présidé aux rapports du Maroc avec les autres puissances signataires de la présente déclaration".

[40] AdG vom 19. 10. 1959, S. 8006.

[41] AdG vom 19. 4. 1960, S. 8341, lit. E.

[42] AdG vom 27. 7. 1961, S. 9265.

[43] *Basdevant* III, S. 738 ff.

[44] Einzelheiten s. bei *Stuart*, S. 26 ff.

[45] *Martens*, Nouveau Recueil Général, 3. Serie, Bd. 13, S. 246 ff.

durch Protokoll vom 31. März 1958 aufgehoben[46]. Nach einem Hinweis bei v. Münch[47] stimmten die Bundesrepublik Deutschland, Österreich und Norwegen, die das Protokoll vom 31. März 1958 selbst nicht unterzeichnet haben, der Aufhebung durch Schreiben an die Regierung der USA zu. Der Leuchtturm ist nunmehr auf Marokko übergegangen.

3. Vergleich mit sonstigen Rechtsverhältnissen

Zusammenfassend läßt sich mithin feststellen:

Marokko erklärte sich bei Erlangung der Unabhängigkeit zur Übernahme der von Frankreich in bezug auf Marokko eingegangenen Verpflichtungen zunächst global bereit, machte aber eine Ausnahme hinsichtlich militärischer Stützpunkte. Insoweit als die Rechte und Pflichten aus den Verträgen übernommen wurden, bietet die Praxis keinen Anhalt dafür, daß diese Erklärungen rein deklaratorischen Charakter hätten. Eine Rechtsüberzeugung Marokkos, zur Übernahme der Verträge verpflichtet zu sein, war nicht nachzuweisen. Der Vorbehalt Marokkos in bezug auf die militärischen Stützpunkte läßt eher die entgegengesetzte Ansicht zu. Aus der Tatsache allein, daß die Stützpunkte faktisch noch bestehen, läßt sich eine rechtliche Basis nicht konstruieren. — Unter Berufung auf die von Marokko abgegebene Erklärung halten die USA[48] im übrigen einen von Frankreich abgeschlossenen Paßvertrag vom 16./31. März 1949 für noch gültig. Verträge besonders einschneidenden Charakters wurden seitens der begünstigten Staaten schließlich aufgehoben.

IV. Island 1944

1. Allgemeines

Durch die Unionsakte vom 30. November 1918[1] hatte sich die bis dahin autonome Provinz[2] Island von Dänemark gelöst und bildete seither mit Dänemark eine sog. Realunion[3]. Gemäß Art. 7 § 1 der o. a. Unionsakte nahm Dänemark aber weiterhin im Namen Islands dessen auswärtige Angelegenheiten wahr[4]. Seit 1921 nahmen die isländischen Abgeordneten an den Verhandlungen mit dritten Staaten teil, wenn es galt, isländische Interessen zu verteidigen[5], so 1921 und 1924 bei

---

[46] Vgl. *v. Münch*, in: *Strupp-Schlochauer*, Bd. 2, S. 199, Sp. 1 unter „Kap Spartel" mit ausdrücklichen Quellenhinweisen; ferner: Treaties in Force, S. 224.
[47] *v. Münch*, in: *Strupp-Schlochauer*, Bd. 2, S. 199.
[48] Treaties in Force, S. 116.

[1] *Martens*, Nouveau Recueil Général, 3. Serie, Bd. 12, S. 3.
[2] Ebenso *Kunz*, Staatenverbindungen, S. 201.
[3] Vgl. auch *de Muralt*, S. 107.
[4] Vgl. hierzu *Kunz*, Staatenverbindungen, S. 415 n. 5.
[5] Vgl. Doc.Fr.N.E.D., 9. 8. 1951, no. 1517, S. 13.

den Verhandlungen mit Spanien und Norwegen über die Ausarbeitung von Handelsverträgen. 1925 wurde eine isländische Konsulatsmission in Barcelona errichtet, 1934 und 1937 von Island Sonderattachés nach Oslo und Berlin entsandt. Ein eigenes diplomatisches Corps unterhielt Island jedoch noch nicht. Am 17. Juni 1944 löste es sich aus dem Staatenverband mit Dänemark. Da die völkerrechtliche Kompetenz seither allein bei Island liegt, ist diese Veränderung als eine solche im internationalen Status anzusehen und nicht als ein bloßer Wechsel in der Regierung[6]. Eine ausdrückliche Regelung über die Abwicklung bestehender völkerrechtlicher Rechtsverhältnisse erfolgte nicht.

2. „Servituten"

Militärstützpunkte Großbritanniens und der USA:

Im April 1940 veranlaßte die isländische Regierung, daß britische Militärkräfte nach Island kamen[7]. Durch Notenwechsel vom 1. Juli 1941[8] wurden die britischen Truppen durch Truppen der USA ersetzt. Großbritannien behielt aber den Flughafen Reyjkjavik. Den USA wurde das Recht zum Ausbau einer Luftbasis in Keflavik eingeräumt.

Nach der Loslösung Islands im Jahre 1944 äußerte Großbritannien, daß die während der Union geschlossenen Verträge in Kraft blieben[9], was sich vornehmlich auf die militärischen Stützpunkte bezog. Island akzeptierte die vorläufige Weitergeltung dieser Verträge. Am 7. Juli 1946 gab Großbritannien den Flughafen Reykjavik an Island zurück. Nach einem Notenwechsel zwischen den USA und Island, der festlegte, daß die den USA eingeräumten Rechte unter Berücksichtigung der Unabhängigkeit Islands auszuüben seien[10], schlossen die USA und Island durch einen weiteren Notenwechsel vom 19. September und 7. Oktober 1946[11] ein Abkommen über die Aufhebung des Vertrages vom 1. September 1941. Am 5. Oktober 1946 gaben die USA den Flughafen Keflavik an Island zurück; auf die Dauer von fünf Jahren verblieb er aber Stützpunkt der USA für den Luftverkehr, insbesondere nach Deutschland. Durch Vertrag vom 5. Mai 1951[12] übernahmen die Truppen der USA den militärischen Schutz Islands im Rahmen der NATO[13].

---

[6] a.A. *de Muralt*, S. 108.
[7] Vgl. hierzu *Vali*, S. 246.
[8] UNTS 12, S. 405—413.
[9] lt. *Jones*, S. 369.
[10] Vgl. Documents on American Foreign Relations, 1945/46, S. 790.
[11] UNTS 12, S. 163 ff.
[12] US Treaties, Bd. II, Teil 1, S. 1195 ff.
[13] Wegen der politischen Zusammenhänge, die schließlich zur Aufhebung der Militärbasen der USA führten, insbes. in bezug auf die Sowjetunion sowie den Antrag Islands um Aufnahme in die Vereinten Nationen vgl. Doc.Fr.N.E.D., 1951, no. 1517, S. 17.

Da die militärischen Stützpunkte auf Abmachungen mit der Regierung Islands und nicht auf Abmachungen Dänemarks beruhen, handelt es sich im strengen Sinn nicht um Rechtsverhältnisse, die ein dritter Staat begründet hat. Island hielt sich an sie zwar weiterhin gebunden, sie wurden aber mit Rücksicht auf den veränderten Status Island einer Änderung unterzogen.

3. Vergleich mit sonstigen Rechtsverhältnissen

Jones[14] weist darauf hin, daß Großbritannien und Island die bestehenden Vertragsverhältnisse aufrechterhielten. Das gleiche scheint in bezug auf die USA zu gelten. Die vom Department of State herausgegebene Liste der am 1. Januar 1959 in Kraft befindlichen völkerrechtlichen Verträge[15] enthält insoweit mehrere nicht lokal bezogene Verträge aus der Zeit sowohl vor[16] als auch nach[17] 1918. Eine inoffizielle Aufstellung[18] der von Frankreich noch als gültig angesehenen Verträge mit Island enthält mehrere französisch-dänische Verträge bis zurück zum Jahre 1742[19]. Da es sich dabei nicht nur um sog. radizierte Verträge handelt, ist davon auszugehen, daß Frankreich die bestehenden Verträge ganz allgemein aufrechterhalten hat. Die Praxis macht mithin keinen Unterschied zwischen radizierten und anderen Vertragsverhältnissen.

---

14 *Jones*, in: BrYB 1947, S. 369.

15 Treaties in Force, S. 80 ff.

16 Aufgeführt sind:

Auslieferungsvertrag vom 6. 1. 1902 (*Malloy* I, S. 390) in Verbindung mit Vertrag vom 6. 11. 1905 (*Malloy* I, S. 395); Vertrag über die friedliche Beilegung von Streitigkeiten vom 17. 4. 1914.

In Art. 7 § 4 Abs. 1 der Unionsakte vom 30. 11. 1918 war ausgesprochen worden, daß die zwischen Dänemark und anderen Ländern eingegangenen Übereinkommen, soweit sie Island betreffen, auch für dieses gültig sind.

17 Aufgeführt sind:

Vertrag über Hilfe für Verteidigungsfragen vom 21. 11. 1941 (UNTS 124, S. 179); Schiedsvertrag vom 15. 5. 1930 (LNTS CVIII, S. 109); Paßabkommen vom 3. 11. und 21. 12. 1925, 11., 19. und 21. 6. 1926; Postabkommen vom 23. 6. und 5. 7. 1928; sowie vom 11./31. 10. 1938; Abkommen über den Austausch von Publikationen vom 17. 8. 1942 (UNTS 24, S. 163); Zollabkommen vom 5./6. 12. 1922 (LNTS CXIII, S. 381); Handels- und Schiffahrtsvertrag vom 27. 8. 1943 (UNTS 29, S. 317).

18 RGDIP, 1960, S. 409.

19 Handelsvertrag vom 23. 8. 1742 (*Basdevant* I, S. 683).

V. Burma 1947

1. Allgemeines

Burma, das bereits seit 1. April 1937 verwaltungsmäßig von Britisch-Indien getrennt war[1], erlangte durch Vertrag von London vom 17. Oktober 1947[2] die Anerkennung seiner Unabhängigkeit. Am 4. Januar 1948 schied es aus dem Britischen Commonwealth aus (Art. 1 Abs. I der Burma Independence Act vom 10. Dezember 1947)[3]. Zugleich erlosch zum 1. April 1948 die britische Suzeränität über die an der siamesischen Grenze gelegenen Karenni-Fürstenstaaten, die nunmehr der Union von Burma angehören (vgl. Art. 2 Abs. II der Verfassung der Union von Burma). Art. 2 des Vertrages vom 17. Oktober 1947 sah vor, daß alle Rechte und Pflichten aus internationalen Abkommen des Vereinigten Königreiches, die Burma betreffen, auf Burma übergehen „in so far as such instrument may be held to have application to Burma".

2. „Servituten"

Auf Grund des anglo-chinesischen Vertrages vom 1. März 1894[4] war Großbritannien in Art. 2 Abs. 4 ein Transitrecht im Süden des Kachinstaates über den Namwan Assigned Tract eingeräumt worden, wodurch die Verbindung zwischen Bhamo und Namkhan erleichtert wurde:

Art. 2 Abs. 4 bestimmt:

The Government of China consent that the most direct of the roads between Bhama and Namkhan, where it passes through the small portion of Chinese territory south of the Namwan, shall, while remaining entirely open to Chinese subjects and to the tribesmen subject to China, be free and open to Great Britain for travellers, commerce, and administrative purposes, without any restrictions whatever. Her Britannic Majesty's Government shall have the right after communication with the Chinese authorities, to execute any works which may be desirable for the improvement or repair of the road, and to take any measures which may be required for the protection of the traffic and the prevention of smuggling.

Abs. 5 bestimmt:

It is equally agreed that British troops shall be allowed to pass freely along this road. But nobody of troops more than 200 in number shall be dispatched across it without the consent of the Chinese authorities, and previous notice in writing shall be given of every armed party of more than twenty men.

Angeblich wurden für dieses Transitrecht jährlich 1000 Rs. Pacht an China gezahlt[5]. Bei der hier angeführten „Servitut" handelt es

---

[1] Vgl. hierzu *Leriche*, S. 106.
[2] *Mansergh* II, S. 775 ff.
[3] *Mansergh* II, S. 779 ff.
[4] *Martens*, Nouveau Recueil Général, 2. Serie, Bd. 20, S. 794.

sich um ein Transitrecht *zugunsten* des Staates, dessen internationaler Status eine Änderung erfuhr.

Seit 1948, also seit der Unabhängigkeit Burmas, verweigerte China die Annahme der Zahlungen[6]. Im November 1956 wurde im Zuge von Grenzregulierungen an der chinesisch-burmesischen Grenze, die erforderlich waren, da verschiedene Grenzstrecken bisher territorial noch nicht markiert waren[7], die Aufhebung dieses Transitrechts in Aussicht genommen[8]. Die endgültige Aufhebung erfolgte am 28. Januar 1960 durch einen chinesisch-burmesischen Grenzvertrag[9], der diesen Distrikt Burma zusprach und so die Notwendigkeit eines Transits durch chinesisches Territorium beseitigte[10].

Art. II Abs. 3 Satz 1 dieses Vertrages bestimmt:

In order to abrogate the „perpetual lease" by Burma of the Mang-Mao triangular area (Namwan assigned Tract) at the junction of the Namwan and the Sheli Rivers, which belongs to China, the Chinese Government has agreed to turn over this area to Burma to become part of the territory of the Union of Burma.

Hieraus ist ersichtlich, daß in diesem speziellen Fall die Aufhebung des Transitrechts im Vordergrund stand und die tatsächliche Grenzziehung unter diesem Gesichtspunkt vorgenommen wurde und der Aufhebung diente. Die Aufhebung erfolgte somit durch einen den Interessen beider Seiten Rechnung tragenden Ausgleich.

3. Vergleich mit sonstigen Rechtsverhältnissen

Die vom Department of State der USA herausgegebene Liste über die am 1. Januar 1959 in Kraft befindlichen Verträge enthält in bezug auf Burma[11] mehrere nicht radizierte Vertragsverhältnisse aus der Zeit vor der Unabhängigkeitserklärung Burmas. Ein Unterschied zwischen Verträgen mit lokaler Bezogenheit und solchen anderer Art scheint von den USA nicht gemacht worden zu sein. Das zur Verfügung stehende Material reicht für eine Untersuchung nach einer opinio iuris bezüglich der weiterhin gültigen Verträge nicht aus.

---

[5] s. *Tinker*, The Union of Burma, S. 340 n. 2; aus dem Vertrag vom 1. 3. 1894 ist hierüber nichts zu ersehen.

[6] s. *Hinton*, S. 54; *Kozicki*, S. 35.

[7] Hinsichtlich der chinesisch-burmesischen Grenzfrage vgl. *Fifield*, S. 200/201; *Hinton*, S. 29.

[8] s. *Fifield*, S. 201.

[9] Peking Review, Bd. III, No. 5 (2. 2. 1960), S. 14.

[10] Vgl. hierzu die Übersicht, in: RGDIP 1960, S. 371 ff.

[11] Treaties in Force, S. 18/19:
Aufgeführt sind unter Bezugnahme auf Art. 2 des Vertrages vom 17. 10. 1947: Art. IV eines Handels- und Konsularabkommens vom 3. 7. 1915 (*Malloy* I, S. 776); Auslieferungsvertrag vom 22. 12. 1931 und 1. 11. 1941 (LNTS, CLXIII, S. 59); Abkommen über Privateigentum vom 2. 3. 1899 und 13. 1. 1902 (*Malloy* I, S. 774 und 776).

Zehntes Kapitel

Unabhängigkeitsbestrebungen unter Begründung einer Staatenverbindung

A. Das Britische Commonwealth of Nations

I. Indien und Pakistan 1947

1. Allgemeines

Die Unabhängigkeit Indiens und Pakistans wurde durch die bereits dargelegte Indian Independence Act vom 18. Juli 1947 bewirkt. Es darf hier insoweit auf die obigen Ausführungen[1] verwiesen werden. Hier ist von dem als „gleichzeitig mehrfache Staatensukzession" umschriebenen Vorgang lediglich der Aspekt der Unabhängigkeitsbestrebungen beider Staaten, nicht derjenige der Sezession, in bezug auf „Staatsservituten" zu beleuchten. Im Gegensatz zu Burma erlangten Indien und Pakistan den Status eines selbständigen Gliedes im Britischen Commonwealth[2]. Die „Indian Independence (International Arrangements) Order" von 1947 sah den Übergang von Rechten und Pflichten aus internationalen Abkommen des Vereinigten Königreiches von Großbritannien, die Britisch-Indien betrafen, auf Indien oder Pakistan oder auf beide vor, je nach der Anwendbarkeit der jeweiligen Abkommen. Über den Übergang außervertraglicher Rechtsverhältnisse wurde keine ausdrückliche Regelung getroffen.

2. „Servituten"

a) in bezug auf Indien:

Transitrechte Portugals über indisches Territorium

Portugal besitzt auf der indischen Halbinsel die Gebiete Goa, Diu und Damao; zu letzterem gehören die beiden Enklaven Dadra und Pragana de Nagar-Aveli[3]. Seit 1779 übt Portugal den Transit von Damao zu diesen beiden Enklaven sowie zwischen beiden über nunmehr indisches Territorium aus[4]. Nachdem Portugal sich nicht dazu bereiterklärte, diese Besitzungen an Indien zu übertragen, verweigerte

---

[1] Vgl. oben Kapitel 8, IV,1.

[2] Über die heutige rechtliche Lage der Staaten im Britischen Commonwealth vgl. *Verdross*, Völkerrecht, 4. Aufl. 1959, S. 137 mit weiteren Literaturhinweisen.

[3] Vgl. Übersichtskarte, in: Europa-Archiv, 1958 II—11279.

[4] Vgl. hierzu *Vali*, S. 123—124.

Indien 1954 Portugal in dem bisherigen Ausmaße den Transit über indisches Territorium. Die von Portugal 1955 diesetwegen vor dem Internationalen Gerichtshof in Den Haag gegen Indien erhobene Klage wurde am 12. April 1960 entschieden[5]. Portugal stützte den Anspruch auf das Transitrecht auf[6]

(a) den Vertrag mit dem Herrscher von Poona aus dem Jahre 1779 sowie zwei „sanads" (Dekrete) des marathaischen Herrschers von 1783 und 1785, wodurch Portugal die Souveränität über die Besitzungen übertragen und damit, wenn auch nicht ausdrücklich, so doch incidenter ein Transitrecht eingeräumt worden sei;

(b) lokales Gewohnheitsrecht, von dem Portugal bis 1954 ständig Gebrauch gemacht habe;

(c) allgemeines Völkergewohnheitsrecht, das den Zugang zu Enklaven regele und

(d) allgemeine, von den zivilisierten Staaten anerkannte Rechtsgrundsätze (Art. 38 I, 3 Statut des IGH).

Der Internationale Gerichtshof ließ in seiner Entscheidung die Frage nach einem, ein Transitrecht zu Enklaven gewährenden allgemeinen Völkerrechtssatz wie auch die Behandlung des Problems unter dem Aspekt der allgemeinen Rechtsgrundsätze ausdrücklich dahingestellt sein[7]; die Abmachungen aus den Jahren 1779, 1783 und 1785 stellten keine Zession der genannten Territorien an Portugal dar, sondern es handele sich dabei nur um sog. „jagirs" oder „saranjams", die dazumal in Indien üblich gewesen seien. Damit lasse sich auch kein Transitrecht zugunsten Portugals aus diesen Abmachungen konstruieren[8]. Die Entscheidung des IGH wurde aber auf lokales Gewohnheitsrecht gestützt, das auch zwischen nur zwei Staaten durchaus bestehen könne[9]. Seit der britischen und später der indischen Epoche seien die genannten Besitzungen von Großbritannien bzw. später Indien als Enklaven faktisch anerkannt worden:

> ... Portuguese sovereignty over the villages was recognized by the British in fact and by implication and was subsequently tacitly recognized by India.[10]

---

[5] Case concerning Right of Passage over Indian Territory (Merits), Judgement of 12 April 1960; I.C.J.Reports 1960, p. 6. Vgl. hierzu *de Visscher,* L'aiffaire du droit de Passage sur territoire indien devant la cour internationale de Justice, in: RGDIP, 1960, S. 693 ff.

[6] Case concerning Right of Passage over Indian Territory (Merits), Judgement of 12 April 1960; I.C.J. Reports 1960, S. 10—12.

[7] ibidem, S. 43.

[8] ibidem, S. 38.

[9] ibidem, S. 39.

[10] ibidem, S. 39.

Hinsichtlich des Transits zu den nunmehr echten Enklaven sei zwischen dem Transit von Privatpersonen und Waren und dem Transit von Militär und Polizei zu unterscheiden. In bezug auf ersteren lasse sich in der britischen und nachbritischen Periode eine einheitliche Übung nachweisen, bezüglich letzteren hingegen nicht. Aus dieser tatsächlichen Praxis leitet der Gerichtshof einen Gewohnheitsrechtssatz her. Die *neben* dieser Praxis (materielles Element) noch erforderliche opinio iuris vel necessitatis (psychologisches Element)[11] wird aber nicht bewiesen, sondern nur unterstellt:

The Court, therefore, concludes that, with regard to private persons, civil officials and goods in general there existed during the British and post — British periods a constant and uniform practice allowing free passage between Daman and the enclaves. This practice having continued over a period extending beyond a century and a quarter unaffected by the change of regime in respect of the intervening territory which occured when India became independent, the Court is, in view of all the circumstances of the case, satisfied that that practice was accepted as law by the parties and has given rise to a correlative obligation.[12]

Selbst wenn man mit Guggenheim[13] davon ausgeht, daß das psychologische Element „se rattache directement à l'usage" — nämlich dann, *wenn* dieses Element vorliegt —, so ist es als zweites konstitutives Element eines Gewohnheitsrechtssatzes gleichwohl stets zu beweisen und kann nicht aus der Praxis allein hergeleitet werden. Beide Elemente sind gesondert zu prüfen und nachzuweisen. Mit der vom Internationalen Gerichtshof gegebenen Begründung wurde aber weder für das Jahr 1947 noch für das Jahr 1954 die Existenz eines Gewohnheits*rechts*satzes nachgewiesen, sondern allenfalls die einer Gewohnheit. Folglich wurde auch die Erörterung der Bindung Indiens an bestehendes lokales Gewohnheitsrecht aus der Zeit vor der Unabhängigkeitserklärung Indiens beiseite gelassen. Was die zur Begründung eines Gewohnheitsrechtssatzes erforderliche tatsächliche andauernde Übung betrifft, wurde sowohl von Portugal[14] wie auch in der Entscheidung des Gerichtshofes[15] — soweit der Klage stattgegeben wurde — ausdrücklich hervorgehoben, daß sie in der britischen wie auch in der

---

[11] Vgl. hierzu *Berber*, Die Rechtsquellen des internationalen Wassernutzungsrechts, S. 37; ferner *Guggenheim*, L'Origine de la Nation de l'Opinio Iuris sive Necessitatis comme deuxième Elément de la Coutume dans l'Histoire du Droit des Gens, in: Hommage d'une Génèration de Juristes au Président Basdevant, Paris 1960, S. 258 ff., insbes. S. 259.

[12] IGH 1960, loc. cit., S. 40.

[13] *Guggenheim*, loc. cit., S. 260.

[14] IGH, 1960, loc. cit., S. 11.

[15] ibidem, S. 39/40; vgl. diese Hervorhebung auch in den abweichenden Meinungen von Wellington Koo (ibidem, S. 60, 62, 65), Moreno Quintana (ibidem, S. 95); Spender (ibidem, S. 100).

nachbritischen Periode vorgelegen habe. Auf den nur *tatsächlichen* Pfeilern beruht folgende juristische Entscheidung[16]:

Portugal had in 1954 a right of passage over intervening Indian territory between the enclaves of Dadra and Nagar-Aveli and the coastal district of Daman and between these enclaves, to the extend necessary for the exercise of Portuguese sovereignty over the enclaves and subject to the regulation and control of India, in respect of private persons, civil officials and goods in general....

Portugal did not have such a right of passage in respect of armed forces, armed police, and arms and ammunition,....

Die Entscheidung berücksichtigt — was die Erörterung der tatsächlichen Übung betrifft — einerseits eine Übung aus der britischen Periode und betont andererseits gleichzeitig, daß diese gleiche Übung sich auch in der indischen Praxis zeige. Daraus ist zu entnehmen, daß die Beibehaltung der bisherigen Praxis nach der Unabhängigkeitserklärung Indiens jedenfalls nicht selbstverständlich ist; ferner daß dann, *wenn* die Praxis des Vorgänger- und des Nachfolgestaates übereinstimmen, diese Übereinstimmung als kontinuierliche Übung bei der Beurteilung der *Dauer* einer tatsächlichen Praxis zu werten ist. *Ob* jedoch der Nachfolgestaat die gleiche tatsächliche Übung zu pflegen hat, bleibt nach wie vor fraglich. Es wurde in der Entscheidung kein Völker*rechts*satz nachgewiesen, und damit auch nicht — die Existenz eines Rechtssatzes im Jahre 1954 unterstellt —, wodurch und wann sich eine opinio iuris manifestierte, die die tatsächliche Übung zum Rechtssatz erstarken ließ.

Auch hinsichtlich des Transits militärischer und bewaffneter polizeilicher Einheiten betont die Entscheidung die Einheitlichkeit der britischen und indischen Praxis, wenn auch hier im negativen Sinn, nämlich der Verneinung des Transits[17]:

The course of dealings established between the Portuguese and the British authorities with respect to the passage of these categories excludes the existence of any such right. The practice that was established shows that, with regard to these categories, it was well understood that passage could take place only by permission of the British authorities. This situation continued during the post — British period.

Wenn man mit dem Internationalen Gerichtshof davon ausgeht, daß insoweit kein lokaler Gewohnheitsrechtssatz besteht, wäre nunmehr zu prüfen gewesen, ob ein Transitrecht nicht auf Grund allgemeinen Völkergewohnheitsrechts[18] oder auf Grund allgemeiner Rechtsgrund-

---

[16] ibidem, S. 45/46.

[17] ibidem, S. 43.

[18] Über Transitrechte zu Enklaven mit Anführung der zur Zeit interessanten Beispiele in der Staatenpraxis vgl. *Raton,* Pierre, in: AFDI 1958, S. 186 ff., insbes. S. 191.

sätze[19] besteht[20]. Der Internationale Gerichtshof sah in der Verneinung — ebenso wie vorher in der Bejahung — einer Rechtsquelle die Möglichkeit, die zwar sehr schwierige, aber höchst interessante Prüfung anderer Rechtsquellen zu umgehen. Das Nichtbestehen von Regeln lokalen „positiven" Gewohnheitsrechts verdrängt nicht generelle Regeln[21]; „negatives" Gewohnheitsrecht, d. h. Nichtbestehen von Recht, ist aber eben kein Recht und kann folglich positive Völkerrechtsregeln nicht verdrängen. Das Nichtbestehen eines Transitrechts bewaffneter Einheiten wurde auch nicht als „positiver" Gewohnheitsrechtssatz mit negativem Inhalt[22] nachgewiesen, da die Entscheidung sich darauf beschränkt, eine rein tatsächliche Praxis aufzuzeigen. Lokales Gewohnheitsrecht, allgemeines Völkergewohnheitsrecht und allgemeine Rechtsgrundsätze (Art. 38 I, 3 Statut des IGH) schließen sich gegenseitig nicht aus — nur dann könnte der „Methode" der Rechtsfindung des Internationalen Gerichtshofes in vorliegendem Urteil gefolgt werden —, sondern können kumulativ nebeneinander bestehen. Es handelt sich um verschiedene Erscheinungsformen von Völkerrechtsquellen. Die allgemeinen Rechtsgrundsätze beruhen ihrerseits auf Vertrags- oder Gewohnheitsrecht[23]. Der vom Internationalen Gerichtshof hier eingeschlagene Weg führt zu dem Ergebnis, daß es lediglich Völkervertragsrecht und lokales Völkergewohnheitsrecht gibt. Inhaltlich mögen sich in der Tat konkrete und in der Praxis brauchbare Regeln vielleicht nur aus diesen beiden Rechtsquellen gewinnen lassen — solange jedoch nicht der *allgemeine* — negative — Beweis geführt ist, daß allgemeines Völkergewohnheitsrecht und allgemeine Rechtsgrundsätze keine in der Praxis verwertbaren Rechtssätze liefern, sind diese Rechtsquellen zu untersuchen — oder es ist darzulegen, warum im konkreten Fall diesbezügliche Untersuchungen zu gar keinem oder zu keinem verwertbaren Ergebnis führen können.

Eine Untersuchung nach allgemeinen Rechtsgrundsätzen und allgemeinem Völkergewohnheitsrecht sowie einer opinio iuris bezüglich des

---

[19] Vgl. die Hinweise auf ein rechtsvergleichendes Gutachten über Grundsätze des Transitrechts in verschiedenen innerstaatlichen Rechtsordnungen von Prof. Max Rheinstein in der abweichenden Meinung der Richter Wellington Koo (IGH Reports 1960, S. 66) und Fernandes (ibidem, S. 136).

[20] Über die „Hauptunterschiede zwischen von zivilisierten Nationen anerkannten Rechtsgrundsätzen und völkerrechtlichen Gewohnheitsregeln" vgl. *Berber*, loc. cit., S. 137—138.

[21] Anders jedoch der IGH, S. 44, der in diesem Zusammenhang das Unterlassen weiterer genereller Erörterungen mit dem Satz „Such a particular practice must prevail over any general rules" zu rechtfertigen versucht.

[22] Vgl. den Hinweis *Guggenheims*, loc. cit., S. 259 auf „conduite positive ou négative (abstention, tolérance)".

[23] Vgl. *Berber*, loc. cit., S. 37.

von Portugal über indisches Territorium ausgeübten Transits würde den Rahmen dieser Arbeit überschreiten, die nicht allein mit Transitrechten zu Enklaven befaßt ist.

Nach neuerlichen Pressemeldungen[24] sind die beiden Enklaven von der indischen Regierung als zu Indien gehörig erklärt worden. Zwei Gesetzesentwürfe, die eine Einverleibung der Gebiete in die Indische Union vorsehen, sollen dem indischen Parlament vorgelegt worden sein.

b) in bezug auf Pakistan: Wassernutzungsrechte

Im britisch-afghanischen Grenzvertrag von Kabul vom 22. November 1921[25] waren in Art. 2 § 1 Wassernutzungsrechte zugunsten Afghanistans und Schiffahrtsrechte zugunsten britischer Offiziere sowie der auf „britischer Seite" der Grenze lebenden Stämme am Flusse Kabul festgelegt worden. Dieser Grenzvertrag basiert auf dem Friedensvertrag von Rawalpinds vom 8.August 1919[26], in dem die Parteien die im Vertrag vom 12. November 1893 festgelegte sog. Durand-Linie anerkennen und sich mit der Festlegung der noch nicht markierten Grenzstrecken am westlichen Khyber durch eine Grenzkommission einverstanden erklären. Zwischen Pakistan und Afghanistan bestehen nunmehr Unklarheiten über die Grenzziehung am Khyber-Paß und die Zugehörigkeit der Pathan-Stämme[27]. Afghanistan hält den am 12. November 1893 abgeschlossenen Grenzvertrag nicht mehr für wirksam, da er mit Großbritannien und nicht mit Pakistan abgeschlossen worden sei[28]. Pakistan hält sich an die Verträge jedoch gebunden. 1955 nahm Afghanistan mit dem Vereinigten Königreich Verhandlungen auf[29], die jedoch scheiterten. Die angestrebte Revision erstreckte sich

---

[24] Süddeutsche Zeitung, München, vom 14./15. August 1961, S. 2, Spalte 3. Ein indisches Gesetz kann den völkerrechtlichen Status der beiden Enklaven, wie er in dem o. a. Urteil des IGH vom 12. 4. 1960 umrissen ist, nicht ändern. Zu einer rechtlichen Änderung bedarf es eines völkerrechtlichen, also zwischenstaatlichen Rechtsgeschäfts. Es ist eine andere Frage, ob und welche völkerrechtlichen Folgen aus dem Verhalten der indischen Regierung zu ziehen sind, wenn die o. a. Pressemeldung tatsächlich zutrifft.

[25] *Martens*, Nouveau Recueil Général, 3. Serie, Bd. 12, S. 578; vgl. dazu Notenwechsel zwischen Afghanistan und Großbritannien vom 6. 5. 1930 (*Martens*, Nouveau Recueil Général, 3. Serie, Bd. 23, S. 7).

[26] *Martens*, Nouveau Recueil Général, 3. Serie, Bd. 12, S. 386.

[27] Wegen des historischen und politischen Aspektes vgl. *Franck*, in: M. E. J., Bd. 8, S. 49 ff. Auf S. 56 findet sich der Hinweis, daß lt. Mitteilung der Afghan Embassy Press Release vom 24. 7. 1949 der Vicory of India den Stämmen mitgeteilt haben soll: The British Government is leaving India in June 1947. It is up to you to negotiate fresh agreements with the successor authority."

[28] Vgl. hierüber Hamilton Fish *Armstrong*, North of the Khyber in: Foreign Affairs, 1953, S. 486 ff., insbes. S. 491—492.

[29] lt. Emanuel *Syrkisyanz*, in: Die Internationale Politik 1955, S. 615.

aber in erster Linie auf Grenz- und weniger auf Wassernutzungsfragen, die insoweit erst in sekundärer Hinsicht eine Regelung erfahren[30].

3. Vergleich mit sonstigen Rechtsverhältnissen

Sowohl Indien[31] wie Pakistan[32] übernahmen radizierte wie auch nichtradizierte Verträge, die Großbritannien abgeschlossen hatte. Eine unterschiedliche Praxis läßt sich insoweit nicht feststellen, ebensowenig aber auch der Ausdruck einer Rechtsnotwendigkeit in bezug auf sog. lokal gebundene Rechtsverhältnisse.

II. Sonstige Unabhängigkeitsbestrebungen im Britischen Commonwealth

Ceylons Unabhängigkeit wurde durch die „Ceylon Independence Act" vom 10. Dezember 1947[33] anerkannt; es wurde gleichberechtigtes unabhängiges Mitglied im Britischen Commonwealth. Gem. Art. 6 des Abkommens über auswärtige Angelegenheiten vom 11. November 1947[34] gehen die von Großbritannien eingegangenen Verpflichtungen auf Ceylon über „in so far as such instrument may be held to have application to Ceylon". Die Formulierung ist so weit gefaßt, daß die Möglichkeit bleibt, in jedem Einzelfall zu prüfen, ob Ceylon an den Vertrag gebunden sein soll. Ein Indiz für einen automatischen Übergang ist diese Klausel nicht. Unter Berufung auf o. a. Art. 6 halten die

---

[30] Vgl. hierzu auch die Darstellung von *Toynbee*, Impressions of Afghanistan and Pakistan's North-West Frontier in Relation to the Communist World.

[31] Vgl. z. B. in bezug auf die USA deren Stellung, in: Treaties in Force, S. 82 ff. Danach halten die USA Art. IV des Handels- und Konsularvertrages vom 3. 7. 1815 (*Malloy* I, S. 624) und einen Auslieferungsvertrag vom 22. 12. 1931 in Verbindung mit Art. 14 des Vertrages vom 9. 3. 1942 (LNTS CLXIII, S. 54) für weiterhin gültig. Wegen der französischen Haltung wird auf die inoffizielle Aufstellung der noch in Kraft befindlichen Verträge in R G D I P, 1961, S. 427 f. verwiesen.

Bei den an der Nord-Ost-Grenze Indiens bestehenden Unklarheiten gingen in einem Notenwechsel vom 22. 8.—7. 11. 1959 (R G D I P, 1960, S. 182 bis 208) sowohl Nehru als auch Tschu-En-Lai davon aus, daß die von China mit Großbritannien abgeschlossenen Grenzverträge grundsätzlich noch weiterhin gelten. Divergenzen bestehen darüber, ob diese Verträge *damals* wirksam zustandekamen. Im übrigen ist zu diesem Problemkreis auf die Abhandlung von Haftendorn, Die Spannungen zwischen Indien und der Volksrepublik China, in: Europa-Archiv, 1960, S. 203 sowie den Aufsatz von *Rubin*, The Sino-Indian Border Disputes, in: I C L Q, 1960, S. 966 ff. zu verweisen.

[32] Bezgl. Pakistan vgl. oben Kapitel 8, IV, 3.

[33] *Mansergh* II, S. 751.

[34] ibidem, S. 750.

USA[35] sowohl radizierte wie nicht radizierte Rechtsverhältnisse für weiterhin gültig.

Entsprechendes ist nach der Unabhängigkeitserklärung *Malayas* in einem Notenwechsel zwischen dem Malayischen Bund[36] und dem Vereinigten Königreich vom 12. September 1957[37] niedergelegt: „... in so far as such instruments may be held to have application to or in respect of the Federation of Malaya".

Eine ähnliche Klausel enthält der britisch-ghanesische Notenwechsel vom 25. November 1957[38] nach der Unabhängigkeitserklärung Ghanas. Den USA soll *Ghana* am 21. Dezember 1957 eine in diesem Sinn lautende Note übermittelt haben[39].

Nachdem Südirland 1922 den Status eines Dominions im britischen Commonwealth erlangt hatte, erklärte der irische Premierminister de Valera 1933, daß *Irland* die britischen Handels- und Verwaltungsabkommen aus Zweckmäßigkeitsgründen aufrechterhalte[40].

B. Die Französische Union

I. Laos

1. Allgemeines

Seit Annam im Jahre 1884 französisches Protektorat geworden war, wurde auch das unter der Suzeränität Annams stehende Laos ein Protektorat Frankreichs. Bis zum Abschluß des Protektionsvertrages von 1941 wurde es von Frankreich durch einen „Résident supérieur" verwaltet[41]. Durch einen modus vivendi vom 27. August 1948 zwischen Frankreich und Laos wurde Laos eine gewisse Selbstverwaltung eingeräumt. Aufgrund des Notenwechsels zwischen Laos und Frankreich vom 25. November 1947 / 14. Januar 1948[42] erfolgte am 19. Juli 1949[43] die Unabhängigkeitserklärung von Laos. In Art. 1 des Vertrags vom 19. Juli 1949 anerkennt Frankreich Laos als unabhängigen Staat. Laos „réaffirme son adhésion à l'Union Française en qualité d'Etat associé

---

[35] Treaties in Force, S. 31—32.

[36] Zu beachten ist auch hier der Aspekt der gleichzeitig mehrfachen Sukzession!

[37] HMSO Cmnd 346.

[38] HMSO Cmnd 345.

[39] It. Treaties in Force, S. 68.

[40] Äußerung de Valeras abgedruckt bei *O'Connell*, S. 40.

[41] *de Muralt*, S. 127.

[42] J. O. Lois et Décrets, 14. 3. 1953, S. 2407.

[43] ibidem, S. 2407 ff.

à l'Union Française". Über die Rechtsverhältnisse mit dritten Staaten trifft erst der Vertrag vom 22. Oktober 1953[44], in dem Frankreich die völlige Unabhängigkeit von Laos anerkennt, eine Regelung. Art. 1 lautet:

La République Française reconnaît et déclare que le Royaume du Laos est un Etat pleinement indépendant et souverain. En conséquence, il est substitué à la République Française dans tous les droits internationaux, ou conventions particuliers, contractés par celle — ci au nom du Royaume du Laos ou de l'Indochine Française, antérieurement à la présente Convention.

Aus der Formulierung „en conséquence" läßt sich schließen, daß der Eintritt Laos' in die von Frankreich geschlossenen Verträge infolge der Unabhängigkeitserklärung und damit bezüglich der jeweils einzelnen Rechtsverhältnisse automatisch erfolgt. Die Formulierung gibt aber keinen Anhalt zur Annahme einer Rechtsüberzeugung.

2. „Servituten": Schiffahrtsrechte

Der Mekong bildet in einem Abschnitt seines Laufes die Grenze zwischen Siam und Laos. Diese territoriale Lage machte eine vertragliche Regelung der Wassernutzungs-, Schiffahrts- und Fischereirechte erforderlich. Seit dem französisch-siamesischen Grenzvertrag vom 15. Juli 1867[45] wurden über die Schiffahrt auf dem Mekong eine Reihe Verträge abgeschlossen, deren wichtigste die Verträge vom 3. Oktober 1893[46], 13. Februar 1904[47] und 25. August 1926[48] zwischen Frankreich und Siam sind[49]. Art. 4 Abs. II des Vertrages vom 13. Februar 1904 räumte den siamesischen Handelsschiffen freie Schiffahrt auf dem Mekong ein, soweit er das Gebiet Luang—Prabang durchquert. Art. 4 des Vertrages vom 25. August 1926 bestimmt:

Les Hautes Parties Contractantes, désireuses de faciliter le développement des relations économiques entre leurs territoires respectifs conviennent que la navigation commerciale sera libre pour chacune d'elles sur toute la longueur du Mekong dans les deux parties du fleuve où celui — ci constitue la frontière entre le Siam et l'Indochine.

Nach der Unabhängigkeitserklärung Laos' von 1949, aber noch vor der Regelung über die Beibehaltung der Verträge von 1953 kam es am 23. / 26. Dezember 1950[50] zwischen Cambodga, Frankreich, Vietnam und Laos zu einem Abkommen. Gem. Art. 1 dieses Vertrages sind alle

---

[44] *Colliard*, Actualité Internationale, 1950—1956, Bd. 2, S. 224.

[45] *Basdevant* III, S. 352.

[46] *Basdevant* III, S. 356.

[47] *Basdevant* III, S. 357.

[48] *Martens*, Nouveau Recueil Général, 3. Serie, Bd. 21, S. 460.

[49] Einzelheiten vgl. bei *Inthachat*, Ganchit, La situation internationale du Mekong, Paris 1955, S. 16 ff. und S. 57 ff.

[50] Doc. Fr. N. E. D., 1951, No. 1425, S. 9.

Flußläufe des Mekong für die Signatarstaaten und alle Staaten der Union Française, einschließlich der protektionierten Staaten, für die Schiffahrt frei, und zwar

sans qu'il soit par là porté aucune atteinte aux dispositions de la Convention franco — siamoise du 25 août 1926 ou de ses annexes et de tous autres actes en vigueur en la matière.

Daraus ergibt sich, daß Laos den Vertrag weiterhin aufrechterhält; für die Annahme eines automatischen Überganges gibt die Formulierung des Art. 1 jedoch keinen Raum. Durch die Bestimmung des Art. 1 des Vertrages vom 22. Oktober 1953 ist eine stärkere Garantie in bezug auf das Abkommen von 1926 nicht eingetreten, da Art. 1 des Vertrags vom 22. Oktober 1953 nur solche Verträge erfaßt, die von Frankreich im Namen von Laos oder Indochina abgeschlossen wurden. Dies ist jedoch nach der Formulierung bei dem Vertrag von 1926 nicht gegeben. Die Haltung Siams, das nicht am Abkommen von 1950 beteiligt war, ist nicht bekannt.

II. Sonstige Unabhängigkeitsbestrebungen

Nach einem Notenwechsel vom 27. November 1947 und 14. Januar 1948 zwischen Frankreich und Cambodga[51] kam es am 8. November 1949 zu einem Abkommen zwischen beiden Staaten[52], in dem Frankreich die Unabhängigkeit des früheren Protektorats Cambodga anerkennt und Cambodga der Union Française als Etat Associé beitritt. Eine Regelung über die Rechtsverhältnisse aus früheren Verträgen mit dritten Staaten scheint noch nicht getroffen worden zu sein[53]. Die Lage Vietnams ist infolge der Teilung noch weitgehend im Fluß[54]. Eine Schilderung der Staatenpraxis bezüglich der von Frankreich mit dritten Staaten geschlossenen radizierten Verträge läßt sich noch nicht geben. Es soll darum hier auf die Ausführungen bei de Muralt[55] verwiesen werden.

C. Die Niederländisch-Indonesische Union

Niederländisch-Indien war integrierender Bestandteil des Königreichs der Niederlande[56]. Nachdem am 17. August 1945 die Republik Indonesien ausgerufen worden war, die von den Niederlanden aber

---

[51] J. O. Lois et Décrets, 1953, 14. 3. 1953, S. 2403.
[52] ibidem, S. 2404.
[53] s. *de Muralt*, S. 128.
[54] Vgl. hierüber *Hammerbacher*, Gerhart, Die völkerrechtliche Stellung Vietnams. Ein Beitrag zur Problematik der völkerrechtlichen Situation geteilter Staaten. Augsburg, 1960.
[55] *de Muralt*, S. 128—130.
[56] *v. Panhuys*, S. 59.

lediglich de facto anerkannt wurde[57], kam es nach längeren Schwierigkeiten zur Round-Table-Konferenz vom 2. November 1949. In der von dieser gebilligten Charta über die Übertragung der Souveränität auf die Republik der Vereinigten Staaten von Indonesien wurde diese von den Niederlanden als unabhängiger Staat anerkannt[58]; zugleich wurde das Statut der niederländisch-indonesischen Union, in der beide Staaten gleichberechtigt und in ihren völkerrechtlichen Kompetenzen unabhängig[59] stehen, angenommen. Art. 5 des Übergangsabkommens[60] bestimmt, daß die Rechte und Pflichten aus Verträgen, die von den Niederlanden eingegangen wurden,

shall be considered as the rights and obligations of the Republic of the United States of Indonesia only where and inasmuch as such treaties and agreements are applicable to the jurisdiction of the Republic of the United States of Indonesia and with the exeption of rights and duties arising out of treaties and agreements to which the Republic of the United Staates of Indonesia cannot become a party on the ground of the provision of such treaties and agreements[61].

Die Regierung der Niederlande interpretierte, wie van Panhuys herausstellt[62], diese Regelung nicht als einen ipso-iure-Übergang der Rechte und Verbindlichkeiten auf Indonesien, sondern — und darüber sei man sich bei der Round-Table-Konferenz einig gewesen — als eine lediglich prinzipielle Übernahme, die Indonesien die Möglichkeit belasse, bestimmte Abkommen nicht zu übernehmen. Es ist jedoch sehr fraglich, ob man der weiterhin ausgeführten Ansicht *v. Panhuys* folgen kann, wonach durch diese Formulierung die Möglichkeit offengelassen werden sollte, einen automatischen Übergang sogenannter lokal gebundener Rechtsverhältnisse zu unterstreichen, und zwar im Einklang mit dem Völkergewohnheitsrecht. Die Existenz eines derartigen, von v. Panhuys angenommenen Gewohnheitsrechtssatzes ist noch nicht bewiesen. Da zur Illustrierung der tatsächlichen Praxis in bezug auf lokale Rechtsverhältnisse im Falle Indonesiens nicht genügend Material zur Verfügung steht, soll hier das Problem nur angeschnitten und im übrigen auf die Abhandlung von *v. Panhuys* verwiesen werden.

---

[57] *v. Panhuys*, S. 56.

[58] Über Einzelfragen historischer und juristischer Art vgl. *Scheuner*, Die Entstehung des indonesischen Staates, in: Archiv des Völkerrechts, Bd. 3, S. 44 ff.

[59] s. Zusatzabkommen über auswärtige Angelegenheiten UNTS 69 (1950), S. 244.

[60] UNTS 69 (1950), S. 266 ff.

[61] Einzelheiten s. in der zitierten Abhandlung von *v. Panhuys;* ferner bei *de Muralt*, S. 133—140.

[62] *v. Panhuys*, S. 57—58.

Elftes Kapitel

Beendigung von Mandats- und Treuhandverwaltungen

I. Irak

1. Allgemeines

Seit der Mitte des 16. Jahrhunderts bis zum Ende des 1. Weltkrieges war der Irak eine Provinz des ottomanischen Reiches, nämlich Mesopotamien, in der seit der Eröffnung des ersten Konsulats zu Basra im Jahre 1764 mehr und mehr britischer Einfluß bemerkbar wurde. Dies führte schließlich zu einer faktischen Vorrangstellung Großbritanniens im Tal des Euphrat und Tigris, während zur gleichen Zeit Anfang dieses Jahrhunderts die eine Separation vom ottomanischen Reich bezweckenden arabischen Bestrebungen an Einfluß gewannen[1]. Im Friedensvertrag von Lausanne 1923 sowie im Vertrag vom 5. Juni 1926[2] zwischen Großbritannien, Irak und Türkei verzichtete die Türkei auf alle Rechte im Irak. Dieser unterstand seit 1924 auf Grund einer Entscheidung des Völkerbundsrates vom 25. April 1920[3] britischer Mandatarschaft. Die den Irak betreffenden völkerrechtlichen Verträge wurden seit dem „Allianz"-Vertrag vom 10. Oktober 1922[4] teils von britischen Kommissaren für den Irak, teils von Irak selbst, teils von Großbritannien abgeschlossen und letztere dann auf den Irak erstreckt. Eine Systematik läßt sich hierbei in der Staatenpraxis nicht feststellen[5].

Im Vertrag vom 14. Dezember 1927 anerkannte Großbritannien Irak als unabhängigen Staat; Irak übernahm gem. Art. 3 dieses Vertrags alle Verpflichtungen, die Großbritannien für den Irak eingegangen war. Der Vertrag wurde jedoch mangels Ratifikation nicht wirksam[6].

---

[1] Einzelheiten über die diesbezgl. Verträge vgl. in: Doc. Fr. N. E. D., 1951, No. 1499, S. 31 ff.

[2] *Martens*, Nouveau Recueil Général, 3. Serie, Bd. 18, S. 332 ff.

[3] *Martens*, Nouveau Recueil Général, 3. Serie, Bd. 24, S. 326 ff. Die Errichtung von Mandaten in den Kolonien Deutschlands und den Vasallenprovinzen des ottomanischen Reiches war in Art. 22 der Völkerbundsatzung vorgesehen.

[4] *Martens*, Nouveau Recueil Général, 3. Serie, Bd. 14, S. 352, modifiziert durch Protokoll vom 30. 4. 1923, verlängert durch Vertrag vom 13. 1. 1926.

[5] Eine ausführliche Darstellung hierüber findet sich bei *Stoyanovsky*, S. 313 ff.

[6] Vgl. Doc. Fr. N. E. D., 1951, No. 1499, S. 39.

Irak erreichte formell seine Unabhängigkeit durch den Vertrag mit Großbritannien vom 30. Juni 1930[7]. Art. 8 Abs. 1 dieses Vertrags bestimmt, daß alle Verbindlichkeiten Großbritanniens, die aus den in Art. 7 bezeichneten Verträgen resultieren, automatisch auf den Irak übergehen[8]. Art. 8 Abs. 2 bestimmt:

It is also recognized that all responsibilities devolving upon His Britannic Majesty in respect of Iraq under any other international instrument, in so far as they continue at all, should similarly devolve upon His Majesty the King of Iraq alone, and the High Contracting Parties shall immediately take such steps as may be necessary to secure the transference to His Majesty the King of Iraq of these responsibilities.

Bei der Aufnahme in den Völkerbund gab Irak eine Garantieerklärung ab und verpflichtete sich gem. § 7 dieser Deklaration zur Aufrechterhaltung der von Großbritannien in bezug auf den Irak eingegangenen Verträge[9].

Eine Regelung über die Gültigkeit der vom ottomanischen Reich abgeschlossenen und den Irak betreffenden Verträge scheint nicht getroffen worden zu sein[10].

2. „Servituten"

a) Kapitulationen

Durch Verträge mit der Hohen Pforte hatten europäische Staaten Jurisdiktionsprivilegien im Irak erlangt. Nach der Unabhängigkeitserklärung des Irak beschlos der Völkerbundsrat in einer Resolution vom 19. Mai 1932[11]:

Le Conseil ... exprime, en conséquence, le voeu que les Puissances intéressées, dont les ressortissants jouissaient de droits capitulaires dans l'an-

---

[7] *Martens*, Nouveau Recueil Général, 3. Serie, Bd. 24, S. 333 ff.

[8] Es handelt sich dabei um:
a) den Bündnisvertrag von Bagdad zwischen Irak und Großbritannien vom 10. 10. 1922 *(Martens*, Nouveau Recueil Général, 3. Serie, Bd. 14, S. 372 ff.) sowie
b) den Vertrag vom 30. 1. 1926 *(Martens*, Nouveau Recueil Général, 3. Serie, Bd. 15, S. 335), der den Vertrag vom 10. 10. 1922 verlängerte.

[9] S.d.N. J.O. 1932 No. 7, S. 1349. Das gleiche kommt auch in Art. 13 des von Irak vorgelegten Entwurfs zum Ausdruck (ibidem, S. 1347). Am 10. 10. 1932 wurde zwischen Großbritannien, Frankreich und Irak ein Protokoll unterzeichnet (LNTS CXXXVI, S. 381), wonach ausdrücklich der Übergang der Rechte und Pflichten des zwischen Frankreich und Großbritannien am 23. 12. 1920 abgeschlossenen Grenzvertrages *(Martens*, Nouveau Recueil Général, 3. Serie, Bd. 12, S. 882) festgelegt wurde. Nach den Ausführungen von *Stoyanowsky*, S. 311, hatte Irak unter Berufung auf Art. 10 des Vertrages vom 10. 10. 1922 hinsichtlich dieses Abkommens einen Vorbehalt bei der von Großbritannien 1924 vorgelegten Vertragsliste gemacht!

[10] Über die Frage der Einwirkung der Mandatsverwaltung auf die vom ottomanischen Reich abgeschlossenen Verträge vgl. *de Muralt*, S. 73 ff.

[11] S.d.N. J.O., 1932 No. 7, S. 1213.

cien Empire ottoman, renoncent, avant l'admission de l'Iraq dans la Société des Nations, à ce que ces anciens privilèges de juridiction soient maintenus à l'avenir en faveur de leurs ressortissants.

Hieraus ist zu entnehmen, daß von einem rechtlichen Fortbestand dieser Kapitulationen, die gem. Art. 7 des Mandats während der Dauer des Allianzvertrages nicht in Anspruch genommen werden sollten, ausgegangen wurde. Irak selbst erklärte, das bestehende Jurisdiktionssystem aufrechtzuerhalten[12]. Großbritannien wandte sich auf Grund der Resolution des Völkerbundsrates an die beteiligten Staaten[13], die daraufhin auf die Jurisdiktionsprivilegien in Erklärungen gegenüber dem Völkerbundsrat verzichteten[14].

Die USA, die nicht Mitglied des Völkerbundes waren, hatten sich in einem Protokoll zwischen Großbritannien, USA und Irak vom 9. Januar 1930[15] mit der Suspension der Kapitulationsrechte einverstanden erklärt. Am 17. Juni 1932 erklärte das US-Department of State, daß Irak noch gleichermaßen die Rechte der USA wahre. Bis 1948 scheinen die USA jedenfalls keine Ansprüche in bezug auf diese Kapitulationen erhoben zu haben[16], obwohl bei Abschluß eines Auslieferungsvertrages 1934 und eines Schiffahrtsabkommens 1938 zwischen USA und Irak konkreter Anlaß für eine Erörterung dieser Fragen bestanden hätte.

b) *Schiffahrtsrechte*

Der Vertrag von Erzeroum vom 31. Mai 1847[17] legte die Grenze zwischen Persien und dem ottomanischen Reich fest und sprach das linke Ufer des Chatt-el-Arab, also des Zusammenflusses von Euphrat und Tigris, Persien und den Flußlauf selbst dem ottomanischen Reich zu. Art. 2 Abs. 3 Satz 2 regelt die Schiffahrt:

Les navires persans auront le droit de navigueur en pleine liberté sur le Chatt-el-Arab, depuis l'endroit où ce fleuve se jette dans la mer jusqu'au point de contact des frontières des deux parties.

Mit Ausbau der Petroleumindustrie und Errichtung einer Raffinerie in Abadan wurde die Grenze mit Rücksicht auf die nunmehrigen persischen Bedürfnisse geändert. Auf Grund des Protokolls von Teheran

---

12 Vgl. *Hackworth*, Digest II, S. 524—527; *Young*, in AJIL 1948, S. 421.

13 Vgl. Note an den Generalsekretär des Völkerbundes vom 21. 9. 1932, in: S. d. N. J. O., 1932, No. 11, S. 1851.

14 S. d. N. J. O., 1932, No. 11, S. 1851.

15 *Martens*, Nouveau Recueil Général, 3. Seric, Bd. 24, S. 330.

16 Vgl. *Young*, in: AJIL, 1948, S. 421.

17 *Martens*, Nouveau Recueil Général, 1. Serie, Bd. 20, S. 1; das Abkommen wurde erläutert durch Notenwechsel vom 14./31. 1. 1848 (S. d. N. J. O., 16. Jahr, No. 2, S. 231—233).

vom 21. Dezember 1911 wurde am 4. / 17. November 1913[18] ein neuerliches Grenzprotokoll in Verbindung mit einem Bericht einer Grenzkommission[19] unterzeichnet, das in Art. 1 den Chatt-el-Arab mit Ausnahme einiger näher aufgeführter Inseln unter ottomanische Herrschaft stellt. 1934 kam es zu Unstimmigkeiten über Grenzfragen, in deren Verlauf Irak den Völkerbundsrat anrief[20]. Während Irak sich auf das Grenzprotokoll von 1913 berief, bestritt Iran dessen Gültigkeit und machte hierzu u. a. geltend, daß a) die Unterzeichner des Protokolls von 1913 nach innerstaatlichem Recht nicht zum Abschluß eines solchen Vertrags kompetent gewesen[21] und b) die Abkommen unter Beteiligung des zaristischen Rußlands mit dem ottomanischen Reich geschlossen worden seien, diese aber aufgehört hätten zu existieren[22]. Dieses Argument ist als eine Berufung auf Staatensukzession aufzufassen. Zur Beilegung der Differenzen wurden zwischen Iran und Irak Direktverhandlungen aufgenommen, um so zu einem den Interessen beider Seiten Rechnung tragenden Ergebnis zu kommen[23]. Die Verhandlungen führten zum Abschluß des Grenzvertrages von Teheran vom 4. Juli 1937[24]. Gem. Art. 1 dieses Vertrages werden die Grenzen auf der Grundlage des Protokolls vom 4. November 1913 sowie des Berichts der Grenzkommission von 1914 festgelegt mit Ausnahme der in den nachfolgenden Artikeln getroffenen Änderungen. Die Grenze von Chatt-el-Arab verläuft gem. Art. 2 nunmehr auf dem Thalweg des Flusses. Die Schiffahrt ist folgendermaßen geregelt:

Art. 4 lit. a, S. 1:

Le Chatt-el-Arab restera ouvert d'une façon égale aux navires de commerce de tous les pays.

Art. 4 lit b:

Le Chatt-el-Arab restera ouvert au passage des bâtiments de guerre et des autres navires des deux Hautes Parties Contractantes non affectés au commerce.

---

[18] S. d. N. J. O., 16. Jahr, No. 2, S. 201 und 234.

[19] ibidem, S. 235.

[20] ibidem, S. 196. Wegen der einzelnen Streitpunkte (Chatt-el-Arab, Binawa Suta, Gunjan Cham) s. S. 208—215.

[21] ibidem, S. 220, Teil IV, 1. Absatz.

[22] ibidem, S. 222; weitere Argumente s. S. 220, Teil III, 3. Absatz.

[23] Bemerkenswert ist in diesem Zusammenhang die Äußerung M. Rüstü Aras (Türkei), der auf einen ähnlich gelagerten Streitfall der Türkei mit Iran hinweist und bemerkt, die Türkei habe damals bei ihren Verhandlungen darauf bestanden, den *juristischen* Wert bestimmter Dokumente *nicht* anzuerkennen und nach ergebnislosem Verlauf juristischer Debatten habe man den Streit nach *praktischen* Gesichtspunkten gelöst (S. d. N. J. O., 16. Jahr, No. 6, S. 652). Gemeint ist offenbar der auch von Iran erwähnte Grenzvertrag zwischen Türkei und Iran vom 23. 1. 1932, an dessen Ausarbeitung Rüstü Ara beteiligt war (vgl. S. d. N. J. O., 16. Jahr, No. 2, S. 237).

[24] LNTS, CXC (1938), S. 241 ff.

Art. 4 lit c:

Le fait que dans le Chatt-el-Arab le ligne frontière suit tantôt la limite des eaux basses et tantôt le thalweg ou le medium filum aquae, ne préjudicie en rien au droit d'usage des deux Hautes Parties Contractantes dans tout le cours du fleuve.

Diese neuerliche Regelung ist weder mit Art. 2 des Vertrages von 1847 noch mit den Grenzprotokollen von 1913/14 identisch. Der Vertrag von 1937 stellt hinsichtlich der nicht an diesem Abkommen beteiligten Staaten eine Erweiterung gegenüber der früheren Regelung dar, da der Chatt-el-Arab gem. Art. 4 lit. a Satz 1 nunmehr für Handelsschiffe aller Länder geöffnet ist, was vornehmlich für britische Handelsschiffe relevant sein dürfte. Es ist zu beachten, daß bisher die Grenze nicht auf dem Thalweg des Flusses verlief, sondern der Wasserlauf zu irakischem Territorium gehörte, dort aber, wie eingangs erwähnt wurde, Großbritannien auch vor Errichtung der Mandatsverwaltung eine Vorrangstellung innehatte, so daß insoweit ohnehin faktisch Transitmöglichkeiten dritter Staaten bestanden und es mithin einer ausdrücklichen Regelung nicht bedurfte. Für die beiden Anliegerstaaten ist der Chatt-el-Arab gem. Art. 4 lit. a) und b) nicht nur für Handels-, sondern auch für Kriegsschiffe offen. Während jedoch Art. 2 Abs. 3 S. 2 des Vertrages vom 31. Mai 1847 Persien Schiffahrtsrechte „en pleine liberté“ zugestand, ist diese Formulierung im Abkommen von 1937 nicht verwandt worden, so daß nunmehr durch Interpretation die Möglichkeit gegeben ist, bestimmte Regulierungen vorzunehmen, sofern nur der Chatt-el-Arab für die Schiffahrt als solche offen bleibt[25]. Somit stellt die Regelung von 1937 insoweit eine Beschränkung gegenüber der Regelung von 1847 dar.

Das Beispiel zeigt, daß nicht die früheren Abmachungen schlechthin übernommen wurden, sondern den veränderten Interessen Rechnung getragen wurde[26]. Gerade am Chatt-el-Arab darf die Grenz- und Schiffahrtsfrage nicht isoliert gesehen werden, sondern muß in Zusammenhang mit der Erdölgewinnung und den Transportproblemen des Erdöls zum Roten Meer gewürdigt werden.

---

[25] Iran sollte für die Benützung der Wasserstraße Gebühren zahlen, die von Irak für die Instandhaltung verwendet werden sollten!

Die zur Ausführung des Vertrages vorgesehene gemeinsame konsultative Behörde hat sich nie konstituiert. (vgl. hierzu: Neue Zürcher Zeitung vom 1. 1. 1960).

[26] Bereits vor dem Zwischenfall über Grenzfragen am Chatt-el-Arab im Dezember 1959 (vgl. hierzu: Neue Zürcher Zeitung vom 1. 1. 1960) soll mit den Ausarbeitungen einer Revision der Grenze am Chatt-el-Arab begonnen worden sein (vgl. *Hirsch*, in: AJIL 1956, S. 93, n. 49).

3. Vergleich mit sonstigen Rechtsverhältnissen

Der zwischen Irak und Saudi-Arabien am 2. April 1936[27] geschlossene Allianzvertrag sah in Art. 11 die Aufrechterhaltung verschiedener Grenz- und eines Auslieferungsvertrages gleichermaßen vor[28]. Beim Abschluß dieser Verträge war Irak aber selbst beteiligt. Das gleiche gilt für das mit der Türkei am 5. Juni 1926[29] abgeschlossene Grenzabkommen, das nach Ablauf der vorgesehenen Frist am 29. April 1937[30] mit geringen Modifikationen verlängert und am 29. März 1946[31] nochmals anerkannt wurde. Die vom Department of State der USA herausgegebene Liste der am 1. Januar 1959 in Kraft befindlichen Verträge[32] enthält in bezug auf den Irak keine Verträge aus der Zeit vor 1930.

II. Syrien

1. Allgemeines

In Vollzug der Auflösung des ottomanischen Reiches nach dem 1. Weltkrieg wurde über den geographisch nördlichen Teil der Provinz Syrien das Mandat „Syrien und Libanon" und über den südlichen Teil das Mandat „Palästina" errichtet. Gem. Art. 3 des Mandats vom 24. Juli 1922[33] wurde Frankreich mit der ausschließlichen Kontrolle der auswärtigen Angelegenheiten Syriens und Libanons betraut. Frankreich konnte für Syrien und Libanon selbst die Verträge mit dritten Staaten abschließen oder dies dem Mandatsland überlassen und sich nur auf eine Kontrolle beschränken. Im Verlauf national-syrischer Bestrebungen kam es am 22. Dezember 1936[34] in Damas auf syrische Initiative hin zu einem Freundschaftsvertrag zwischen Frankreich und Syrien, der Fragen der Unabhängigkeit Syriens betraf und in Art. 8 den Übergang sämtlicher Rechte und Pflichten, die Frankreich im Hinblick auf Syrien bisher trafen, auf Syrien vorsah. Anläßlich dieses

---

[27] *Martens*, Nouveau Recueil Général, 3. Serie, Bd. 36, S. 706.

[28] Es handelt sich um den Grenzvertrag vom 5. 5. 1922 (*Martens*, Nouveau Recueil Général, 3. Serie, Bd. 23, S. 19); die Grenzprotokolle vom 2. 12. 1922 (*Martens*, Nouveau Recueil Général, 3. Serie, Bd. 32, S. 21), vom 1. 11. 1925 (*Martens*, Nouveau Recueil Général, 3. Serie, Bd. 21, S. 677) und vom 7. 4. 1931 (*Martens*, Nouveau Recueil Général, 3. Serie, Bd. 36, S. 697) sowie den Auslieferungsvertrag vom 8. 4. 1931 (*Martens*, Nouveau Recueil Général, 3. Serie, Bd. 36, S. 703).

[29] LNTS, LXIV, S. 379.

[30] *Martens*, Nouveau Recueil Général, 3. Serie, Bd. 35, S. 328.

[31] UNTS 37, S. 226.

[32] Treaties in Force, S. 87.

[33] Abgedruckt bei *Wright*, Anhang III, S. 607 ff.

[34] Abgedruckt bei *Hourani*, Anhang A, S. 314 ff.

Abkommens bewirkten die Anhänger der libanesischen Unabhängigkeitsbewegung den Abschluß eines ähnlichen separaten Vertrages mit Frankreich, der die gleiche Blankoklausel hinsichtlich des Übergangs von Rechten und Pflichten enthielt[35]. Infolge der wachsenden internationalen Schwierigkeiten im Vorderen Orient, die durch die nationalen Bestrebungen der verschiedenen Völkerschaften und ihre staatliche Gliederung innerhalb des Mandats hervorgerufen waren, stießen beide Abkommen in Frankreich auf Schwierigkeiten, so daß die Ratifikation schließlich unterblieb[36]. Am 27. September 1941 proklamierte General Catroux die Unabhängigkeit Syriens[37] und am 26. November 1941 diejenige Libanons[38]. Die tatsächliche Übertragung der Hoheitsrechte fand 1943, der Abzug der französischen Truppen 1946 statt[39]. Eine vertragliche Vereinbarung über die Abwicklung bestehender Verträge mit dritten Staaten besteht nicht. Jedoch sah de Gaulle in einem Brief an Catroux vom 24. Juni 1941[40] die Verträge von 1936 als Ausgangspunkt der Unabhängigkeit Syriens und Libanons an. Daraufhin erklärte Catroux am 28. September 1941 bezüglich Syrien:

En accédant à la vie internationale indépendente, la Syrie succède naturellement aux droits et obligations souscrits jusqu'ici en son nom....

und bezüglich Libanon:

En accédant à la vie internationale indépendente, le Liban succède naturellement aux obligations résultant de tous traités, conventions et actes internationaux conclus par la France en ce qui concerne le Liban en son nom....

Diese einseitigen Erklärungen binden weder Syrien noch Libanon. Erklärungen über die Wirksamkeit der mit dem ottomanischen Reich abgeschlossenen Verträge wurden nicht abgegeben[41].

Im Notenwechsel über die Anerkennung Syriens durch die USA vom 7./8. September 1944[42] heißt es:

...The United States is therefore prepared to extend full and unconditional recognition of the independence of Syria upon receipt from Your Excellency's Government of written assurances that the existing rights of the United States and its nationals, particulary as set forth in the Treaty

---

35 *Hourani*, S. 200.

36 *Hourani*, S. 219.

37 RGDIP, 1945, S. 328.

38 RGDIP, 1945, S. 329.

39 Vgl. *de Muralt*, S. 121.

40 Abgedruckt bei *Hourani*, S. 373.

41 Gem. Art. 7 des Mandats wurden mit Begründung der Mandatsverwaltung die französischen Auslieferungsverträge bereits auf Syrien und Libanon erstreckt.
Über die Frage der Einwirkung der Mandatsverwaltung auf die vom ottomanischen Reich abgeschlossenen Verträge vgl. *de Muralt*, S. 73 ff.

42 LNTS, CXXIV, S. 251.

of 1924 between the United States and France are fully recognized and will be effectively continued and protected by the Syrian Government, until such time as appropriate bilateral accords may be concluded by direct and mutual agreement between the United States and Syria.[43]

Syrien akzeptierte diesen Standpunkt.

2. Die Praxis in bezug auf Syrien

a) *„Servituten“*

aa) Kapitulationen

Im Gegensatz zu Syrien vertrat Großbritannien die Ansicht[44], daß die Jurisdiktionsprivilegien, die es auf Grund von Verträgen mit dem ottomanischen Reich in Syrien besaß und die gem. Art. 5 des Mandats suspendiert waren,

would in strict theory automatically revive until surrrendered in a further agreement to be made between the two Governments....

erklärt sich aber bereit,

to join with the Syrian Government in finding a practical and final solution which will give the fullest recognition to the independence of the Syrian judicature....

Syrien erklärte sich in der Antwortnote vom 2. November 1946 mit dem britischen Vorschlag einverstanden.

Die Kapitulationen der USA waren nach Errichtung der Mandatsverwaltung 1924 suspendiert worden; in dem o. a. Notenwechsel über die Anerkennung Syriens vom 7. und 8. September 1944 wurde insbesondere dieser Rechtszustand aufrechterhalten.

bb) Wassernutzungsrechte

Die Wassernutzungsrechte des oberen Jordan und Yarmuk[45] und damit des Huleh- und Tiberias-Sees wurden auf Grund der vorbereitenden[46] Bestimmungen des Art. 8 des Vertrages vom 23. Dezember 1920[47], des Berichtes vom 3. Februar 1922 der durch Art. 2 o. a. Vertrages eingesetzten Grenzkommission[48] und des britisch-französischen Notenwechsels vom 7. März 1923[49] festgelegt.

---

[43] Dies stellt inhaltlich eine Anerkennung von Art. 5 des Mandats dar (so auch Young, in: AJIL 1948, S. 421).

[44] International Law Quarterly, 1947, Bd. 1, S. 594.

[45] Über die wassernutzungsrechtlichen Fragen im Jordan-Becken vgl. *Berber*, Die Rechtsquellen des internationalen Wassernutzungsrechts, S. 72 bis 74.

[46] *Berber*, loc. cit., S. 72.

[47] LNTS, XXII (1924), S. 333.

[48] LNTS, XXII (1924), S. 363, enclusure No. 2 (S. 366).

[49] LNTS, XXII (1924), S. 363.

Das Protokoll bestimmt u. a.:

Any existing right over the use of the waters of the Jordan by the inhabitants of Syria shall be maintained unimpaired.

Konkrete diesbezügliche Rechtstitel Syriens sind nicht angeführt. Da der Jordan bis zum Ende des 1. Weltkrieges unter alleiniger Souveränität des ottomanischen Reiches stand, war bis dahin für eine vertragliche wasserrechtliche Regelung auch kein konkreter Anlaß. Die Bestimmung kann infolgedessen nur eine Position meinen, die sich aus einer ständigen tatsächlichen Übung gebildet hat; es ist aber bisher noch nicht nachgewiesen und auch höchst fraglich, ob es sich insoweit um eine durch partikuläres Gewohnheitsrecht gebildete sog. „natürliche Servitut" der Wassernutzung zugunsten Syriens handelt. Nach der Verselbständigung Israels und Jordaniens kam anläßlich eines israelischen hydroelektrischen Projekts[50], das sich auf ein unter den UN-Waffenstillstand entmilitarisiertes Gebiet erstreckte[51], im Sicherheitsrat die Frage der Weitergeltung o. a. Verträge von 1920, 1922 und 1923 zur Sprache und damit die Frage nach dem nunmehrigen Bestehen syrischer Rechte, jedenfalls insoweit, als sie in diesen Verträgen niedergelegt sind[52]. Syrien, das sich ebenso wie Jordanien durch das israelische Projekt in seinen Rechten verletzt glaubte, stützte sich auf die von Großbritannien und Frankreich abgeschlossenen Verträge[53]:

The following provision in the Franco-British Agreement respecting the boundary line between Syria and Palestina (7 March 1923) refers to the Syrian water tights as follows:

Any existing rights over the use of the waters of the Jordan by the inhabitants of Syria shall be maintained unimpaired.

This is the basis of the Syrian contention that they have water rights outside the demilitarized zone not depending on what, in your opinion, was an'ex-gratia-act' on the part of Israel.

Die gleiche Ansicht kommt auch in den Ausführungen von Mr. Zeineddine vor dem Sicherheitsrat am 10. Dezember 1953 zum Ausdruck[54]. Israel hingegen hielt die u. a. wasserrechtliche Regelungen betreffenden Abmachungen Großbritanniens nicht für sich bindend[55].

---

[50] Vgl. hierzu *Berber*, loc. cit., S. 72.

[51] Diese entmilitarisierte Zone war festgelegt in einem General Armistice vom 20. 7. 1949 (UNTS, 42, S. 327).

[52] Vgl. Einzelheiten bei: *Jonides*, S. 153; *Smith*, H. A., The Waters of the Jordan, S. 415—425.

[53] Letter from the Chief of Staff of the United Nations Truce Supervisions Organizations Palestine to the Israel Minister for Foreign Affairs, 20. 10. 1953 (UN Doc., S. C. O. R., 8th year, suppl., oct.—dec. 1953, S. 3122, Annex III, page 34 pars 34).

[54] UN Doc., S. C. O. R., 8th year, 636th meeting, page 3 and 19 (pars 11 and 87); vgl. hierzu auch *Hirsch*, in: AJIL 1956, S. 91, n. 40.

[55] Vgl. Ausführungen *Abba Abans* am 18. 11. 1953, in: Sicherheitsrat (UN Doc., S. C. O. R., 8th year, 639th meeting, page 19, pars 83; ferner: ibidem 633th meeting, page 26, pars 125).

b) Vergleich mit sonstigen Rechtsverhältnissen

Syrien trat nach der Unabhängigkeitserklärung der Konvention über das Verbot von Frauen- und Kinderhandel bei, obwohl Frankreich bereits für Syrien den Beitritt erklärt hatte[56]. Den mit Frankreich am 28. Februar 1937[57] abgeschlossenen Vertrag über Zollprivilegien in Syrien sah das State Department der USA am 1. Januar 1959 als noch in Kraft befindlich an[58].

3. Die Praxis in bezug auf Libanon

a) „Servituten": Kapitulationen

Die Frage der britischen Kapitulationsprivilegien in Libanon wurde in gleicher Weise geregelt wie in Syrien. Es darf insoweit auf die oben geschilderten parallelen Vorgänge in Syrien verwiesen werden. Das gleiche gilt für die Rechte der USA[59].

b) Vergleich mit sonstigen Rechtsverhältnissen

Am 11. Dezember 1946 unterzeichnete Libanon die Konvention über das Verbot von Narkotika, obwohl Frankreich diese praktisch schon auf Libanon angewandt hatte[60]. Einen von England und Frankreich abgeschlossenen und u. a. Libanon betreffenden Auslieferungsvertrag hielt Libanon weiterhin für anwendbar[61], desgl. das Oberste Gericht von Jerusalem in seiner Entscheidung vom 31. Dezember 1947[62], also vor der Unabhängigkeitserklärung Israels.

Das State Department der USA sah am 1. Januar 1959 bezüglich Libanon dieselben Verträge als noch in Kraft befindlich an wie bezüglich Syrien (s. o.).

4. Ergebnis

Im Ergebnis kann festgehalten werden, daß Syrien und Libanon sich an die von der Mandatarmacht abgeschlossenen Verträge weiterhin halten; Syrien auch bezüglich der wasserrechtlichen Abmachungen. Beide Staaten lehnten die Gültigkeit des Kapitulationsregimes bezüglich Großbritannien ab, was insoweit zur formellen Aufhebung dieses Regimes führte. Die Kapitulationen der USA wurden in beiden Staaten suspendiert.

---

[56] Vgl. *de Muralt*, S. 122.

[57] LNTS, CLXXXIV, S. 479.

[58] Treaties in Force, S. 166.

[59] Vgl. *Young*, in: AJIL 1948, S. 41.

[60] *de Muralt*, S. 122.

[61] Und zwar konkludent durch Stellung eines Auslieferungsantrages.

[62] Näheres bei *de Muralt*, S. 122 und *O'Connell*. S. 47.

III. Jordanien

1. Allgemeines

Transjordanien war durch Beschluß des Völkerbundsrates vom 24. Juli 1922 durch das Mandat für Palästina und Transjordanien[63] britischer Mandatsverwaltung unterstellt worden. Durch Vertrag vom 22. März 1946[64] wurde Transjordanien aus dem Mandat herausgelöst und die Selbständigkeit Transjordaniens anerkannt. Im Juni 1946 wurde der Name in „Haschemitisches Königreich Jordanien" geändert. Gem. Art. 8 des Vertrages vom 22. März 1946 gehen die Rechte und Pflichten, die das Vereinigte Königreich von Großbritannien in bezug auf Transjordanien eingegangen ist, auf Jordanien über. Der Vertrag vom 22. März 1926 wurde durch den Allianzvertrag vom 15. März 1948[65] außer Kraft gesetzt und ersetzt. Lediglich Art. 9 des Vertrages vom 22. März 1946 war ausdrücklich aufrechterhalten worden. Ein nachfolgender britisch-jordanischer Notenwechsel vom 15. März 1948 hält jedoch auch das in Art. 8 niedergelegte Prinzip ausdrücklich aufrecht, obwohl es im Vertrag selbst nicht bestätigt worden war[66]:

> ... that although the new treaty contains no provisions similar to those contained in Articles 2, 3, 8 and 10 of the Treaty of Alliance signed on the 22nd of March, 1946, their omission does not imply any intention to derogate from the principles set forth in these Articles.

Hieraus ergibt sich, daß im Verhältnis zu Jordanien weiterhin der Grundsatz der Aufrechterhaltung der vom Vereinigten Königreich von Großbritannien abgeschlossenen Verträge gelten soll, und zwar selbst dann, wenn keine diesbezügliche Regelung formell besteht. Da jedoch nur der Absicht Ausdruck gegeben wurde, nicht von diesem Prinzip abweichen zu wollen, läßt sich hieraus nicht die Überzeugung der beteiligten beiden Staaten entnehmen, aus rechtlichen Gründen zu solchem Verhalten verpflichtet zu sein.

Eine allgemeine Regelung über die mit dem ottomanischen Reich abgeschlossenen Verträge scheint nicht getroffen worden zu sein[67].

2. „Servituten": Kapitulationen

Die Kapitulationen in Transjordanien waren durch Art. 8 des Mandats suspendiert worden. Nach der Unabhängigkeitserklärung Transjordaniens vertraten die USA die Ansicht, daß hierdurch ihre Rechte,

---

[63] Abgedruckt bei *Wrigth*, Anhang 2, S. 600 ff.

[64] ICLQ, 1947, S. 293.

[65] BrTS, Nr. 26 (1948), Cmd 7404; Der Vertrag wurde durch Notenwechsel vom 15. 3. 1957 aufgehoben (lt. Hinweis in C. S., Bd. 3 (1957), S. 667).

[66] BrTS, Nr. 26 (1948), S. 21.

[67] Wegen der Einwirkung der Mandatsverwaltung auf Verträge, die vom ottomanischen Reich abgeschlossen wurden vgl. *de Muralt*, S. 73 ff.

die durch einen Vertrag vom 3. Dezember 1924[68] mit Großbritannien suspendiert worden waren, nicht berührt worden seien[69]. Die vom State Department der USA herausgegebene Liste[70] der am 1. Januar 1959 in Kraft befindlichen Verträge enthält bezüglich Jordaniens keinen Vertrag aus der Zeit vor 1946.

IV. Israel

1. Allgemeines

Der im Frühjahr 1947 der UNSCOP (United Nations Special Committee on Palestine) vorgelegte Bericht[71] über die künftige Regierung Palästinas, das durch Mandat von 1922 unter britischer Mandatsverwaltung stand, sah in beiden ausgearbeiteten Plänen die Aufrechterhaltung internationaler Übereinkünfte und Abkommen, allgemeiner wie besonderer Art, vor, die das Gebiet Palästinas betreffen. Diese Klausel über die Aufrechterhaltung von Verträgen wurde in der Entschließung der Generalversammlung der Vereinten Nationen vom 29. November 1947, die die Errichtung eines jüdischen und eines arabischen Staates auf dem Territorium Palästinas vorsah, aufgenommen; sie sollte Bestandteil der vor Erlangung der Unabhängigkeit abzugebenden Erklärung werden. Das Mandat endete am 14. Mai 1948. Die Unabhängigkeit Israels wurde sofort verkündet, ohne daß jedoch diese Erklärung abgegeben wurde. Eine allgemeine Regelung über die bisher geltenden und Palästina betreffenden völkerrechtlichen Verträge besteht mithin nicht[72].

2. „Servituten“

a) *Kapitulationen*

Die britischen Kapitulationen waren durch Art. 8 des Mandats vom 24. Juli 1922, die der USA durch Vertrag von 1924 suspendiert worden. Die Resolution der Generalversammlung vom 29. November 1947[73] regte die Aufhebung der Kapitulationen in Palästina an:

> States whose nationals have in the past enjoyed in Palestine the Privileges and immunities of foreigners, including the benefits of consular jurisdiction and protections formerly enjoyed by capitulation or usage in the Ottoman Empire, are invited to renounce any right pertaining to them to the re-establishment of such privileges and immunities in the proposed Arab and Jewish States and the City of Jerusalem.

---

[68] Vgl. hierzu *Hackworth*, Digest II, S. 520 ff.
[69] Vgl. *Young*, in: AJIL 1948, S. 420, mit Quellenhinweis.
[70] Treaties in Force, S. 100—101.
[71] UN. O. R., 2nd Session of the General Assembly, suppl. No. 11, 5. Bd., Doc. A/364, zitiert nach *Rosenne*, S. 1150.
[72] Trotz ursprünglichen Erbietens Israels, wie *Rosenne*, S. 1154, vermerkt.
[73] s. o. Fußnote 71.

Die Kapitulationen scheinen in Israel nicht mehr als gültig angesehen zu werden.

b) Wassernutzungsrechte

Wegen der rechtlichen Vorgänge in der Jordanwasserfrage darf hier auf die Ausführungen bei „Syrien und Libanon" verwiesen werden[74]. Es soll jedoch kurz die israelische Stellungnahme vor dem Sicherheitsrat wiedergegeben werden. Am 18. November 1953 führte Mr. Abba Eban vor dem Sicherheitsrat aus[75]:

The fact that the United Kingdom signed a treaty with France in 1923 does not constitute a mandatory legal obligation on my Government, which has not signed such a treaty. However, if the representative has an affection for the actual contents of the 1923 treaty, we are prepared to cooperate with him in his enthusiasm. If he wishes to give effect to the Franco-British treaty of 1923, replacing the signatures of Britain and France respectively to those of Israel and Syria, we would be prepared to accept his invitation. To be even more helpful, we are willing, even though signing the treaty or contracting it as a legal obligation, to act voluntarily in every respect as though that treaty were still in legal force.

Israel sei „ex gratia" bereit, die aus dem Vertrag vom 7. März 1923 resultierenden Rechte und Pflichten zu übernehmen[76].

3. Vergleich mit sonstigen Rechtsverhältnissen

Bis zum Oktober 1950 hatten israelische Gerichte, wie der Rechtsberater im Außenministerium Israels, Rosenne, bemerkt[77], noch keine Gelegenheit, zur Frage der Gültigkeit von Auslieferungsabkommen Stellung zu nehmen.

Mit den USA schloß Israel nach dem 15. Mai 1948 weitgehend neue Abkommen. Aus der israelischen Note vom 4. Mai 1950[78] geht hervor, daß die Regelung über den Schutz literarischer Urheberrechte zwischen Israel und den USA durch britische Proklamationen aus dem Jahre 1933 geregelt war, der nunmehr rückwirkend ab 15. Mai 1948 gegenseitig zu gewährende Schutz nicht auf der Fortführung jener Proklamationen beruhen soll. Die Vereinbarungen wurden mithin auf einer neuen Grundlage getroffen. In der vom State Department der

---

[74] s. o. Kapitel 11, II.

[75] UN Doc., S. C. O. R., 8th year, 639th meeting, page 19 pars 83; ähnliche Ausführungen finden sich auch in der Sitzung vom 30. 11. 1953 (ibidem 633th meeting, page 36, pars 125). Die der Palestine Electric Corporation am 5. 3. 1926 gewährte Konzession über die Wassernutzung des Jordans und Yarmuk sieht Israel hingegen als ein noch gültiges Privatrecht an (ibidem page 16, pars 81).

[76] UN Doc., O. R., 639th meeting, page 20, pars 87.

[77] *Rosenne*, S. 1164.

[78] UNTS, 132, S. 189.

USA herausgegebenen Liste der am 1. Januar 1959 in Kraft befindlichen Verträge sind bezüglich Israels keine Abkommen aus der Zeit vor dem 15. Mai 1948 aufgeführt[79]. Eine Vereinbarung vom 19. Dezember 1947 zwischen der Regierung von Palästina und der Regierung des Vereinigten Königreichs über die Vermeidung von Doppelbesteuerungen wurde durch britisch-israelischen Notenwechsel vom 10. Februar 1950 aufrechterhalten[80].

Verschiedenen multilateralen Abkommen trat Israel nach dem 15. Mai 1948 formell bei[81].

4. Ergebnis

Zusammenfassend kann festgehalten werden, daß Israel sich schlechthin an keine früher geschlossenen Verträge gebunden glaubt, sondern bemüht ist, in jeder Weise darzutun, daß es am 15. Mai 1948 als unbeschriebenes Blatt in den völkerrechtlichen Verkehr trat[82]. Dies gilt für örtlich bezogene wie für andere Rechtsverhältnisse gleichermaßen.

Zwölftes Kapitel

Fusion

Die Vereinigte Arabische Republik

1. Allgemeines

Durch Proklamation vom 1. Februar 1958 schlossen sich Syrien und Ägypten zur Vereinigten Arabischen Republik zusammen. Dieses neue staatliche Gebilde trägt starke unitaristische Züge. Verträge werden nicht von Ägypten oder Syrien abgeschlossen; zuständig für den Ab-

---

[79] Treaties in Force, S. 89—91; das gleiche ist jedoch auch in Bezug auf Irak und Jordanien festzustellen, die beide die Aufrechterhaltung von Verträgen ausdrücklich erklärten.

[80] lt. *Rosenne*, S. 1170. Rosenne weist darauf hin, daß in diesem Falle das staatliche Recht Israels mit den seinerzeit für Palästina geltenden internationalen Verpflichtungen in Einklang gestanden hätte.

[81] s. *Rosenne*, S. 1170, n. 23.

[82] So auch *Rosenne*, S. 1158.

schluß von Verträgen mit dritten Staaten ist gem. Art. 59 der Verfassung[1] nur der Präsident der Vereinigten Arabischen Republik[2].

Art. 69 der Verfassung bestimmt im Hinblick auf die bisher mit dritten Staaten bestehenden Verträge:

The coming into effect of the present Constitution shall not infringe upon the provisions and clauses of the international treaties and agreements concluded between each of Syria and Egypt and the foreign powers.

These treaties and agreements shall remain valid in the regional spheres for which they were intended at the time of their conclusion, according the rules and regulations of the International Law.[3]

Abs. I dieser Bestimmung macht keinerlei Unterschied zwischen radizierten und anderen Verträgen; beide Typen sollen offensichtlich gleich behandelt werden. Auf welche Regeln des internationalen Rechts Abs. 2 Bezug nimmt, ist nicht ganz deutlich. Die Regelung selbst beinhaltet das, was in der Doktrin als das Prinzip der beweglichen Vertragsgrenzen bezeichnet wird. Im übrigen ist es ja gerade sehr fraglich und Gegenstand der vorliegenden Untersuchung, ob es überhaupt feste Regeln des internationalen Rechts über die Rechtsverhältnisse mit dritten Staaten im Falle einer Staatensukzession gibt.

Die in Art. 69 der Verfassung getroffene Entscheidung wurde von dritten Staaten akzeptiert. So anerkannten die USA am 22. Februar 1958 die Vereinigte Arabische Republik im Hinblick darauf, daß diese die internationalen Verpflichtungen Ägyptens und Syriens aufrechterhalte[4].

2. „Servituten"

a) Schiffahrtsrechte

Wie bereits ausgeführt, hatte Ägypten die Verbindlichkeit der Konvention von Konstantinopel von 1888 verschiedentlich anerkannt und sich bereiterklärt, weiterhin den Transit durch den Kanal zu ge-

---

[1] Abgedruckt in: ICLQ, Bd. 8, Teil 2, S. 374.

[2] *Cotran* sieht S. 349 den Zusammenschluß nicht als Sukzession an, sondern als „amalgation" oder „fusion". Soviel dürfte aber jedenfalls auf Grund der unitaristischen Struktur der Verfassung der VAR feststehen, daß nunmehr im internationalen Verkehr ein gegenüber den bisherigen beiden Staaten Syrien und Ägypten verschiedenes Gebilde auftritt. Es ist eine rein theoretische und für die Völkerrechtspraxis zweitrangige Frage, ob man diese Umbildung Sukzession, Amalgation oder Fusion nennt. Neue Formulierungen in diesem ohnehin sehr komplexen Bereich bergen nur die Gefahr weiterer voreiliger Verallgemeinerungen in sich.

[3] Gleiche Äußerungen der VAR in der Note vom 1. 3. 1958 an den Generalsekretär der UN (ICLQ 1959, S. 358).

[4] Note der USA, abgedruckt in: Documents on American Foreign Relations, hrsg. von Paul Zinner, 1958, S. 380.

währen. Die Vereinigte Arabische Republik scheint bisher keinen Versuch unternommen zu haben, sich dieser Erklärungen, insbesondere der Erklärung vom 25. April 1957, zu entledigen[5].

b) Wassernutzungsrechte

Da die Regelung der Nilwasserfrage seit der Unabhängigkeitserklärung des Sudan vordringlich wurde und mithin schon vor der Konstituierung der Vereinigten Arabischen Republik zur Erörterung stand, können die Ereignisse vom 1. Februar 1958 nicht als ursächlich für den Abschluß des Nilwasserabkommens vom 8. November 1959 angesehen werden.

3. Sonstige Rechtsverhältnisse

Im Hinblick auf die o. a. Erklärungen der Vereinigten Arabischen Republik werden auch nicht radizierte Verträge als weiterhin in Kraft befindlich angesehen[6]; für die USA[7] ergibt sich dies aus der zum 1. Januar 1959 veröffentlichten Liste des Department of State der noch in Kraft befindlichen Verträge[8].

---

[5] Vgl. *Cotran*, S. 351, n. 31; desgl. British Foreign Secretary im House of Commons am 12. 2. 1958 (ICLQ 1958, S. 530—531).

[6] Vgl. hierzu *Cotran*, S. 354.

[7] Treaties in Force, S. 164 ff.

[8] In einigen der Verträge, die die VAR inzwischen abgeschlossen hat, ist ausdrücklich vermerkt, daß die Regierung der VAR als Nachfolger der Regierung Ägyptens handele, so z. B. in dem Handelsabkommen mit Großbritannien vom 28. 2. 1959 (R G D I P, 1960, S. 511) und im Vertrag mit der Compagnie Financière de Suez vom 14. 7. 1958 (ibidem, S. 498).

Dritter Teil

Zusammenfassung der aus der Untersuchung gewonnenen Ergebnisse

Dreizehntes Kapitel

Vergleichende Auswertung der bisherigen Ergebnisse

I. Vorbemerkung

In der voraufgegangenen Darstellung wurde versucht, aus der Vielzahl der in der Doktrin als „Staatsservituten" und als „Staatensukzession" qualifizierten tatsächlichen Erscheinungsformen einige herauszugreifen und einander gegenüberzustellen. Für beide Erscheinungsformen ist die Praxis der Staaten reich an Beispielen, für beide war, von getrennten Gesichtspunkten her, schon Material zusammengetragen worden. Infolge der verschiedenen Ausgangspunkte der jeweiligen Untersuchungen[1] war aber das zur Verfügung stehende Material rar für eine Darstellung der Fälle, in denen das Verhältnis von Staatensukzession und „Staatsservituten" zueinander aktuell wurde. Erhöht wurden diese Schwierigkeiten noch dadurch, als es sich gerade um Rechtsverhältnisse handelt, die für ein Staatsgebilde höchst wesentlich sind und deshalb leicht ein Objekt der Politik werden. Dies wiederum macht es schwer, die jeweiligen Unterlagen juristischen Studien zu erschließen.

Die Untersuchung mußte sich deshalb auf wenige Beispiele der Staatenpraxis beschränken. Ausgewählt wurden diejenigen, die in der Literatur der letzten Jahre als klassische Beispiele dafür angeführt wurden, daß nach einem Satz des Völkergewohnheitsrechts „Servituten" bei Eintritt einer Staatensukzession automatisch auf den Nachfolgestaat übergehen. Das aufzuzeigende Ergebnis beruht mithin nur auf

---

[1] Nicht aber nur deshalb — wie *Münch*, in: Ist am Begriff der völkerrechtlichen Servitut festzuhalten, S. 62 ausführt — weil die Gebietsveränderungen nicht sehr oft vorkämen und nicht an jeder Grenze Servituten bestünden.

einer Auswahl und kann deshalb nicht allgemeingültige Schlüsse für die gesamte Staatenpraxis und die Beurteilung ihrer mannigfaltigen Erscheinungsformen bringen. Es kann nur eine kritische Würdigung der Doktrin sein, die ebenfalls nur auf einer Auswahl, und zwar derselben und gleichartiger Beispiele beruht. Die Möglichkeit bleibt offen und ist ein Feld für weitere Untersuchungen, ob die aufgezeigten Beispiele vielleicht nur wenige Ausnahmen zu einem anderslautenden Gewohnheitsrechtssatz sind, der alles andere überwiegt.

II. Staatensukzession und Staatsservituten

1. Allgemeine Vorbemerkungen

Um zu prüfen, ob wirklich ein Völkergewohnheitsrechtssatz besteht, nach dem die Staatsservituten im Falle einer Staatensukzession automatisch auf den Nachfolgestaat übergehen, war insoweit die tatsächliche geübte Staatenpraxis zu beleuchten und, sofern sich eine Übung herausstellen läßt, diese danach zu untersuchen, ob sie auf der Grundlage einer „opinio iuris vel necessitatis" vorgenommen wurde[2]. Ferner war vergleichend zu untersuchen, ob sich ein Unterschied in der Staatenpraxis zwischen örtlich bezogenen Rechtsverhältnissen, die angeblich eine sog. Servitut begründen, und anderen Rechtsverhältnissen feststellen läßt.

Die „Staatsservituten" wurden im Licht verschiedener Erscheinungsformen der Staatensukzession gespiegelt. Die Untersuchung durfte sich nicht darauf beschränken, herauszustellen, daß die jeweiligen Rechtsverhältnisse auch nach der Sukzession fortbestanden, sondern es war vorsichtig zu prüfen, ob das jeweilige in Betracht gezogene Rechtsverhältnis in demselben Ausmaß und Umfang weiterhin gegeben war, ob es automatisch weitergalt und eventuell nachfolgende Abmachungen von den Staaten nur deklaratorischer Charakter beigemessen wurde[3]. Dies gilt bezüglich völkervertraglicher Rechtsverhältnisse ebenso wie in bezug auf solche, die sich selbst auf Völkergewohnheitsrecht gründen und die mithin die Frage der Bindung des Nachfolgestaates an partikuläres oder gar generelles Völkergewohnheitsrecht aufwerfen. Die Vorarbeiten über den Nachweis der Existenz gewohnheitsrechtlicher Regeln auf den Gebieten, die im Sektor des Völkervertragsrechts nach ihrem Gegenstand als „Servitut" erfaßt werden, sind äußerst gering. Es ist sehr fraglich, ob und inwieweit überhaupt solche Rechtsverhältnisse kraft Völkergewohn-

---

[2] Wegen der allgemeinen Merkmale des Völkergewohnheitsrechts vgl. *Berber*, Lehrbuch des Völkerrechts, Bd. 1, S. 43 ff.

[3] Vgl. hierzu besonders *Mc Nair*, in: BrYB 1925, S. 123.

heitsrecht bestehen und nicht nur in Wahrheit sich als Wunschbilder entpuppen, die aus politischen oder angeblich naturrechtlichen Erwägungen angeführt und so durch ständige Übung einer Doktrin, aber nicht der Staatenpraxis, ins Völkerrecht infiltriert werden[4].

Untersucht wurden Veränderungen im internationalen Status wie Verwaltungszessionen, Zessionen, die Begründung von Protektoraten, Annexionen, Sezessionen, Veränderungen infolge von Unabhängigkeitsbestrebungen abhängiger Staaten sowie die Fusion. Ihnen gegenübergestellt wurden Beispiele für Kapitulationen, Schiffahrtsrechte, Wassernutzungsrechte, demilitarisierte und neutralisierte Zonen, Zollfreizonen, Hafennutzungsrechte, Befestigungsgebote, Flößereirechte, Fischereirechte, Militärbasen, Transitrechte u. a. m.

2. Vergleich der Auswirkungen verschiedener Sukzessionsmöglichkeiten auf Staatsservituten

a) *Verwaltungszessionen*

In der Frage der Rechtsverhältnisse zu dritten Staaten erwies sich die Praxis bei der Begründung von Verwaltungszessionen und „Verpachtungen" als uneinheitlich, wie es auch *de Muralt*[5] in seiner Untersuchung feststellen konnte. Die These der Beibehaltung von Vertragsverhältnissen des Vorgängerstaates wurde teilweise im Hinblick auf eigene in Frage stehende Rechte vertreten. Da Verwaltungszessionen vornehmlich zugunsten von europäischen Mächten begründet wurden, wurden die eben zugunsten europäischer Mächte geschaffenen Kapitulationen nach einiger Zeit teils formell aufgehoben, teils faktisch nicht mehr angewandt.

b) *Zessionen*

Für den Fall der Abtretung eines Gebietsteiles an einen anderen Staat, die in der Doktrin[6] auf der Grundlage des Prinzips der beweglichen Vertragsgrenzen behandelt wird[7], ließ sich weder dieser Grundsatz als ein solcher des Völkergewohnheitsrechts nachweisen noch eine einheitliche Praxis bezüglich der „Servituten" feststellen, insbesondere kein automatischer Übergang derartiger Rechtsverhältnisse. Bei den verschiedenen Zessionen West-Louisianas erlitten die britischen Schiffahrtsrechte mehrfache Veränderungen[8], und zwar jeweils im Hin-

---

[4] Vgl. *Berber*, Zur Problematik der Rechtsquellen im internationalen Wasserrecht, S. 117.

[5] *dc Muralt*, S. 73.

[6] Vgl. *Dahm*, Völkerrecht I, S. 103; *Jones*, S. 363.

[7] Vgl. hierzu oben Kapitel 1, IV, 4, c).

[8] Vgl. oben Kapitel 5, I, 2.

blick auf die Regionalverschiebungen. Eine Änderung wurde auch 1871 bezüglich der britischen Schiffahrtsrechte in Alaska vorgenommen; es wurde dargelegt, daß selbst Großbritannien, also der durch diese Schiffahrtsrechte begünstigte Vertragsteil, nicht einer Rechtsüberzeugung dahin Ausdruck gab, daß die Rechte aus der früheren Konvention von 1825 nunmehr noch zu seinen Gunsten weiterbestünden[9]. Im Falle der Zession Elsaß-Lothringens war die Aufrechterhaltung der Demilitarisierung Hüningens nicht als ein automatischer Übergang zu werten, sondern im Hinblick auf die Beteiligung Preußens an dem Abkommen von 1814, dessen Verträge das Deutsche Reich auch in anderen Fällen auf Elsaß-Lothringen erstreckte. Die Beteiligung an der Zentralen Rheinschiffahrtskommission und damit mittelbar die Aufrechterhaltung des in der Mannheimer Akte 1868 festgelegten Rheinstatus lag im eigenen Interesse des Deutschen Reiches. Es waren keine Gründe der rechtlichen Überzeugung, die den Ausschlag gaben[10]. Mithin bliebt die Beibehaltung der neutralisierten Zone Hochsavoyens bei der Zession an Frankreich 1860. Hier wurde im Vertrag ausdrücklich niedergelegt, daß die Zession nur unter Aufrechterhaltung dieser Zonen erfolgen *könne*. Es wurde oben[11] bereits erörtert, daß dieser Formulierung eine opinio iuris vel necessitatis zugrunde liegt, diese aber verschieden gerichtet ist. Frankreich hielt aus rechtlichen Gründen einen automatischen Übergang für gegeben. Sardinien nahm keinen automatischen Übergang der Verpflichtungen auf den Nachfolgestaat an, wohl aber eine Rechtspflicht des zedierenden Staates, dafür zu sorgen, daß der Nachfolgestaat die Verpflichtungen des Vorgängerstaates übernimmt. Gerade dieses letzte Beispiel zeigt deutlich, wie ein und derselbe Fall einer Zession von den beteiligten Staaten rechtlich verschieden gewürdigt wird und wie man schließlich eine Formulierung findet, die den verschieden gerichteten Interessen Rechnung trägt.

c) Begründung von Protektoraten

Protektorate wurden über Gebiete begründet, auf denen lokal bezogene Rechtsverhältnisse kaum bestanden. Lediglich Kapitulationen zugunsten christlicher Staaten sind als Servituten hier zu nennen. *de Muralt*[12] stellt in seiner Untersuchung fest, daß bei echten Protektoraten, in denen der Protektorstaat den protegierten Staat repräsentiert, ein automatisches Erlöschen der zuvor abgeschlossenen

---

[9] Vgl. oben Kapitel 5, II, 2.

[10] Vgl. oben Kapitel 5, III.

[11] Vgl. oben Kapitel 5, IV, 2, a).

[12] *de Muralt*, S. 65; ebenso *Max Huber*, S. 191 (No. 254).

Verträge mit dritten Staaten nicht wahrnehmbar ist. In den Fällen von Protektoraten, in denen Kapitulationen bestanden, ist die gleiche Feststellung zu machen. Ein Unterschied zwischen den verschiedenen Vertragstypen ist nicht zu erkennen.

d) *Annexionen*

Die Erörterung der Rechtsverhältnisse bei der Annexion Koreas[13] durch Japan 1910 ergab, daß grundsätzlich alle bisher mit Korea abgeschlossenen Verträge als erloschen angesehen wurden, und zwar auch solche, die durch die Kapitulationen begründet worden waren. Diese Feststellung steht in Einklang mit dem von *Dahm*[14] und *O'Connell*[15] in bezug auf sog. persönliche Verträge gewonnenen Ergebnis. Die Ausnahmeregelung hinsichtlich der britischen Hafennutzungsrechte konnte auf politische und wirtschaftliche Belange und Interessen zurückgeführt werden und stellt somit kein die Doktrin über den gewohnheitsrechtlichen Fortbestand lokaler Rechtsverhältnisse stützendes Beispiel dar. Sie bekräftigt vielmehr die These *de Muralts*[16], daß es grundsätzlich im Belieben des annektierenden Staates stehe, Verträge zu übernehmen oder auch nicht.

e) *Sezessionen*

Bei den unter dem Gesichtspunkt der Sezessionen erörterten Beispielen ergab sich ebenfalls kein einheitliches Bild, das die Annahme eines automatischen Übergangs lokaler Rechtsverhältnisse rechtfertigen könnte, geschweige denn einen diesbezüglichen Gewohnheitsrechtssatz. Die Praxis Panamas[17] zeigte keinen grundsätzlichen Unterschied zwischen lokal gebundenen Verträgen und solchen anderer Art. Über das den USA 1846 eingeräumte Transitrecht bestanden bereits vor der Sezession Bestrebungen um eine Revision; der unmittelbar nach der Sezession 1903 abgeschlossene Vertrag ist im Zuge dieser ohnehin bestehenden Entwicklung zu sehen; er war nicht als eine bloße Bekräftigung bereits bestehender Rechte gedacht, sondern stellte in Anbetracht des beabsichtigten Kanalbaues die Rechtsposition beider Parteien auf eine andere Grundlage. Auch die Praxis nach der Se-

---

[13] Vgl. oben Kapitel 7, I.

[14] *Dahm*, Völkerrecht I, S. 104.

[15] *O'Connell*, S. 17 mit weiteren Literaturhinweisen; vgl. auch *Cavaglieri*, in: RC, Bd. 26 (1929 I), S. 377 mit ausdrücklichem Hinweis auf sogenannte Servituten.

[16] *de Muralt*, S. 58; a. A. Max *Huber*, S. 151 (no. 222). Er hält im Fall einer Einverleibung den Nachfolgestaat sowohl bzgl. „Servituten" wie auch bzgl. anderer Vertragsverhältnisse für gebunden.

[17] Vgl. oben Kapitel 8, I.

zession Finnlands[18] erwies sich nicht als einheitlich[19]. Von den bilateralen, von Rußland abgeschlossenen Verträgen wurden sowohl persönliche als auch lokal gebundene aufrechterhalten. An der Grenze zu Norwegen und Schweden wurden verschiedene Verträge über Fischerei, Flößerei und Schiffahrt aufrechterhalten, jedoch hatte diese Regelung oft nur vorläufigen Charakter und erfolgte sichtlich nach Prüfung des jeweiligen Einzelfalles nach praktischen und weniger juristischen Erwägungen. Manche der bisher ausgeübten tatsächlichen Verhältnisse scheinen zuvor vertraglich überhaupt nicht geregelt gewesen zu sein; sie wurden einer ausdrücklichen Regelung zugeführt, und dabei wurden auch die für eine Übergangszeit getroffenen Regelungen neu gefaßt. Eine nur deklaratorische Bedeutung dieser Abmachungen, vor allem auch insoweit, als zuvor keine Regelungen bestanden, ist nicht anzunehmen, so daß von einer automatischen Bindung nicht gesprochen werden kann. Dasselbe gilt auch in bezug auf den oben erörterten und in der Literatur[20] als ein Kronbeispiel für die dingliche Wirkung von Staatensukzessionen gern zitierten Fall der Demilitarisierung der Aaland-Inseln. Es handelte sich hierbei um die Frage der Weitergeltung des durch ein multilaterales Abkommen geschaffenen Status. Es wurde gezeigt, daß die getroffene Lösung politischen Charakter trägt und ein automatischer Übergang sich nicht nachweisen läßt, noch weniger aber die für die Bildung von — partikulärem — Gewohnheitsrecht erforderliche Rechtsüberzeugung der beteiligten Staaten, insbesondere da seitens Großbritanniens, das Vertragspartner sowohl der Konvention von 1856 wie derjenigen von 1921 war, ausdrücklich vermerkt wurde, daß die britische Haltung in der Aaland-Frage nicht als ein Präzedenzfall für ähnlich gelagerte Fälle herangezogen werden könne. Eine ähnliche Praxis war in der Frage der niederländischen Grenzbefestigungen[21] festzustellen, die nach der Loslösung Belgiens 1830 Gegenstand längerer Verhandlungen wurde. In beiden Fällen beriefen sich die an der Aufrechterhaltung des durch frühere Verträge geschaffenen Status interessierten Staaten auf eine Regelung, die in einem überörtlichen — hier europäischen — Interesse vorgenommen worden sei. Abgesehen davon, daß sich auch in dem letztgenannten Beispiel keine Rechtsüberzeugung *aller* beteiligten Staaten feststellen ließ, wurde auch hier der in Frage stehende Status schließlich geändert, also nicht im gleichen Ausmaße

---

[18] Vgl. oben Kapitel 8, II.

[19] Vgl. hierzu auch den schwedisch-finnischen Notenwechsel, in: *Martens*, Nouveau Recueil Général, 3. Serie, Bd. 14, S. 560 ff.

[20] Vgl. *O'Connell*, S. 58; *Münch*, Ist am Begriff der völkerrechtlichen Servitut festzuhalten?, S. 62; *Vali*, S. 321—322.

[21] Vgl. oben Kapitel 8, III, 2, b).

beibehalten, wie er zuvor bestanden hatte; eine Erscheinung, die auch bei der Regelung der Aaland-Frage hatte festgestellt werden können. Eine Gleichheit im Ausmaß ließ sich bei der Beschränkung des Hafens von Antwerpen als reiner Handelshafen feststellen. Selbst wenn man hier der Regelung von 1839 rein deklaratorischen Charakter beimessen sollte, so war aus den bisher zur Verfügung stehenden Unterlagen eine diesbezügliche Rechtsüberzeugung der Staaten nicht zu entnehmen, ebensowenig wie bei der ausdrücklichen Aufrechterhaltung der in der Wiener Schlußakte von 1815 getroffenen Regelung über die Flußschiffahrt. Die in dem zwischen den USA und Pakistan 1947 geführten Notenwechsel[22] zum Ausdruck gekommene Bindung an Lufttransit- und Flughafennutzungsrechte ist nicht Ausdruck einer Globalübernahme aller lokal gebundenen Rechtsverhältnisse, sondern erfolgte nach Prüfung der jeweils einzelnen Rechtsverhältnisse, die auch bezüglich sog. persönlicher Verträge vorgenommen und von wirtschaftlichen oder sonstigen politischen Gesichtspunkten bestimmt wurden.

f) Unabhängigkeitsbestrebungen abhängiger Staaten

Nicht minder uneinheitlich ist die Völkerrechtspraxis im Anschluß an Verselbständigungen ehemals abhängiger Staaten. Nach der Verselbständigung Ägyptens[23] wurden sowohl radizierte wie „persönliche" Verträge aufrechterhalten. Die Schiffahrt durch den Suezkanal wurde auch von Ägypten gewährt. Aber sowohl aus den Erklärungen Ägyptens nach Beendigung der Suez-Krise 1956/57 als auch aus der unterschiedlichen und mit den Bestimmungen der Konvention von 1888 nicht zu vereinbarenden Praxis bei der tatsächlichen Gewährung des Transits ergibt sich, daß von einem automatischen Übergang der aus dieser Konvention resultierenden Rechte und Pflichten nicht gesprochen werden kann, sondern die Beibehaltung und deren Ausmaß auf einer Bereitwilligkeit der Territorialmacht beruht. Die Kapitulationen wurden zwar zunächst beibehalten, aber schließlich aufgehoben, da sie mit der neuen Situation in Ägypten nicht mehr vereinbar schienen. Die Praxis des Sudans[24] erscheint ebenfalls uneinheitlich. Die Wassernutzungsregelung am Nil erfuhr eine Änderung, die gleichfalls den geänderten Umständen Rechnung trug. Marokko[25] erklärte zwar bei Erlangung der Unabhängigkeit die von Frankreich im Namen Marokkos abgeschlossenen Verträge aufrechtzuerhalten, nahm hiervon aber ausdrücklich die Abkommen über Stationierungsrechte fremder Truppen aus. Noch bestehende Kapitulationen sowie Zoll-

---

[22] Vgl. oben Kapitel 8, IV, 2.
[23] Vgl. oben Kapitel 9, I.
[24] Vgl. oben Kapitel 9, II.
[25] Vgl. oben Kapitel 9, III.

privilegien aus der Zeit vor Begründung des französischen Protektorats wurden einseitig seitens der jeweils begünstigten Staaten (USA, Großbritannien) aufgehoben. Die internationale Verwaltung der Zone von Tanger sowie die des Leuchtturms von Spartel wurden mit Rücksicht auf die Unabhängigkeit Marokkos ebenfalls aufgehoben, und zwar mit konstitutiver Wirkung, d. h. ein automatisches Erlöschen ist nicht anzunehmen. Andererseits blieben aber auch nicht lokal bezogene Verträge bestehen, so daß lediglich ein Unterschied im Modus über die Aufhebung, aber auch insoweit keine opinio iuris, festzustellen ist. Aufgehoben wurden nach der Verselbständigung Islands[26] auch die bisherigen Militärbasen, und zwar wiederum mit Rücksicht auf die nunmehrige Unabhängigkeit des Staates und obwohl die Basen auf Ersuchen Islands selbst errichtet worden waren. Burma[27], das bei der Erlangung der Unabhängigkeit eine ähnliche Erklärung wie Marokko abgegeben hatte, scheint die von Großbritannien abgeschlossenen Verträge aufrechtzuerhalten. Aber auch hier wurde, auf eine seit der Unabhängigkeit einsetzende chinesische Bemühung hin, schließlich ein zugunsten Burmas bestehendes Transitrecht aufgehoben.

In den Fällen von Unabhängigkeitsbestrebungen, in denen die jeweiligen Staaten mit dem bisherigen „Mutterland" in einem Staatenverband verblieben[28], wurden öfters Erklärungen abgegeben, daß die bisher abgeschlossenen Verträge aufrechterhalten bleiben; eine Erscheinung, die sich auch in anderen Fällen von Unabhängigkeitsbestrebungen zeigte[29], aber nicht in dieser Häufigkeit und die mit den Gründen und politischen Umständen zusammenhängt, unter denen die Unabhängigkeit erlangt wurde. Aber auch wenn die Staaten diese Erklärung abgaben, so ließ sich damit noch nicht immer ein automatischer Übergang sämtlicher Rechtsverhältnisse beweisen. Die Formulierungen sind sehr oft so gefaßt, daß sie für jedes einzelne Vertragsverhältnis eine gesonderte Prüfung dahin zulassen, ob es wirklich aufrechtzuerhalten ist. Damit sind aber diese Erklärungen ihres juristischen Gehalts — und nur dieser ist für eine Untersuchung rechtlicher Prinzipien relevant — entkleidet und können nur als eine — politische — Maxime gewertet werden, nach der die jeweils zu treffende Entscheidung auszurichten ist. Irgendwelche Hinweise, die auf eine Rechtsüberzeugung der jeweils beteiligten Staaten schließen ließe, konnten aus den Erklärungen selbst nicht entnommen werden.

---

[26] Vgl. oben Kapitel 9, IV.
[27] Vgl. oben Kapitel 9, V.
[28] Vgl. oben Kapitel 10.
[29] Vgl. Art. 2 des britisch-burmesischen Vertrages vom 17. 10. 1947 (s. o.); in beschränktem Ausmaß auch Art. 7 des Vertrags zwischen den USA und den Philippinen vom 4. 7. 1946 (US Treaties, no. 1568).

g) Beendigung von Mandats- und Treuhandsverwaltungen

Die hier vermerkte Erscheinung ist auch bei der Beendigung von Mandats- und Treuhandverwaltungen zu konstatieren[30]. Diejenigen Staaten, die eine derartige Erklärung ausdrücklich abgaben oder entsprechende einseitige Erklärungen der Mandatarmacht ohne Widerspruch annahmen, scheinen sich im allgemeinen an diesen Grundsatz zu halten, ohne daß aber in bezug auf die verschiedenen Vertragstypen ein Unterschied gemacht wurde. Kapitulationen wurden später ausdrücklich aufgehoben oder nicht mehr weiter in Anspruch genommen. Ein Staat, nämlich Israel, gab keine derartige Erklärung ab und scheint sich — wiederum ohne einen Unterschied zwischen bestimmten Vertragstypen zu machen — nicht an die Verträge, die Großbritannien als Mandatarmacht über Palästina für dieses abschloß, gebunden zu halten.

h) Fusion

Bei der Fusion Ägyptens[31] und Syriens wandte sich — wie es scheint — kein Staat gegen die von der nunmehrigen Arabischen Republik in Art. 69 der Verfassung zum Ausdruck gebrachte Erklärung über die Aufrechterhaltung sämtlicher bisher bestehender Verträge. Aber auch diese Erklärung ist nur als eine Bereitwilligkeit anzusehen und zeigt weder einen automatischen Übergang noch läßt sich eine Rechtsüberzeugung daraus entnehmen[32].

3. Ergebnis

Somit kann festgestellt werden, daß sich in der jüngeren Staatenpraxis die Tendenz zeigt, die Rechte und Pflichten aus Verträgen, die der Vorgängerstaat mit dritten Staaten abgeschlossen hat, zu übernehmen. Eine einheitliche Praxis nur schon hinsichtlich dieser Bereitwilligkeit ließ sich anhand der untersuchten Beispiele nicht feststellen noch weniger eine entsprechende Rechtsüberzeugung der Staaten. Sofern diese vertraglichen Rechtsverhältnisse übernommen wurden, wurde zwischen sog. Servituten und anderen Rechtsverhältnissen vertraglicher Art kein Unterschied gemacht[33]. Die Frage nach

---

[30] Vgl. oben Kapitel 11.

[31] Vgl. oben Kapitel 12.

[32] Max *Huber* kommt S. 161 deduktiv zu dem Ergebnis, daß bei einer Vereinigung mehrerer Staaten zu einem neuen Staat die internationalen Beziehungen gegenüber dritten Staaten erlöschen, sofern sie persönlicher Natur waren; die übrigen sollen bestehen bleiben, aber beschränkt auf ihre bisherigen Geltungsgebiete.

[33] In diesem Zusammenhang darf der Hinweis von *Fitzmaurice* (Report vom 14. 3. 1956 — A/CN. 4/101 — S. 18) beigezogen werden, der de lege ferenda u. a. auch hins. der oft gemachten Unterscheidung zwischen rein ver-

der Übernahme sog. natürlicher Servituten, also Rechtsverhältnissen zwischen Staaten, die nicht auf einem völkerrechtlichen Vertrag beruhen, sondern auf partikulärem oder generellem Gewohnheitsrecht, konnte nicht gelöst werden, da, wie oben schon dargelegt wurde, schon die zuvor zu prüfende Frage nach der Existenz derartiger Rechtsverhältnisse im Einzelfall weitgehend ungeklärt ist und mithin erst recht die Frage nach dem Übergang derartiger Rechtsverhältnisse auf den Nachfolgestaat. Der IGH klammerte im Urteil vom 12. April 1960[34] die zu diesem Problem zu erörternden Fragen aus der Entscheidung aus. Hinsichtlich der Beibehaltung von gewohnheitsrechtlichen Regeln scheinen die Staaten jedenfalls keine allgemeinen Erklärungen abgegeben zu haben. Zuweilen werden zwar bei Grenzregelungen traditionelle „Rechte“ der Bewohner berücksichtigt und diese „aufrechterhalten“[35]. Der Jurist darf sich aber durch derartige Formulierungen nicht beirren lassen, sondern muß auch hier nachprüfen, ob wirklich eine von einer Rechtsüberzeugung der Staaten getragene Übung vorliegt. Das Wort „Recht“ gehört in der politischen Sprache mit zu den Worten, die — leider — sehr oft sinnentstellt werden und das oft tatsächlichen Positionen gern beigelegt wird, um auf diese Weise eine Verhandlungsbasis zu schaffen, von der aus unter scheinbar großem, aber juristisch effektiv geringem Nachgeben schwierige Situationen durch eine Kompromiß[36] gelöst werden können.

Weder *O'Connell* noch *de Muralt* wiesen in ihren in den letzten Jahren erschienenen Spezialabhandlungen über die Staatensukzession die Existenz eines Gewohnheitsrechtssatzes nach, nach dem bestimmte Vertragsverhältnisse bei Eintritt einer Staatensukzession erlöschen

---

traglichen und normativen Verträgen ("Traités-contracts" und „traités lois" treffend ausführt: „However, subject to the provisions of the present Code, there is no substantial juridical difference between any of these classes of treaties as regards the legal requirements governing their validity, interpretation and effect, since they are all based on agreement, and derive their legal force from its existence.“

[34] Case concerning Right of Passage over Indian Territory (Merits), Judgement of 12 April 1960; I. C. J. Reports 1960, p. 6.

[35] Vgl. im Hinblick auf Wassernutzungs-, Weide- und Transitrechte in Afrika folgende Regelungen in französisch-britischen Abkommen:

Art. 5 des Vertrags vom 2. und 9. 2. 1818 (*Basdevant* II, S. 330)

Art. 3 des Vertrags vom 18. 3. und 25. 4. 1904 (*Basdevant* II, S. 402)

Art. 4 des Vertrags vom 11. und 15. 5. 1905 (*Basdevant* II, S. 429)

Art. 3 des Vertrags vom 19. 10. 1956 (*Basdevant* II, S. 449)

Art. 7 des Vertrags vom 8. 9. 1919 (*Martens*, Nouveau Recueil Général, 3. Serie, Bd. 14, S. 528).

Vgl. ferner die britische Note zum Nilwasserabkommen vom 7. 5. 1929 (LNTS, XCIII, S. 46) und die diesbezüglichen Ausführungen *Berbers*, Rivers in International Law, S. 94—96.

[36] Vgl. *Andrassy*, Nachbarrecht und Wassernutzung, S. 60.

oder bestehenbleiben. Beide Autoren gaben eine Darstellung der Staatenpraxis. Auch bei der hier vorgenommenen Untersuchung konnte kein einheitliches Bild gefunden werden[37]. Es ließ sich aber auch nicht die These bestätigen, daß Servituten ipso iure auf den Nachfolgestaat übergehen. Weder ergab die Praxis hierüber ein einheitliches Bild, noch konnte in den Fällen, in denen lokal gebundene Rechtsverhältnisse übergingen, eine diesbezügliche Rechtsüberzeugung der Staaten nachgewiesen werden[38]. Eine unterschiedliche Regelung gegenüber anderen Rechtsverhältnissen zeigte sich in der von der Doktrin behaupteten Schärfe nicht. Im Gegensatz zu sog. persönlichen Vertragsverhältnissen geht die Aufhebung der Servituten schwieriger vor sich. „Servituten" sind nach den von ihnen erfaßten Gegenständen nicht nur anläßlich bestimmter Einzelfälle, z. B. einer konkreten Auslieferung, für den anderen Staat interessant und relevant, sondern sie zeitigen ein kontinuierliches und ständig aktuelles Interesse des anderen Staates. Diese Kontinuität darf nicht mit dem von einigen Autoren als Merkmal einer Servitut herausgestellten Moment der unbegrenzten Dauer verwechselt werden; denn dieses betrifft lediglich die Frage der Beendigung, nicht aber der zeitmäßigen Ausübung während des Bestehens. Wegen dieser besonderen durch diese Verträge geschaffenen Situationen soll nunmehr kurz das Verhältnis von Staatensukzession und Staatsservituten unter besonderer Berücksichtigung der verschiedenen Typen der Staatsservituten beleuchtet werden.

III. Staatsservituten und Staatensukzession

1. Vergleich der Auswirkungen der Staatensukzession auf verschiedene Typen der Staatsservituten

Vergleicht man die einzelnen als „Servitut" erfaßten Rechtsverhältnisse untereinander bei Eintritt von Staatensukzessionen, so läßt sich folgendes feststellen:

a) *Kapitulationen*

Die Kapitulationen wurden zumeist nach Eintritt des Staates, auf dessen Gebiet sie lasteten, in die Völkerrechtsgemeinschaft nicht mehr ausgeübt, sei es, daß sie ein Staat nunmehr einseitig nicht mehr

---

[37] Auch *Vallat* weist S. 126 darauf hin, daß „the Law of State succession cannot be summarized in a single all-embracing rule. Each case has to be examined carefully, taking into account a number of factors ....".

[38] Vgl. die entsprechenden Hinweise *Moslers*, S. 121, hinsichtlich der Frage nach der Beachtung von Konzessionsrechten.

berücksichtigte (Bosnien, Herzegowina, Cypern)[39], sei es, daß ein anderer Staat die Interessen der bisher durch die Jurisdiktionsprivilegien begünstigten Staaten selbst garantiert und sich folglich für die Aufhebung der Kapitulationen einsetzte[40], sei es, daß die begünstigten Staaten einseitig oder in besonderen Verträgen auf ihre Vorrechte verzichteten oder daß die Kapitulationen lediglich suspendiert und somit praktisch obsolet wurden. Der Grund für diese Praxis dürfte nicht nur, wie Münch[41] vermerkt, darin zu sehen sein, daß die Kapitulationen zwecklos sind, wenn ein Staat gleicher Zivilisation das Gebiet erwirbt oder daß dritten Staaten derartige Rechte nicht aufgezwungen werden können (gerade das ist ja zu untersuchen!), sondern darin, daß die Kapitulationen aus machtpolitischer Überlegenheit begründet wurden, und mithin nicht auf der Grundlage der Koordination beruhen. Seit und soweit auch die asiatischen und afrikanischen Völker in die Völkerrechtsgemeinschaft gleichberechtigt aufgenommen wurden, entfiel die Grundlage für dieses „einseitige und diskriminierende" Privilegiensystem[42]. Die Aufhebung ist mithin nicht allein eine Folge der Staatensukzession.

b) Staatsservituten militärischer Art

Die Demilitarisierung Hüningens wurde im Frieden von Paris 1814 in mehreren bilateralen Abkommen festgelegt. Die Beibehaltung dieses Status durch das Deutsche Reich konnte auf die Beteiligung Preußens an diesen Abkommen zurückgeführt werden, dessen Verträge das Deutsche Reich in bezug auf Elsaß-Lothringen gegenüber Frankreich auch in anderen Fällen aufrechterhielt. Anders liegt das Beispiel der Demilitarisierung der Aaland-Inseln. Hier handelt es sich um einen völlig anderen Fall eines Sukzession, der sich nicht vergleichen läßt. Eine Parallele ist aber insoweit zu sehen, als beide Demilitarisierungsregelungen unter Beteiligung der damaligen europäischen Großmächte abgeschlossen wurden, wie dies auch für das gerade entgegengesetzte Beispiel, nämlich das Befestigungsgebot an der niederländischen Grenze, gilt. Dasselbe ist auch in bezug auf die Begründung der neutralisierten Zonen in Hochsavoyen sowie der demilitarisierten, neutralisierten und einer internationalen Verwaltung unterstellten Zone von Tanger festzuhalten. Wenn sich auch im Beispiel der Aaland-Inseln sowie der niederländischen Festungen kein automatischer Übergang auf den Nachfolgestaat feststellen ließ, so wurde doch für die

---

[39] Vgl. oben Kapitel 4, I., 2., a) und I., 2.

[40] Vgl. oben Kapitel 6, IV., 2., a); Kapitel 9, I., 2., a).

[41] *Münch*, Ist am Begriff der völkerrechtlichen Servituten festzuhalten?, S. 82.

[42] Vgl. *Dahm, Völkerrecht* I, S. 253.

Beibehaltung des Status das über den unmittelbar lokalen Bereich hinausragende „europäische Interesse" angeführt, das der Nachfolgestaat zu berücksichtigen habe. Dieses Argument vermochte zwar nicht die Beibehaltung des betreffenden Status im gleichen Umfang zu bewirken wie er zuvor bestanden hatte, es dürfte aber nicht ohne Auswirkung darauf geblieben sein, daß diese jeweiligen Regelungen, *soweit* es jenes „Interesse" erforderte, tatsächlich weiterhin ausgeführt wurden. Mit dieser Überlegung kann auch die Beibehaltung der Demilitarisierung Hüningens erklärt werden, obwohl insoweit keine ausdrückliche Stellungnahme vorzuliegen scheint. Es kann hiermit auch die bei der Zession Hochsavoyens an Frankreich getroffene Regelung über die Aufrechterhaltung der Neutralisierung erklärt werden. Die Formulierung „aux conditions auxquelles il les *possède* lui-même" im Vertrag von 1860[43] ist auf die damals noch herrschende, von patrimonialen Staatsauffassungen geprägte Theorien über die Bedeutung des Staatsgebietes zurückzuführen. Insofern allein aus dieser Formulierung versucht wird, einen Präzedenzfall für Probleme der neueren Staatenpraxis, insbes. Frankreichs, anzunehmen, ist diesem Unterfangen mit Rücksicht auf die sich aus dem intertemporalen Recht ergebende Problematik mit größter Vorsicht zu begegnen. Es könnte dazu führen, daß auf diesem Umweg Folgerungen aus einer überholten Theorie über die Bedeutung des Staatsgebietes in die moderne Praxis eingeführt werden und dort einen Fremdkörper in der Kette sich neu bildender Präzedenzfälle bilden[44]. Von den 1923 politisch einflußreichen europäischen Mächten wurde auch die Zone von Tanger unter einen besonderen Status gestellt. Es kann wohl nicht geleugnet werden, daß die Begründung dieser Zone in einem — wenn auch einseitigen — Interesse der an diesem Abkommen beteiligten Staaten erfolgte. Das Tanger-Statut wurde zwar nach der Unabhängigkeits-

---

[43] *Martens*, Nouveau Recueil Général, 2. Serie, Bd. 14, S. 560.

[44] Während in der Staatenpraxis besonders des 19. Jahrhunderts auf dem Sektor der Staatensukzession die rechtlichen Argumente weitgehend noch von einer Auffassung des Staatsgebiets als dominium und damit von einer analog angewandten innerstaatlichen Auffassung getragen wurden, hat gerade diese Wertung sich heute grundlegend geändert. Eine Berufung auf derartige Argumente würde statt zu einer Befreiung des Völkerrechts von innerstaatlichen Grundsätzen zu einer Anreicherung und weiteren Verflechtung des Völkerrechts mit derartigen unzulässigen Analogien und damit geradezu Erkenntnissen falschen Vorstellung und mithin unrichtigen Praemisse aus und muß damit logisch zu einer unrichtigen conclusio gelangen.

Zum Problem des intertemporalen Rechts vgl. insbesondere die Ausführungen Max *Hubers* im Palmas-Fall (A. J. I. L., Bd. 22 (1928), S. 883; *Schwarzenberger*, International Law, S. 23; Urteil des Internationalen Gerichtshofs vom 27. 8. 1952 (Rights of the United States Nationals in Marocco), Reports 1952, S. 23; *Baade*, Intertemporales Völkerrecht, in: Jahrbuch für internationales Recht, 1958, S. 229 ff.

erklärung Marokkos als noch weiter in Kraft befindlich angesehen, doch mit Rücksicht auf eben diese Unabhängigkeit schließlich aufgehoben.

Die militärischen Stützpunkte in Marokko wie in Island wurden von beiden Staaten als mit der nunmehr erlangten Unabhängigkeit unvereinbar angesehen; also sowohl von einem Staat, der bei der Errichtung mitgewirkt hatte (Island), wie auch von demjenigen, der an dem Abkommen über die Stützpunkte von vornherein nicht beteiligt war (Marokko). Auch in anderen Staaten, die inzwischen die Unabhängigkeit erlangt haben, bestehen in mehr oder minder großem Ausmaß militärische Stützpunkte fremder Staaten[45]. Hier handelt es sich jeweils um Stützpunkte derjenigen Staaten, welche eben die eine Abhängigkeit bewirkende Verwaltung bisher ausgeübt hatten. Die Gewährung der Unabhängigkeit erfolgte sehr oft unter gleichzeitigen Abmachungen über die Garantie von Truppenstationierungsrechten. Es scheint, daß die Anerkennung der Unabhängigkeit faktisch weitgehend von der Bereitwilligkeit zur Einräumung derartiger Basen abhängig gemacht wird. Ihre Begründung und Aufrechterhaltung beruht mithin auf tatsächlicher machtpolitischer Überlegenheit des begünstigten Staates und kann daher nicht unter rein juristischen Aspekten gewürdigt werden. Bei den Stützpunkten der USA in Marokko handelt es sich hingegen um militärische Rechte eines dritten Staates, der bei der Proklamation der Unabhängigkeit — im Gegensatz zu den zuvor geschilderten Fällen — nicht unmittelbar beteiligt war.

c) Staatsservituten wirtschaftlicher und verkehrstechnischer Art

An den Beispielen der britischen Schiffahrtsrechte auf dem Mississippi und auf den Strömen Alaskas wurde gezeigt, daß sich in beiden Fällen kein automatischer Übergang auf den Nachfolgestaat nachweisen läßt. Jeweils bald nach den Zessionen wurden anderslautende vertragliche Regelungen getroffen. Es handelte sich bei diesen „Servituten" jeweils um die Berücksichtigung der Interessen von Nachbarstaaten. Etwas anders ist es bei der Regelung der Rheinschiffahrt im Hinblick auf die Zession Elsaß-Lothringens 1871. Durch die Mannheimer Rheinschiffahrtsakte vom 17. Oktober 1868 war der schiffbare Teil des Rheins allen Staaten, also auch Nichtsignataren, geöffnet. Das Interesse an der Beibehaltung beschränkte sich somit nicht nur auf die Anliegerstaaten oder auf die Signatare der Mannheimer Rheinschiffahrtsakte. Der Schiffahrtstransit durch den Suez-Kanal, also

---

[45] Vgl. hierzu die bei *Vali*, S. 217—252, geschilderte Staatenpraxis.

einem künstlichen Wasserweg, war durch die Konvention von 1888 ebenfalls allen Staaten geöffnet worden. Es war mithin ein ähnlich gelagertes allgemeines Interesse an der Beibehaltung dieses Transits gegeben. Auch in diesem Fall ließ sich kein automatischer Übergang feststellen; das allgemeine Interesse dürfte aber nicht ohne Einfluß auf die politische Haltung der Territorialmacht Ägyptens gewesen sein. Ein Vergleich zu dem Transitrecht in Panama läßt sich bezüglich der Staatensukzession nicht ziehen, da der Panama-Kanal erst nach der Sezession Panamas gebaut und der Schiffahrt eröffnet wurde. Das Beispiel des Freihafens Tanger zeigt, wie wegen der Unabhängigkeit eines Staates eine „Servitut" durch völkerrechtlichen Vertrag aufgehoben und die Aufhebung dann innerstaatlich vollzogen wurde. Erst seit sich die wirtschaftlichen Nachteile dieser Aufhebung deutlich zeigten, soll nunmehr wieder ein dem früheren Zustand ähnlicher Zustand errichtet werden. Wenn hier sogar der passiv betroffene Staat den Freihafen wieder errichten will, so darf angenommen werden, daß Staaten auch aus rein wirtschaftlichen Überlegungen einen Status aufrechterhalten, nur um etwaige wirtschaftliche Nachteile von Anfang an möglichst auszuschalten. Fischerei- und Flößereirechte wurden am Beispiel Finnlands aufgezeigt. Sie scheinen teilweise vertraglich zuvor noch nicht geregelt gewesen zu sein. Soweit Regelungen bestanden, wurden diese vorläufig aufrechterhalten und später einer neuen Regelung zugeführt. Die Aufrechterhaltung diente den Interessen der unmittelbar benachbarten Staaten. Gerade in Grenzgebieten zeigt sich im Fall einschneidender Änderungen, wie sie nun einmal eine Staatensukzession mit sich bringt, in der Staatenpraxis die Tendenz, auf die Bedürfnisse und die damit verbundenen Interessen der beteiligten Staaten Rücksicht zu nehmen, ohne daß damit aber bereits eine konkrete Rechtsposition anerkannt wird. Diese — hier als reine Tatsache herausgestellte — Erscheinung zeigt sich unabhängig von den besonderen Problemen der Staatensukzession auch bei der Frage der Wassernutzungsrechte und der Position der oberen und unteren Anliegerstaaten von Flüssen, die durch das Territorium mehrerer Staaten führen. Für diesen Bereich zwischenstaatlicher Beziehungen konnte *Berber*[46] sogar ein allgemeines Prinzip der Rücksichtnahme auf die Interessen anderer Staaten als einen „auf dem Nachbarrecht und Wasserrecht beruhenden *Rechts*grundsatz" feststellen. Dieses Prinzip betrifft aber nicht die *speziell* bei einer Staatensukzession relevant werdenden Probleme des Übergangs von Rechtsverhältnissen. Es wird im nächsten Kapitel näher hierauf eingegangen werden.

---

[46] *Berber*, Die Rechtsquellen des internationalen Wassernutzungsrechts, S. 181; ders., Rivers in International Law, S. 254.

2. Ergebnis

Vergleicht man diese hier nur kurz zusammengefaßte Staatenpraxis hinsichtlich der Auswirkung der Staatensukzession auf diese drei Gruppen von Staatsservituten-Kapitulationen, „Servituten“ militärischer und „Servituten“ wirtschaftlicher und verkehrstechnischer Art[47] so läßt sich feststellen, daß in allen Fällen die untersuchte Staatenpraxis eine Tendenz zur Berücksichtigung der Interessen dritter Staaten zeigt, wobei als dritter Staat hier auch der Nachfolgestaat zu verstehen ist. Es zeigt sich aber ein *gradueller Unterschied in der Beständigkeit* dieser Rechte. Kapitulationen, die — wie bereits vermerkt — praktisch einseitigen Charakter tragen, wurden zumeist bald nach Eintritt der Sukzession obsolet[48]. Militärische Rechte erwiesen sich als weniger beständig als wirtschaftliche[49]. Der Grund hierfür mag darin beruhen, daß militärische Rechte, wie *Vali*[50] ausführt, auf einer „temporary balance of power or political constellation“ beruhen. Sucht man einen allgemeinen Gesichtspunkt, der zugleich die Momente mit erfaßt, die die vorläufige Aufrechterhaltung bewirken, dann läßt sich sagen: Die „Servituten“ erweisen sich bei Eintritt einer Staatensukzession um so beständiger, je mehr sie darauf gerichtet sind, die Interessen der ursprünglich beteiligten Staaten *korrespektiv*, d. h. auf der Grundlage der Gegenseitigkeit, zu wahren.

IV. Die Praxis der einzelnen Staaten im Hinblick auf Staatensukzession und Staatsservituten

1. Vorbemerkung

In den beiden vorangegangenen Abschnitten wurde untersucht, ob die verschiedenen Erscheinungsformen der Staatensukzession einen Einfluß auf zwischenstaatliche Rechtsverhältnisse zeitigen und ob ein Unterschied zwischen sogenannten Servituten und anderen Rechtsverhältnissen festgestellt werden kann. Es wurde ferner geprüft, ob die Staatenpraxis im Fall einer Staatensukzession einen Unterschied zwischen verschiedenen Arten der sogenannten Servituten macht. Durch Gegenüberstellung mehrerer konkreter Fälle zeigte sich, daß die an-

---

[47] Eine klare Differenzierung zwischen beiden Gruppen läßt sich in der Praxis sehr schwer ziehen; *Vali* mißt ihr, S. 329—330, keine speziell juristische Bedeutung zu.

[48] *Antokoletz*, Bd. 1, S. 353 zieht sogar eine Parallele zu Konkordaten: „Tambien pueden caducar los concordatos en caso de anexión de una provincia a un Estado manifestamente hostil ala Santa Sede: en este casa puede aplicarse la cláusula rebus sic stantibus, teniendo presente que el Concordato es una concesión unilateral del Vaticano.“

[49] So auch *Vali*, S. 330.

[50] *Vali*, S. 330.

gebliche universelle Völkerrechtsnorm des automatischen Übergangs von Staatsservituten auf den Nachfolgestaat mit der tatsächlichen Völkerrechtspraxis nicht in Einklang steht. Es fehlt bereits eine einheitliche universelle Übung der Staaten. Noch viel weniger ließ sich bezüglich dieser Materie eine universelle opinio iuris nachweisen, so daß jedenfalls kein allgemeiner Völkergewohnheitsrechtssatz besteht, nach dem Staatsservituten im Falle einer Staatensukzession den Nachfolgestaat automatisch hindern.

Es bleibt aber trotzdem die Möglichkeit offen, daß einschlägige Normen auf Grund partikulären Völkergewohnheitsrechts bestehen[51]. In der Doktrin wurde, soweit ersichtlich, das Bestehen eines diesbezüglichen partikulären Gewohnheitsrechtssatzes noch nicht behauptet. Um feststellen zu können, ob ein derartiger partikulärer Gewohnheitsrechtssatz besteht, bedarf es sorgfältiger weiterer Spezialuntersuchungen darüber, ob und gegebenenfalls welche Staaten[52] jeweils insoweit eine kontinuierliche[53] Übung aufweisen und diese opinione iuris vel necessitatis befolgen. Bisher bestehen hierzu kaum Vorarbeiten[54].

Um jedenfalls aber das Problem aufzureißen, soll nachfolgend kurz die Praxis einzelner Staaten, die an den der vorliegenden Untersuchung zugrundeliegenden Beispielen beteiligt sind, kurz zusammengestellt werden[55].

2. Staatenpraxis

a) Ägypten

Ägypten ging, nachdem es unabhängig geworden war, selbst nicht von einem automatischen Fortbestand der Rechte und Pflichten aus der Konvention vom 29. Oktober 1888 aus[56]. Da die Initiative zum Abschluß eines neuen Vertrags über die Wassernutzung des Nils vom Sudan ausging[57], scheint Ägypten nach der Unabhängigkeitserklärung

---

[51] Vgl. hierzu *Berber*, Lehrbuch des Völkerrechts, Bd. 1, S. 52 ff.

[52] *Berber*, Rivers in International Law, S. 135.

[53] Einzelheiten vgl. bei *Berber*, Lehrbuch des Völkerrechts, Bd. 1, S. 55.

[54] Als Spezialabhandlungen hierzu vgl. *Rosenne*, Israel et les Traités Internationaux de la Palestine; *Wilkinson*, The American Doctrine of State Succession; *v. Panhuys*, La Succession de l'Indonésie aux Accords internationaux conclus par les Pays — Bas avant l'indépendence de l'Indonésie; *Beiswingert*, Die Einwirkungen bundesstaatlicher Kompetenzverschiebungen auf völkerrechtliche Verträge unter besonderer Berücksichtigung der deutschen Entwicklung; *Louis-Lucas*, La République tunisienne et les traités antérieurs à l'indépendence.

[55] Es werden dabei nur die Staaten herausgegriffen, deren Praxis in mehreren der in Teil II dieser Untersuchung herausgestellten Beispiele beleuchtet werden kann.

[56] Vgl. Kapitel 9, I., 2. c).

[57] Vgl. Bericht in: RGIJP 1960, S. 83 ff. insbes. 92.

des Sudans einen automatischen Fortbestand des Nilwasserabkommens vom 7. Mai 1929 angenommen zu haben[58]. Der Grund für diese unterschiedliche Praxis dürfte darin liegen, daß das Abkommen von 1929 die ägyptischen Interessen mehr berücksichtigte als die sudanesischen Interessen.

b) Belgien

Belgien ging nach der eigenen Unabhängigkeitserklärung nicht von einem automatischen Fortbestand der bisher bestehenden Verpflichtungen zur Befestigung der Grenzen aus[59]. Ob die Aufrechterhaltung des Freihafens von Anvers[60] konstitutive oder deklaratorische Bedeutung hat, ist offen geblieben. Nach der Unabhängigkeitserklärung Marokkos[61] scheint Belgien nicht von einer automatischen Beendigung des Tanger-Statuts ausgegangen zu sein.

c) Deutschland[62]

Während der deutsche Reichstag 1880 die *einseitigen* österreichischen Maßnahmen in Bosnien und Herzogowina anerkannte[63], scheint bis zum Verzicht vom 18. November 1896 ein Fortbestand der Kapitulationen in Tunis auch nach der Begründung des französischen Protektorats angenommen worden zu sein. Der im Friedensvertrag von Versailles ausgesprochene Verzicht auf die Kapitulationen in Marokko[64] muß aus der speziellen politischen Situation beurteilt werden und deshalb aus der rein juristischen Würdigung ausscheiden.

Bei der Aufrechterhaltung der Demilitarisierung Hüningens[65] muß berücksichtigt werden, daß es sich hierbei um eine Regelung aus einem Vertrag handelt, den Preußen selbst mitunterzeichnet hat. Die Aufrechterhaltung der Regelungen aus der Mannheimer Akte von 1868[66] bedeutete für Preußen nur eine Besserstellung.

---

[58] Vgl. hierzu Kapitel 9, II., 2.

[59] Vgl. Kapitel 8, III., 2., a).

[60] Kapitel 8, II., 2., b).

[61] Kapitel 9, III., 2., d).

[62] Die bundesstaatlichen Kompetenzverschiebungen innerhalb Deutschlands bilden selbst wieder ein Problem der Staatensukzession (vgl. hierzu die Untersuchung von *Beiswingert*). Es ist in diesem Fall zu prüfen, ob und inwieweit der Nachfolgestaat an partielles Gewohnheitsrecht zwischen dem Vorgängerstaat und dritten Staaten (vgl. zu dieser Frage *Berber*, Lehrbuch des Völkerrechts, Bd. 1, S. 60 f. und S. 252 f.) gebunden ist.

[63] Kapitel 4, I., 2., a).

[64] Kapitel 6, IV., 2., a).

[65] Kapitel 5, III., 2., a).

[66] Kapitel 5, III., 2., b).

d) *Finnland*

Wie oben dargelegt wurde[67], sah Finnland nach seiner Sezession die im Vertrag vom 30. März 1856 niedergelegte Verpflichtung zur Demilitarisierung der Aaland-Inseln nicht als automtisch auf sich übergegangen an. Die von Rußland abgeschlossenen Flößerei-[68] und Fischereiregelungen[69] wurden aus praktischen Erwägungen vorerst aufrechterhalten und dann später geändert. Das Weiderecht der Lappländer an der norwegischen Grenze[70] wurde nur vorübergehend aufrechterhalten. In keinem der angeführten Beispiele ließ sich mithin trotz der scheinbar kontinuierlichen Praxis die Annahme eines automatischen Übergangs der jeweiligen Rechtsverhältnisse auf finnischer Seite nachweisen.

e) *Frankreich*

Während Frankreich die einseitigen Maßnahmen Österreich-Ungarns zur Aufhebung der Kapitulationen in Bosnien und Herzegowina anerkannte[71], vertrat es nach Begründung des britischen Protektorats über Sansibar[72], der französischen Protektorate über Tunis[73], Marokko[74] und Madagaskar die Ansicht, daß die jeweiligen Jurisdiktionsprivilegien außenstehender Staaten nicht automatisch erlöschen.

Nach der Rückzession Elsaß-Lothringens hielt Frankreich die Demilitarisierung Hüningens aufrecht[75]; es konnte ferner nachgewiesen werden, daß Frankreich sich aus rechtlichen Gründen an die Bestimmungen über die Demilitarisierung Hochsavoyens[76] gebunden hielt. In beiden Fällen war Frankreich aber von Anfang an Signatar der die „Servitut" begründenden Konventionen. Es hielt andererseits aber auch nach der Zession Hochsavoyens noch eine geraume Zeit lang Zollfreizonen[77] aufrecht, bei deren Begründung es nicht mitgewirkt hatte. Die in zwei multilateralen Abkommen der europäischen Großmächte geschaffene Verpflichtung der Niederlande zur Befestigung der Grenze hielt Frankreich auch für Belgien bindend; ob dafür rechtliche Gründe ausschlaggebend waren, konnte noch nicht erwiesen werden[78].

---

[67] Kapitel 8, II., 2., a).
[68] Kapitel 8, II., 2., b).
[69] Kapitel 8, II., 2., c).
[70] Kapitel 8, II., 2., e).
[71] Kapitel 4, I., 2., a).
[72] Kapitel 6, II., 2.
[73] Kapitel 6, I., 2., a), aa).
[74] Kapitel 6, IV., 2., a).
[75] Kapitel 5, III., a), aa).
[76] Kapitel 5, IV., 2., a).
[77] Kapitel 5, IV., 2., b).
[78] Kapitel 8, III., 2., a).

f) Großbritannien

Während Großbritannien nach der Begründung des britischen Protektorats über Cypern die Kapitulationen dritter Staaten durch einseitigen internen Akt aufhob[79], brachte es bei der Begründung der französischen Protektorate über Tunis[80], Madagaskar und Marokko[81], des japanischen Protektorats über Korea[82], wie auch des britischen Protektorats über Sansibar[83] zum Ausdruck, daß die Kapitulationen in ihrer zwischenstaatlichen Verbindlichkeit nach Eintritt der Sukzession nicht automatisch erlöschen. Auch nach der Unabhängigkeitserklärung Ägyptens[84], des Iraks[85], Syriens[86] und Libanons[87] nahm Großbritannien kein automatisches Erlöschen der Kapitulationen dritter Staaten an. Das gleiche gilt für die Zollprivilegien dritter Staaten.

Die Annahme eines automatischen Übergangs des deutschen Aufenthaltsrechts am Albert-Edward-See[88] auf den Nachfolgestaat ist nicht mit einer opinio iuris vel necessitatis zu erklären, sondern erfolgte, um keinen Präzedenzfall zu eigenen Ungunsten zu schaffen.

Nach der Zession Louisianas[89] nahm Großbritannien seine bisherigen Rechte weiter für sich in Anspruch, war sich hingegen nach der Zession Alaskas[90] der Schwierigkeit, eine solche Praxis auch rechtlich zu untermauern, durchaus bewußt. Andererseits ging Großbritannien bei dem Problem des Transits durch den Suez-Kanal[91] davon aus, daß Ägypten an die Konvention vom 29. Oktober 1888 gebunden sei.

Nach der Sezession Belgiens[92] scheint Großbritannien von einer Bindung Belgiens an die von den europäischen Mächten eingegangenen Verpflichtungen ausgegangen zu sein.

Bei der Erörterung der Aaland-Frage[93] ging Großbritannien auf der Linie der bisherigen uneinheitlichen Praxis weiter und ließ ausdrücklich erklären, daß die britische Haltung kein Präjudiz schaffen könne.

---

[79] Kapitel 4, II., 2.
[80] Kapitel 6, I., 2., a), aa).
[81] Kapitel 6, IV., 2., a).
[82] Kapitel 6, III.
[83] Kapitel 6, II., 2.
[84] Kapitel 9, I., 2., a).
[85] Kapitel 11, I., 2., a).
[86] Kapitel 11, II., 2., a), aa).
[87] Kapitel 11, II., 3., a).
[88] Kapitel 4, III.
[89] Kapitel 5, I., 2.
[90] Kapitel 5, II., 2.
[91] Kapitel 9, I., 2., c).
[92] Kapitel 8, III., 2., a).
[93] Kapitel 8, II., 2., a).

Bei der Nilwasserfrage[94] wie auch bei der Frage nach dem Fortbestand der britischen Stützpunkte in Island[95] hielt Großbritannien wiederum den Nachfolgestaat für automatisch gebunden.

g) Irak

Irak sah in gleichartiger Praxis nach seiner Unabhängigkeitserklärung[96] einen Fortbestand sowohl der Kapitulationen als auch einer Grenz- und Wasserregelung aus dem Jahre 1913 als gegeben an. Ob dieser Haltung eine opinio iuris zugrunde lag, ist mindestens fraglich.

h) Island

Island[97] nahm in gleichartiger Praxis einen vorläufigen Fortbestand der Stützpunkte der USA wie auch Großbritanniens an; für die Annahme eines automatischen Fortbestands bestehen keine Anhaltspunkte.

i) Italien

Da Italien die einseitige österreichische Maßnahme in Bosnien und Herzegowina[98] anerkannte und sich nach der Begründung des französischen Protektorats über Tunis[99] mit einer nur vorläufigen Aufrechterhaltung einverstanden erklärte, ergibt sich, daß Italien nicht von einem automatischen Fortbestand dieser Rechte ausging. Dieselbe Haltung zeigt sich hinsichtlich der italienischen Zollprivilegien in Tunis[100]. Auch eine Annahme, Ägypten sei automatisch an die Konvention vom 29. Oktober 1888 gebunden, läßt sich aus der italienischen Haltung im Abkommen vom 16. April 1938 nicht entnehmen[101].

k) Japan

Japan ging nach der Annexion Koreas[102] einheitlich davon aus, daß sowohl die britischen Kapitulationen als auch die Hafennutzungsrechte automatisch nicht fortbestehen. Die Aufrechterhaltung der britischen Kapitulationen nach Beginn des Protektorats über Korea im Jahre 1905[103] ist auf die spezielle politische Situation zurückzuführen.

---

[94] Kapitel 9, II., 2.
[95] Kapitel 9, IV., 2.
[96] Kapitel 11, I., 2.
[97] Kapitel 9, IV., 2.
[98] Kapitel 4, I., 2., a).
[99] Kapitel 6, I., 2., a), bb).
[100] Kapitel 6, I., 2., b).
[101] Kapitel 9, I., 2., c).
[102] Kapitel 7, I.
[103] Kapitel 6, III.

l) Marokko

Nach Erlangung der Unabhängigkeit[104] hielt Marokko die Militärbasen der USA rechtlich nicht mehr für gültig. Dasselbe dürfte für das Tanger-Statut[105] zu sagen sein. Die Formulierung des Art. 1 des Protokolls vom 29. Oktober 1956 ist wohl darauf zurückzuführen, daß die übrigen Signatarstaaten infolge früherer Verträge untereinander im Hinblick auf die Aufrechterhaltung der Zone von Tanger gebunden waren.

m) Norwegen

Nach der Sezession Finnlands ging Norwegen bei den oben dargestellten Beispielen (Fischerei-, Wasser- und Weiderecht)[106] durchweg nicht von einer automatischen Weitergeltung der bisher mit Rußland bestehenden und speziell Finnland betreffenden Verträge aus, zumal sich in den späteren Neuregelungen kein Hinweis auf frühere Vereinbarungen findet oder frühere Abkommen ausdrücklich nur vorübergehend aufrechterhalten wurden.

n) Österreich[107]

Der der von Österreich-Ungarn einseitig verfügten Aufhebung der Kapitulationen in Bosnien und Herzegowina[108] zunächst widersprechende Verzicht im Friedensvertrag von Saint-Germain auf die Privilegien in Ägypten[109] seit Begründung des faktischen britischen Protektorats muß aus der speziellen politischen Situation gewürdigt werden und infolgedessen hier außer acht bleiben.

o) Schweden

Während Schweden sich in einem Notenwechsel vom 10. Mai 1920 bereiterklärte, ein bilaterales schwedisch-russisches Fischereiabkommen von 1917 als noch in Kraft befindlich anzuerkennen[110] und Schweden mithin insoweit nicht von einem automatischen Fortbestand ausging, sah es das multilaterale Abkommen von 1856 bezüglich der Demilitarisierung der Aaland-Inseln[111] als bindend für Finnland an.

---

[104] Kapitel 9, III.
[105] Kapitel 9, III., 2, d).
[106] Kapitel 8, II., 2, c)—e).
[107] Auf das Problem einer eventuellen Staatensukzession der österreichisch-ungarischen Nachfolgestaaten im Hinblick auf partikuläres Gewohnheitsrecht, und zwar speziell bezüglich Normen über die Aufrechterhaltung von „Servituten" soll hier nicht eingegangen werden.
[108] Kapitel 4, I., 2, a).
[109] Kapitel 9, I., 2, a).
[110] Kapitel 8, II., 2., c), aa).
[111] Kapitel 8, II., 2., a).

p) USA

Die Jurisdiktionsprivilegien der USA in Tunis[112], Marokko[113] und Ägypten[114] blieben nach Errichtung der Protektorate bestehen. Dem nach der Unabhängigkeit Marokkos[115] ausgesprochenen Verzicht kommt konstitutive Bedeutung zu, da er ausdrücklich nur die Kapitulationen, nicht aber die sonstigen Bestimmungen des Vertrags vom 16. September 1836 betraf. Mit dieser Auslegung steht auch die Praxis der USA bezüglich der Kapitulationen in Syrien[116] und Jordanien[117] in Einklang[118]. Die Behauptung über den angeblichen Fortbestand des Transitrechts durch den Panama-Kanal[119] konnte als eine rein politische Darstellung herausgestellt werden. Gegenüber Pakistan scheinen die USA keine automatische Weitergeltung des Luftfahrtabkommens vom 14. November 1946[120] vertreten zu haben.

Hinsichtlich der Militärbasen in Marokko[121] sind die USA ebenso wie in Island[122] von einem automatischen Fortbestand ihrer Rechte ausgegangen.

3. Ergebnis

Die hier aufgezeigten Beispiele zeigen, daß die Praxis der einzelnen Staaten selbst in sich nicht einheitlich ist. Die unterschiedliche Praxis steht in engem Zusammenhang mit der Frage, ob der betreffende Staat im konkreten Fall die berechtigte oder die verpflichtete Partei ist. Nur bei einigen Staaten ließ sich eine Tendenz zu einer einheitlichen Praxis in dieser Frage feststellen, wobei die Staaten, deren Praxis eine Tendenz zur Aufrechterhaltung der jeweiligen Rechtsverhältnisse zeigt, von denjenigen Staaten, die mehr zu einer Loslösung aller Rechtsverhältnisse des Vorgängerstaates neigen, zu unterscheiden sind. Um abschließend prüfen zu können, ob sich tatsächlich zwischen verschiedenen Staaten ein — partieller — Gewohnheitsrechtssatz über

---

[112] Kapitel 6, I., 2., a), cc).

[113] Kapitel 6, IV., 2., a).

[114] Kapitel 9, I., 2., a).

[115] Kapitel 9, III., 2., b), aa).

[116] Kapitel 11, II., 2., a), aa).

[117] Kapitel 11, III., 2.

[118] Die bei der Anerkennung Syriens eigens begehrte schriftliche Erklärung darüber, daß die Kapitulationen voll und ganz anerkannt und auch tatsächlich beachtet werden, ist (insbes. auch im Hinblick auf den deklaratorischen Charakter der Anerkennung) nur eine deklaratorische Maßnahme zur Sicherung und Realisierung ohnehin weiter bestehender Rechte.

[119] Kapitel 8, I., 2.

[120] Kapitel 8, IV., 2.

[121] Kapitel 9, III., 2., a).

[122] Kapitel 9, IV., 2.

die Auswirkung einer Staatensukzession auf sog. Staatenservituten gebildet hat, müßte die gesamte Praxis[123] der einzelnen Staaten zuvor in Spezialuntersuchungen aufgezeigt werden.

Die vorliegende Untersuchung hat aber ergeben — und das aufzuzeigen ist an dieser Stelle wesentlich —, daß die bisher von der herrschenden Lehre immer wieder zum Beweis herangezogenen Beispiele auch nicht die Existenz eines partiellen Völkergewohnheitsrechtssatzes rechtfertigen, nach welchem „Staatsservituten" automatisch auf den Nachfolgestaat übergehen.

Vierzehntes Kapitel

Rechtliche Würdigung der bisherigen Ergebnisse

I. Zusammenfassung der bisher gewonnenen Ergebnisse

Es konnte bisher festgestellt werden, daß

(1) sich ein allgemeiner Gewohnheitsrechtssatz über die Auswirkungen einer Staatensukzession auf zwischenstaatliche Rechtsverhältnisse nicht nachweisen läßt;

(2) sich insbesondere kein allgemeiner Gewohnheitsrechtssatz über den automatischen Übergang sogenannter Staatsservituten auf den Nachfolgestaat nachweisen läßt;

(3) die Staatenpraxis tatsächlich eine Einwirkung der Staatensukzession auf Rechtsverhältnisse aus internationalen Verträgen zeitigt;

(4) die Praxis der einzelnen Staaten hinsichtlich der Auswirkungen einer Staatensukzession auf sog. Staatsservituten in sich uneinheitlich ist;

(5) die Staatenpraxis zu einer individuellen Beurteilung der jeweils bisher zu dritten Staaten bestehenden Rechtsverhältnisse neigt und nicht zu globalen Regelungen;

(6) die unter dem Begriff der „Staatsservitut" gewöhnlich zusammengefaßten Rechtsverhältnisse gegenüber anderen Rechtsverhältnissen eine größere Beständigkeit zeigen; sie werden nicht als automatisch erloschen betrachtet, sondern eventuelle Änderungen werden im Wege eines neuen Vertragsabschlusses vorgenommen;

---

[123] Wegen Zahl und Dauer der Übungshandlungen vgl. *Berber*, Lehrbuch des Völkerrechts, Bd. 1, S. 55.

(7) die Tendenz besteht, auf die früher berücksichtigten Interessen der Nachbarstaaten sowie auf regionale Interessen Rücksicht zu nehmen;

(8) „Staatsservituten" sich als um so beständiger erweisen, je mehr sie darauf gerichtet sind, die Interessen der ursprünglich beteiligten Staaten korrespektiv zu wahren.

II. Rechtliche Würdigung der bisherigen Ergebnisse

1. Allgemeines

Es bleibt nun die Aufgabe, diese bisher gewonnenen Ergebnisse zu werten und zu prüfen, ob und gegebenenfalls wie sie sich juristisch qualifizieren lassen. Vornehmlich zwei Momente sind zu beleuchten, die zwar entgegengesetzt ausgerichtet sind, die aber beide bei Veränderungen im internationalen Status eines Völkerrechtssubjekts relevant werden:

a) die Tendenz zur Aufhebung und

b) die Tendenz zur Aufrechterhaltung völkerrechtlicher Rechtsverhältnisse. Es handelt sich also um einen „Faktor der Bewegung" und einen „Faktor der Beharrung"[1] Beide stehen miteinander in ständigem Widerstreit. Die Ursache hierfür liegt darin, daß das Völker*recht* wie jede Rechtsnorm ein statisches Element enthält, als *Völker*recht aber darüber hinaus in besonders starkem Maße dynamischen Charakter[2] trägt.

2. Die Staatensukzession und die clausula rebus sic stantibus

In der völkerrechtlichen Doktrin[3] ist weitgehend anerkannt, daß bei Vorliegen bestimmter einschneidender Ereignisse eine Bindung der Vertragsparteien an die von ihnen abgeschlossenen völkerrechtlichen Verträge nicht mehr anzunehmen ist. Diese Erscheinung wird erörtert unter dem Gesichtspunkt der clausula rebus sic stantibus. Danach soll vornehmlich bei bilateralen Verträgen und grundlegender

[1] *Nawiasky*, S. 84.

[2] *Berber*, Sicherheit und Gerechtigkeit, S. 20 ff., insbes. S. 24.

[3] *Kaufmann*, Das Wesen des Völkerrechts und die clausula rebus sic stantibus, Tübingen 1911; *Sousa*, S. 297; *Schwarzenberger*, International Law, S. 543; *Verdross*, Völkerrecht, 4. Aufl., 1959, S. 119; *Fitzmaurice*, Law of Treaties, Second Report, 15. 3. 1957, — A/CN/107 — S. 118 ff.; *Guggenheim*, Lehrbuch des Völkerrechts, Bd. I, S. 110; *v. Schuschnigg*, S. 268; *Ross*, S. 211; *Oppenheim-Lauterbach*, 8. Aufl., Bd. I, S. 938 (§ 539); *Berber*, Lehrbuch des Völkerrechts, Bd. 1, S. 459 ff.

Änderung der Umstände, oder — wie *Fitzmaurice* formuliert —

an essential change of circumstances which either vitiates the objects and purposes of the treaty itself, or relates to fundamental considerations that were basis to the treaty for both parties and moved them jointly to conclude the treaty.

eine Lösung der Parteien von dem Vertragsverhältnis möglich sein. Die Rechtsquelle der Anwendbarkeit einer clausula rebus sic stantibus im Völkerrecht ist noch umstritten[4], ebenso wie die Struktur der clausula selbst. Die vielen, hierzu entwickelten Theorien lassen sich, wie *Fitzmaurice*[5] hervorhebt, auf hauptsächlich drei Theorien zurückzuführen. Danach wird die Möglichkeit der Loslösung erklärt durch

(a) die vermutete Absicht der Vertragsparteien, das Vertragsverhältnis bei Eintritt besonderer Umstände zu beendigen, d. h. die clausula rebus sic stantibus ist aus der Interpretation des Vertrags zu entnehmen (subjektive Theorie);

(b) die clausula rebus sic stantibus als objektives Recht außerhalb der vertraglichen Abmachungen, das den Parteien die Möglichkeit einer Revision gebe (objektive Theorie);

(c) eine an sich objektiv bestehende clausula, die notwendig Bestandteil des jeweils von den Parteien geschlossenen Vertrages sei (objektiv — subjektive Theorie).

Da es sich bei der clausula rebus sic stantibus um eine jedenfalls nicht ausdrücklich niedergelegte Ausnahmeerscheinung handelt, ist sie nur in den Fällen einer grundlegenden Änderung wesentlicher Umstände anzunehmen, in denen kraft Völkervertrags- oder Völkergewohnheitsrechts keine andere Möglichkeit der Loslösung besteht[6]. Mithin kommen diejenigen Rechtsverhältnisse nicht in Betracht, in denen bereits Kündigungsmöglichkeiten vorgesehen sind. Die Veränderung im internationalen Status eines Völkerrechtssubjekts dürfte wohl eine der wesentlichsten Änderungen sein, die die Völkerrechts-

---

[4] Es scheint noch nicht erschöpfend geklärt zu sein, ob es sich um einen Gewohnheitsrechtssatz oder um einen allgemein anerkannten Rechtsgrundsatz i. S. des Art. 38, I 3 des Statuts des IGH handelt. In der Rechtsprechung internationaler Gerichte wurde die clausula bisher ausdrücklich noch nicht bestätigt (vgl. *Verdross*, Völkerrecht, 4. Aufl., S. 120). Zur Frage der allgemeinen Rechtsgrundsätze führt *Schwarzenberger*, International Law, S. 543 hierzu aus: „... it appears redundant to derive the clausula from any general principle of law recognised by civilised nations", während *Fitzmaurice*, loc. cit., S. 119 und 122 wohl zu einer Begründung im Hinblick auf allgemeine Rechtsgrundsätze neigt. — Einen Gewohnheitsrechtssatz nimmt *Schuschnigg*, S. 270, an.

[5] *Fitzmaurice*, loc. cit., S. 124; wohl in Anlehnung hieran auch *Berber*, Lehrbuch des Völkerrechts, Bd. 1, S. 461.

[6] Vgl. *Fitzmaurice*, loc. cit., S. 121 und 123; *Ross*, S. 211/214; *Berber*, Lehrbuch des Völkerrechts, Bd. 1, S. 461.

praxis kennt[7]. Da, wie oben ausgeführt, sich die Einwirkung der Staatensukzession auf völkerrechtliche Rechtsgeschäfte nicht gewohnheitsrechtlich festlegen ließ, besteht insoweit also kein Gewohnheitsrechtssatz, der eine anderweitige Möglichkeit einer Lösung des Vertragsverhältnisses gibt.

Wie die Loslösung von dem Vertragsverhältnis zu erfolgen hat, ist wiederum weitgehend ungeklärt und umstritten[8]. Läßt man auch die Staatensukzession in den Bereich der clausula rebus sic stantibus fallen[9], dann scheint eine Differenzierung hinsichtlich verschiedener Vertragstypen erforderlich zu sein, da nämlich jedenfalls bei den sog. Staatsservituten in der Praxis kein automatisches Erlöschen schlechthin geübt wird, sondern eine vorläufige Aufrechterhaltung, und anschließend versucht wird, gemeinsam eine neue Regelung zu finden, die den veränderten Umständen Rechnung trägt. Für diesen Problemkreis bieten die Ausführungen *Hoyts*[10] wesentliche Ansatzpunkte, die auf der besonderen Bedeutung der hier schon mehrfach herausgestellten besonderen Interessen fußen. Bei der Erörterung, welche Staaten bei einer Revision beizuziehen sind, führt *Hoyt* aus:

It is necessary to bring in all the states whose co — operation will be necessary if the new regime is to work in practice, and all the states whose insistence upon their previously acquired rights would seriously hamper the functioning of the new regime. This means that the degree of interest in the subject matter is the essential criterion for inclusion. Signature of previous treaties is one indication of interest, but the interest of a signatory may later diminish to the point where it may be disregarded, and other states may have important interests based on rights which they have acquired through custom and prescription.

In der Doktrin war, herkommend von römisch-rechtlichen Grundsätzen, die Anwendbarkeit der clausula rebus sic stantibus auf „Servituten" teilweise bestritten worden[11]. Die Praxis der Staaten zeigt aber sehr wohl jedenfalls eine Berufung auf die clausula gegenüber „Servituten"[12]. Es ist hier vor allem auch zu berücksichtigen, daß die

[7] In diesem Sinn wohl auch *Ross*, S. 214 (Ziff. 3); *Münch*, Ist an dem Begriff der völkerrechtlichen Servitut festzuhalten?, S. 80; auch *Wheaton*, Elements of International Law, 6. Aufl. 1929, S. 418; *Cavaglieri*, in: RC, Bd. 26 (1929 I), S. 377; vgl. auch *Antokoletz*, Bd. 1, S. 353.

[8] Vgl. die Darstellung bei *Fitzmaurice*, loc. cit., S. 123; ferner *Berber*, Lehrbuch des Völkerrechts, Bd. 4, S. 464 ff.

[9] So auch *Berber*, Lehrbuch des Völkerrechts, Bd. 1, S. 258. *Berber* nimmt im übrigen an, daß bei Eintritt einer Staatensukzession die sogen. Staatsservituten bestehen bleiben (*Berber*, loc. cit., S. 303).

[10] *Holt*, S. 245 ff., insbes. S. 250.

[11] *Antokoletz*, Bd. 1, S. 134; vgl. aber ibidem, S. 353!

[12] Vgl. die französische Haltung im Genfer Freizonenstreit (STIGH, Serie C, Nr. 17, I, S. 616 ff.), die russische Haltung 1871 in der Frage der Neutrali-

sog. radizierten Verträge häufig den veränderten Sachlagen angepaßt werden und nach allgemeinem Völkergewohnheitsrecht[13] derjenige Staat, der sich auf die clausula rebus sic stantibus beruft, zunächst die Gegenseite zu einer einverständlichen Angleichung des betreffenden Rechtsverhältnisses an die nunmehrige Situation auffordern muß.

All diese Bemerkungen beziehen sich nur auf vertragliche Rechtsverhältnisse, schon deshalb, weil die ‚clausula' aus dem innerstaatlichen Vertragsrecht entwickelt wurde. Von einem objektiven Standpunkt[14] der Bedeutung der ‚clausula' her bestehen logisch jedoch keine Hindernisse, sie auch auf Rechtsverhältnisse Anwendung finden zu lassen, die nicht aus konkreten Verträgen resultieren. Ob ein derartiger Völkerrechtssatz jedoch besteht, hängt von dem Geltungsgrund der ‚clausula rebus sic stantibus' ab[15]. Bisher scheint dieses Gebiet induktiv noch nicht erschöpfend behandelt zu sein.

3. Die Reflexwirkung im Völkerrecht

a) Die Rücksichtnahme auf tatsächliche Interessen dritter Staaten

Es wurde bereits herausgestellt, daß in der Staatenpraxis sich anhand der untersuchten Beispiele kein Gewohnheitsrechtssatz feststellen läßt, nach dem Staatsservituten im Falle einer Staatensukzession automatisch den Nachfolgestaat binden. Es ließ sich aber eine Praxis aufweisen, nach der die Staatsservituten im Falle einer Staatensukzession größere Beständigkeit aufweisen als andere Rechtsverhältnisse und daß die Interessen der Nachbarstaaten sowie regionale Interessen bei der Neuregelung berücksichtigt werden. Als Gewohnheitsrechtssatz ließ sich dies jedoch mangels einer nachweisbaren opinio iuris vel necessitatis nicht dartun.

---

sierung des Schwarzen Meeres; weitere Hinweise vgl. bei *Guggenheim*, loc. cit., S. 112 ff.; Beispiele aus der neueren Staatenpraxis vgl. bei *Berger*, Zur Klausel „rebus sic stantibus".

Im Hinblick auf Kapitulationen vgl. in diesem Zusammenhang *Sousa*, S. 297 ff.. Für eine Anwendbarkeit der clausula insbes. im Hinblick auf Staatensukzessionen auch *Münch*, loc. cit., S. 108.

[13] Vgl. *Berber*, Lehrbuch des Völkerrechts, Bd. 1, S. 464.

[14] Argumente vgl. bei *Fitzmaurice*, loc. cit., S. 127/128.

[15] Im Hinblick auf allgemeine Rechtsgrundsätze wäre zu untersuchen, ob der strenge Vertragsbegriff und die Möglichkeit der Auflösung eines Vertragsverhältnisses in allen Rechtskreisen so stark ausgeprägt ist wie im römischen. Zu beachten sind in diesem Zusammenhang auch die sozialen und wirtschaftlichen Umwälzungen, die zu Lockerungen einzelner Institute gerade im Bereich des Vertragsrechts führten. Vgl. im deutschen Recht etwa die neuere Lehre der „faktischen Vertragsverhältnisse" d. h. Rechtsverhältnisse, die nicht aus Verträgen resultieren, aber mangels konkreter Bestimmungen nach Vertragsrecht abgewickelt werden (Bahnbrechend hierfür: Günther *Haupt*, Über faktische Vertragsverhältnisse, 1941, Festschrift für Siber).

Ein Prinzip der Rücksichtnahme auf die Interessen der Nachbarstaaten konnte Berber[16] für den Bereich des Nachbarrechts und des Wasserrechts als allgemeinen, von den zivilisierten Nationen anerkannten Rechtsgrundsatz (Art. 38 I, 3 Statut des IGH) nachweisen:

Jeder Anlieger muß in allen Handlungen, die auf die Wassernutzung der anderen Anlieger von Einfluß sein könnten, die Interessen der anderen Anlieger gebührend berücksichtigen.

Dieses in seinem Ausmaß vage Prinzip[17] wurde speziell im Hinblick auf zwischenstaatliche wasserrechtliche Probleme und nicht im Hinblick auf Probleme der Staatensukzession und der Aufrechterhaltung von „Servituten" gefunden. Die Untersuchungen der vorliegenden Arbeit beschränken sich auf eine Erforschung etwaiger gewohnheitsrechtlicher Sätze. Unter dem Gesichtspunkt allgemeiner Rechtsgrundsätze kann die Frage des automatischen Überganges zwischenstaatlicher Rechtsverhältnisse bei Veränderungen im internationalen Status nicht untersucht werden, da diese Veränderungen so speziell zwischenstaatlich sind, daß innerstaatliche, aus Rechtssätzen abgeleitete Prinzipien nie ein diesem völkerrechtlichen Problem analoges Problem liefern können. Diese zwischenstaatliche Institution hat eben keine Analogie in innerstaatlichen Institutionen[18].

Die tatsächlich geübte Staatenpraxis kann also nicht als Völkergewohnheitsrecht oder als allgemeiner Rechtsgrundsatz qualifiziert werden. Die wenigen vertraglichen Regelungen, die hierüber bestehen, betreffen generell die Aufrechterhaltung von Rechten und Pflichten aus völkerrechtlichen Verträgen und nicht die Wahrung besonderer Interessen, die gerade bei den Staatsservituten eine Rolle spielen. Die tatsächlich feststellbare Staatenpraxis ist also nicht als Völker*recht* zu werten. Die Rücksichtnahme auf die Interessen bestimmter Staaten ist aber auch keine bloße in der Zukunft liegende Erwägung für die Ausgestaltung zukünftiger Rechtsverhältnisse. Darauf deutet die oft bemerkbare, vorläufige Beibehaltung gerade dieser Rechtsverhältnisse sowie die Tatsache, daß spätere Änderungen auf der Basis der bisherigen Regelungen und nicht von völlig neuen, alles bisherige negierenden Vorstellungen aus vorgenommen werden. Berücksichtigt werden bei Neuregelungen jene besonderen Interessen, die sehr oft eine rechtliche Regelung schon gefunden hatten. Es scheinen aber auch

---

[16] *Berber*, Rivers in International Law, S. 254; *Berber*, Die Rechtsquellen des internationalen Wassernutzungsrechts, S. 181; vgl. hierzu auch *Sauser-Hall*, S. 517.

[17] *Berber*, Die Rechtsquellen des internationalen Wassernutzungsrechts, S. 193.

[18] Vgl. *Berber*, Die Rechtsquellen des internationalen Wassernutzungsrechts, S. 137, Ziff. 4: „... Es gibt viele Institutionen im innerstaatlichen Recht, die keine logische Analogie im Völkerrecht haben und umgekehrt."

solche Interessen berücksichtigt zu werden, die sich bisher nur in rein tatsächlichen Gewohnheiten der Bevölkerung eines Staates manifestierten, und die bei Grenzverschiebungen entsprechende vertragliche Regelungen notwendig machen und bewirken. Hiermit zeigt sich, daß die Rücksichtnahme auf jene Interessen nicht nur eine in der Zukunft liegende Erwägung für die Begründung und Ausgestaltung künftiger Rechtsverhältnisse ist. Es handelt sich mithin also auch nicht um ein rein politisches Prinzip. Vielmehr scheint eine gewisse Basis vorhanden zu sein, die sich schließlich zu einem Rechtsverhältnis verdichtet und konkretisiert. Von zwei Elementen scheinen Wirkungen auszugehen, die auf die Rechtslage eines bisher unbeteiligten Staates Einfluß nehmen, nämlich gewisse rein tatsächliche und gewisse rechtliche Positionen, sofern sie mit einem besonderen Interesse anderer Staaten verbunden sind, seien es Nachbarstaaten oder eine regional zusammengefaßte Mehrheit von Staaten. Dieses bereits bestehende, noch nicht rechtliche, aber auch nicht mehr nur politische Interesse genießt insofern völkerrechtliche Beachtung, soweit es zum Gegenstand von neuen, nunmehr rechtlichen, zwischenstaatlichen Beziehungen gemacht wird.

b) Die Reflexwirkung

Die Frage nach der juristischen Qualifikation dieser Wirkung und des Schutzes besonderer Interessen ist nicht nur völkerrechtlich interessant, sondern ist ein Problem der allgemeinen Rechtslehre, das jedesmal — und zwar auch im innerstaatlichen Recht — dann auftaucht, wenn Dritten zwar faktische Interessen, aber keine echten Rechte eingeräumt werden[19]. Vor dieses Problem sah sich 1871 bereits Rudolf *von Ihering*[20] gestellt, der diese Erscheinung folgendermaßen umschrieb:

> Die Rückwirkung, welche eine rechtliche oder ökonomische Tatsache über ihre eigentliche, durch das Gesetz oder die Absicht des Handelnden oder Berchtigten gesetzte Wirkungssphäre hinaus für dritte Personen äußert, bezeichne ich als Reflexwirkung.

Wenn hier dieser Gedanke *v. Iherings* aufgegriffen wird, so soll damit nicht mittels einer Analogie innerstaatliches Recht in das Völkerrecht hinübergezogen werden. Es handelt sich lediglich um eine Anregung zur Erklärung eines Phänomens, das sich in dieser wie in jener Rechtsordnung zeigt und das nicht aus der Struktur der Subordination erwachsen ist, sondern das eine Erklärung für Verhältnisse gibt, die keine *Rechts*verhältnisse sind. Dabei ist es hier völlig irrelevant, wel-

---

[19] Vgl. *Nawiasky*, S. 155.

[20] *v. Ihering*, S. 248.

cher Art die Rechtsverhältnisse in den beiden, strukturell völlig verschiedenen Rechtsordnungen sind. Wichtig ist einzig und allein in beiden Fällen, daß es sich *nicht* um *Rechte* handelt, sondern um die faktische Begünstigung oder — auf der Gegenseite — Belastung eines Dritten. Der Bestand an Rechten und Pflichten dieses Dritten wird *unmittelbar nicht* verändert. Hierin unterscheidet sich die Reflexwirkung vom Vertrag zugunsten oder zu Lasten Dritter, bei dem der Rechtsbestand des Dritten positiv oder negativ verändert wird. Die Lehre von den Reflexwirkungen wurde vor allem im deutschen Verwaltungsrecht aufgegriffen und ausgebaut[21]. Auf die dort geführten Erörterungen der Abgrenzung der Rechtsreflexe[22] von echten Rechten ist hier nicht einzugehen[23], da sie durch die Struktur der jeweiligen Rechtsordnung bedingt ist. Hervorzuheben ist lediglich nochmals, daß es sich bei der Reflexwirkung nur um den *tatsächlichen* Vorteil oder Nachteil handelt, der dadurch geschaffen wird, daß bestimmte Interessen, wenn auch nicht rechtlich geschützt, so aber doch als besonders schutzwürdig *effektiv*[24] behandelt werden. Eine solche Wirkung zeigt sich aber in gleichem Maße, wenn im Falle einer Staatensukzession die in „Servituten" zunächst manifestierten Interessen eines Staates durch — wenn auch nur vorläufige und freiwillige — Aufrechterhaltung dieses Status berücksichtigt werden. Insofern als es sich sowohl im innerstaatlichen wie im zwischenstaatlichen Recht bei der Auswirkung der in einem bestimmten Interesse begründeten Positionen nicht um *Rechts*verhältnisse, aber auch nicht um bloße politische Prinzipien handelt, liegt eine bisher nur auf der Ebene innerstaatlichen Rechts untersuchte Erscheinungsform vor, die zwar im Völkerrecht auf einer anderen Basis fußt, aber als solche eben wegen der aufgezeigten, nicht strukturbedingten Parallelen die Umschreibung einer Reflexwirkung rechtfertigt.

Die Existenz sogenannter realer Rechte im Völkerrecht ist damit nicht dargetan, noch kann aus der Beachtung bestimmter Rechtsverhältnisse seitens des Nachfolgestaates nunmehr der Schluß auf die

---

[21] Vgl. *Bachof*, S. 288 ff. S. 288: Heute bezeichnet man als Reflexwirkungen solche Wirkungen einer Rechtsnorm ..., die eine Person faktisch begünstigen oder belasten, ohne ihren Bestand an Rechten oder Pflichten unmittelbar zu verändern."

[22] *Bachof* weist S. 291 ausdrücklich die mißverständliche Formulierung „Reflexrecht" zurück!

[23] Literaturhinweise bei *Bachof*, S. 291, n. 16.

[24] Es handelt sich also nur um eine tatsächliche Übung der Staaten, mithin nur um das objektive Moment des Begriffes Gewohnheitsrecht. *Berber* stellt in: Lehrbuch des Völkerrechts, Bd. 1, S. 43 zutreffend heraus, daß diese tatsächliche Übung *rechtlich* irrelevant sei, konzediert aber, daß sie praktisch gleichwohl für den internationalen Verkehr Bedeutung entfalten kann.

Zulässigkeit von Verträgen zu Lasten Dritter gezogen werden[25]. Die Reflexwirkung, das sei nochmals betont, ist kein Rechtsverhältnis, sondern lediglich eine Umschreibung dafür, daß gewisse Interessen innerhalb der Staatengemeinschaft schließlich eine gesonderte Behandlung erfahren. Diese Reflexwirkung zeigt sich vor allem bei Interessen, die aus einer besonderen territorialen Lage der Staaten zueinander resultieren, und zwar anläßlich einer vorgängigen Veränderung im internationalen Status eines Rechtssubjekts. Es handelt sich hier nicht um die Berücksichtigung von Interessen der Nachbarstaaten schlechthin bei der tatsächlichen Ausübung von Hoheitsrechten, sondern darum, daß eine juristische Tatsache sozusagen ihren Schatten in ein fremdes, erst bei einer Staatensukzession sich bildendes, neues und fremdes Interessengebiet *vorauswirft*[26], und zwar derart, daß nach Eintritt der Sukzession das nunmehrige Rechtssubjekt sich über diesen Reflex nicht hinwegsetzen kann[27]. Es bleibt aber die Möglichkeit offen, den besonderen Interessen in anderer Weise Rechnung zu tragen. Die Staatenpraxis zeigt für derartige Modifikationen reiche Beispiele.

c) Die systematische Einordnung der Reflexwirkung

Es fragt sich nun, wo die Reflexwirkung systematisch unterzuordnen ist. Da es sich weder um einen rechtlichen noch um einen rein politischen Grundsatz handelt, bleiben zwei Möglichkeiten: entweder die Reflexwirkung steht *völlig außerhalb* von Recht und Politik und hat mithin auf beides gleichzeitig keine Auswirkung oder aber sie steht *zwischen* Recht und Politik. Die Reflexwirkung geht von einer juristisch relevanten Tatsache aus, sei es von einem bisher bestehenden Vertrag, sei es von tatsächlichen „Gegebenheiten des Nebeneinanders organisierter Herrschaftsgewalten"[28], die eine Rücksichtnahme auf einzelnen Sektoren erfordern. Sie ist für die Fälle, in denen es nach der Sukzession schließlich zu einer vertraglichen Vereinbarung der beteiligten Staaten kommt, bereits die Grundlage für diese rechtlichen Normen. Mithin steht die Reflexwirkung nicht völlig außerhalb von rechtlichen und politischen Grundsätzen, sondern an der Schwelle des Übergangs von politischen zu rechtlichen Prinzipien.

---

[25] So ausdrücklich *v. Ihering*, S. 289; zu beachten ist in diesem Zusammenhang die von *l'Huiller*, S. 201, No. 341 herausgestellte „indirekte Verpflichtung" dritter Staaten. Aber auch bei *L'Huiller* wird diese Verpflichtung noch als Recht behandelt; aus diesem Grunde ist dieser an sich brauchbare Ansatzpunkt in seiner Folgerung abzulehnen.

[26] Vgl. *v. Ihering*, S. 248.

[27] *v. Ihering* definiert, S. 284: „Die Reflexwirkung ist eine durch besondere Verhältnisse bedingte und ausschließlich durch sie herbeigeführte ökonomisch vorteilhafte oder nachtheilige Folge einer in der Person des Einen eingetretenen Thatsache für eine dritte Person."

[28] *Mosler*, S. 123.

d) *Exkurs über die Lehre von den „besonderen Rechtsprinzipien"*

Im Zusammenhang mit der Erörterung der Reflexwirkung ist auf eine kürzlich erschienene Abhandlung von *v. d. Heydte* über „Das Prinzip der guten Nachbarschaft im Völkerrecht"[29] einzugehen. Der dem politischen Bereich gegenüberstehende Rechtsbereich — so wird ausgeführt — setze sich aus (positiven) Normen, nämlich Vertragsrecht und Rechtsgewohnheit, und allgemeinen und besonderen Rechtsgrundsätzen zusammen[30]. Diese Rechtsgrundsätze seien selbst noch keine positiven Normen; solche würden sich vielmehr erst aus ihnen konkretisieren. Dieser Umschreibung widersprechen aber die späteren Ausführungen[31], wonach die allgemeinen Rechtsgrundsätze einen aus dem Wesen der Völkerrechtsordnung schlechthin vorgegebenen Begriff darstellen, daher einen normativen Mindestinhalt haben und somit als subsidiäres Völkerrecht gelten sollen. Denn es kann etwas unter Wahrung der Identität nicht Norm und zugleich Vorläufer dieser Norm sein. Sobald die Konkretisierung eines Rechtsgrundsatzes zur Norm nach o. a. These vollzogen ist, entfälltt ein wesenliches Moment des Rechtsgrundsatzes, nämlich die Tendenz zur Konkretisierung. Auch der von *v. d. Heydte* aufgestellten Theorie, daß die sogen. „besonderen Rechtsgrundsätze" dem einzelnen Staat keinen unmittelbaren Rechtsanspruch gewähren[32], gleichwohl aber bereits zum Rechtsbereich gehören sollen, muß widersprochen werden. Wenn ein Staat erklärt, ein bestimmtes „Rechtsprinzip" verwirklichen zu wollen[33], so ist er auf Grund dieser Erklärung, also auf Grund einer Völkerrechtsnorm, gebunden, nicht aber auf Grund des angeblich rechtlichen Charakters dessen, worauf sich die betreffende Erklärung bezieht. Auch eine Unterscheidung zwischen Normen ohne konkreten Inhalt (Rechtsgrundsätze) und solchen mit konkretem Inhalt (positive Normen)[34] macht die erstgenannten nicht zum Vorläufer der letzteren, da dies auf eine Unterscheidung von inhaltsentkleideten und inhaltsbekleideten Normen hinausläuft. Eine Norm ohne Inhalt ist aber keine Völkerrechtsnorm[35]. Zudem geht *v. d. Heydte* auch gerade davon aus, daß die

---

[29] *v. d. Heydte*, Das Prinzip der guten Nachbarschaft im Völkerrecht, in: Festschrift für Verdross, Wien, 1960, S. 133 ff.
[30] *v. d. Heydte*, loc. cit., S. 133.
[31] *v. d. Heydte*, loc. cit.
[32] *v. d. Heydte*, loc. cit., S. 134.
[33] Vgl. *v. d. Heydte*, loc. cit., S. 135.
[34] Vgl. *v. d. Heydte*, loc. cit., S. 133.
[35] Normen des Völkerrechts sind nur solche, die sich „in der Wirklichkeit des internationalen Lebens" (vgl. *Berber*, Lehrbuch des Völkerrechts, Bd. 1, S. 7) manifestieren. Eine Norm ohne Inhalt ist ein Sollen an sich und setzt mithin ein Über- und Unterordnungsverhältnis voraus. Das Völkerrecht beruht aber auf dem Prinzip der Gleichordnung (vgl. *Berber*, Zur Problematik der Rechtsquellen im internationalen Wasserrecht, S. 125).

Rechtsprinzipien wegen ihres Inhalts bestehen. Die Völkerrechtsnormen können mithin nicht auf den gemeinsamen Nenner angeblicher Rechtsprinzipien gebracht werden. Die Konstruktion der „besonderen Rechtsgrundsätze“ stellt einen der immer wieder vorgenommenen Versuche dar, angebliche Rechtsprinzipien dort künstlich einzufügen, wo keine Rechtsnormen bestehen, um auf diese Weise ein geschlossenes Normensystem darzulegen, ohne daß zuvor bewiesen wurde, ob ein solches System überhaupt effektiv besteht[36].

Die hier vertretene These der Reflexwirkung umschreibt eine tatsächliche Erscheinung im Raum *zwischen* Recht und Politik. Die Reflexwirkung ist aber nicht identisch mit den von *v. d. Heydte* herausgestellten „besonderen Rechtsgrundsätzen“, die ebenfalls eine Rücksichtnahme auf tatsächliche Interessen der Staaten zum Gegenstand haben[37].

III. Abschließende Bemerkungen

Abschließend soll noch kurz darauf eingegangen werden, wie sich die hier vertretene These der Reflexwirkung der sogenannten Staatsservituten zu den in der Doktrin vertretenen Meinungen über das Verhältnis von Staatensukzession und Staatsservituten verhält. Es konnte, wie schon zuvor herausgestellt wurde, nicht bewiesen werden, daß gewohnheitsrechtlich im Falle einer Staatensukzession die Servituten auf den Nachfolgestaat automatisch übergehen. Da es sich bei den Staatsservituten um Rechtsverhältnisse handelt, die sehr spezielle Situationen regeln, ist es erklärlich, daß der Nachfolgestaat zumeist für diese Situationen keine anwendbaren Regeln zur Verfügung hat. Wenn sich der nicht als Rechtssatz bewiesene Grundsatz der beweglichen Vertragsgrenzen[38] in der Staatenpraxis nachweisen läßt, bleibt die Regelung der Staatsservituten rechtlich ungeklärt, da keine bereits

---

[36] Vgl. hierzu *Berber*, Zur Problematik der Rechtsquellen im internationalen Wasserrecht, S. 119; ders., Lehrbuch des Völkerrechts, Bd. 1, S. 24.

[37] Nicht mit den von *v. d. Heydte* behaupteten „besonderen Rechtsgrundsätzen“ sind die von *Berber*, in: Lehrbuch des Völkerrechts, Bd. 1, S. 180 ff. herausgestellten Rechtsprinzipien der Selbstbestimmung, der Selbstbehauptung und der Gleichberechtigung zu verwechseln. Diese „konstitutiven Prinzipien des Völkerrechts“ (*Berber*, loc. cit., S. 179) ergeben sich aus „dem Wesen des Völkerrechts als eines Koordinationsrechts“ unabhängiger Staaten. Sie sind Voraussetzung dafür, daß überhaupt Recht zwischen unabhängigen Staaten bestehen kann, sind aber nicht Vorläufer der von diesen Staaten zu bildenden Normen. Völkergewohnheitsrecht und Völkervertragsrecht werden nicht aus diesen Prinzipien entwickelt. Völkergewohnheitsrecht und Völkervertragsrecht können verschiedene Materien zum Gegenstand haben. Außerdem ist ein Staat gerade wegen der von *Berber* herausgestellten Prinzipien nicht zum Abschluß völkerrechtlicher Verträge gezwungen.

[38] Vgl. oben Kapitel 1, IV., 4., c).

existente Norm für eine Ausdehnung auf diese Situationen besteht. Um zu einer vorläufigen Regelung zu kommen, bleibt nur die Beibehaltung bestehender oder der Abschluß neuer Normen. Wenn jedoch der Nachfolgestaat bereits Partner des Abkommens war, das den besonderen Status festlegte, so bestand von vornherein eine — wenn auch sozusagen nur „betagte" — Verbindlichkeit dieses Staates und die Frage des Übergangs der Staatsservitut wird gar nicht erst akut.

Der von *Wilkinson*[39] herausgestellte Gedanke der faktischen Ausführbarkeit steht mit der These der Reflexwirkung nicht in Widerspruch, wenn er auch das Phänomen der Rücksichtnahme auf besondere Interessen und der größeren Beständigkeit der „Servituten" nicht erklärt.

Der Hinweis *Dahms*[40], es könne von Bedeutung sein, daß internationale Verträge die Grundlage einer Lebensordnung der internationalen Gemeinschaft bilden, läßt sich brauchbar eingliedern, sofern man sich bewußt bleibt, daß es sich dabei nicht um eine objektive Rechtsordnung mit Wirkung für und gegen jeden dritten Staat handelt, sondern um eine im Interesse eines oder mehrerer anderer Staaten getroffenen Regelung, die für alle Staaten, und somit auch für Nachfolgestaaten, Wirkungen zeitigt. Gerade in der heutigen Zeit, die einerseits von den zentralistischen Bestrebungen einer zunehmenden Integrierung, andererseits von den dezentralistischen Bestrebungen der Unabhängigkeitsbewegungen erfüllt ist, ist ein „völkerrechtliches Vakuum" nicht erwünscht[41]. Zur Ausfüllung eines solchen Vakuums stehen jedoch noch keine Rechtssätze, sondern höchstens Reflexwirkungen zur Verfügung.

Der Begriff der „Servitut" selbst trägt in diesem Zusammenhang nicht zu einer Lösung bei. Er ist vom Aspekt der Staatensukzession her nicht erforderlich und — wie man auch die Servitut im einzelnen definieren mag — darüber hinaus gefährlich, da er dazu angetan ist, zu voreiligen Analogien und Konstruktionen zu verleiten.

Die vorliegende Untersuchung nimmt nicht für sich in Anspruch, allgemeingültige Regeln aufgestellt zu haben; denn eine Berücksichtigung sämtlicher rechtlich relevanter Tatsachen der Staatenpraxis war nicht möglich. Sie stellt nur den bescheidenen Versuch dar, dazu beizutragen, einen schmalen Pfad in das Labyrinth der so verwickelten Fragen über Staatensukzession und Staatsservituten zu bahnen.

---

[39] *Wilkinson*, S. 116.

[40] *Dahm*, Völkerrecht I, S. 103; vgl. hierzu auch *Mosler*, S. 123/124.

[41] *Dahm*, loc. cit., S. 103.

Anhang

Anhang No. 1

Ministère des Affaires Etrangères, Correspondance Politique.

Sardaigne; vol. 348; p. 256:

(Baron de Talleyrand an das französische Außenministerium)

Légation de France
en
Piémont
Direction Politique
No. 25
Confidentielle et secrète.
Savoie et Nice

6 Mars 1860 Turin

Monsieur le Ministre,

... Quant à l'obligation où croit se trouver le Cabinet Sarde de recommander la prise en considération des intérêts de la Suisse, M. de Cavour m'a répondu en ces termes: »Je comprends à merveille que ce n'est pas à moi à intervenir entre la France et la Suisse, et que si des difficultés surgissent, c'est à vous qu'il appartient de les aplanir. Mais, enfin, je ne puis vous céder une province sans vous céder les charges qui pèsent sur elle. C'est un immeuble grèvé d'une servitude; nous vous en prévenons pour être relevés de nos obligations; car sans cela, c'est à nous et non pas à vous que la Suisse serait en droit de demander compte du tort qui lui serait fait. Telles sont les raisons qui me font insister sur le point.« — Votre Excellence jugera en se concertant avec M. Nigera, si elle peut déférer aux désirs du Président du Conseil...

Anhang No. 2

Ministère des Affaires Etrangères, Correspondance Politique.

Sardaigne; vol. 348, p. 304:

(Das französische Außenministerium an den Baron de Talleyrand.)

Ministère des Affaires Etrangères
au Baron de Talleyrand
Turin
No. 29

Paris, le 16 mars 1860

M. le Baron, M. le Ministre de Suisse m'a adressé la communication dont j'ai l'honneur de vous envoyer ci-joint la copie et qui a pour objet, comme vous le verrez, de protester contre l'annexion, à la France, des provinces de la Savoie qui sont eventuellement soumises au principe, de la neutralisation.

Je me propose de répondre à cette démarche en adressant au Chargé d'Affaires de S. M. à Rome une dépêche dans laquelle il me sera facile d'etablir que la Confédération Helvétique n'est nullement fondée à s'opposer à la cession que nous demandons au Piémont. Le droit d'aliéner une portion de territoire relève exclusivement de la Souveraineté, et les traités de 1815, dans les stipulations même que la Suisse prétend invoquer, ont reservé, dans toute leur pleinitude, les prérogatives que la possession de la Savoie conferait à la couronne de Sardaigne. Le Gouvernement Sarde est donc parfaitement libre d'entrer avec la France, à ce sujet dans les arrangements qu'il croit conformer à des intérêts et à la politique. Le traité de 1804[1] ne saurait plus désormais trouver son application; il se refère à une situation et à des éventualités qui sont sans analogie avec les modifications successives que l'état de possession a subies depuis cette époque; les dispositions arrêtées à Vienne l'attesteraient au besoin; elles ne sauraient, en effet, être envisagées comme une conséquence de stipulations antérieures et qui avaient uniquement pour objet des arrangements spéciaux conclus entre les Ducs de Savoie et quelques Cantons limitrophes de l'ancien Duché. C'est ce qui se trouve parfaitement illucidé dans une brochure récemment publié par M. le Comte Greffier de Bellecombe, ancien conseiller à la cour d'appel de Chambéry. En 1815 les puissances ont jugé utile de combiner certaines garanties propes à sauvegarder la paix de l'Europe; ces garanties se lient essentiellement à l'intérêt général; loin de reproduire, même dans leur esprit, les transactions de 1804, elles en effacent jusqu'à la trace; elles ne confèrent, par conséquent, à la Suisse aucun Droit particulier. C'est là un point qui ne saurait être contesté et le cabinet de Turin a en lui-même l'occasion d'établir que telle était également son opinion à cet égard. Assurément les stipulations de 1815 ont limité, pour certaines éventualités, l'exercice de la Souveraineté en Savoie et nous n'hésitons pas à reconnaître que nous sommes tenus de recevoir cette province avec les charges ou, si l'on veut, la servitude internationale laquelle l'Europe en a subordonné la possession. Nous aurons évidemment à nous concerter à ce sujet avec les puissances, et nous sommes disposés à adopter tous les tempéraments qui seraient jugés nécessaires pour maintenir un état de choses auquel la France elle-même a donné son assentiment; mais nous ne saurions, à ce sujet, entrer exclusivement en pourparlers avec la Suisse sans méconnaître les obligations que nous sommes au contraire résolus à respecter. Les négotiations, dont l'affaire de Neuchâtel a été l'objet, constituent un précédent et nous tracent la conduite que nous avons à tenir dans cette circonstance; il s'agit aujourd'hui, comme en 1857, d'un point qui, tout en intéressant la confédération helvétique, se rattache plus particulièrement à un intérêt d'ordre générale. J'ajouterai que si les deux questions se lient par l'origine des stipulations, il existe cependant entre elles une différence qui fait ressortir la justesse de notre manière de voir; dans l'une, en effet, il y avait lieu de statuer sur le sort d'un territoire qui faisait, quoiqu'à des conditions exceptionnelles, partie intégrante de la confédération helvétique, et la Suisse était évidemment autorisée à revendiquer le rôle qui lui était indiqué par la nécessité de défendre l'intégrité de ses possessions; dans l'autre le débat porterait uniquement sur un territoire étranger à la confédération, qu'elle peut, il est vrai, eventuellement occuper, mais cette occupation a été stipulée en vue des intérêts généraux de l'Europe par les

---

[1] Die Jahreszahl ist in der zur Verfügung stehenden Handschrift nicht genau lesbar.

Puissances et c'est, dès lors, uniquement avec elles qu'en entrant en possessions de la Savoie nous devons nous entendre pour le maintien d'une garantie qu'elle ont combinée d'un commun accord dans un traité auquel la France a participé.

Ces considérations refutent pleinement la prétention émise par le conseil fédéral et j'inviterai M. Tillon à lui remettre copie de la dépèche que me propose de lui adresser. J'ai cru utile toute fois de vous en faire part dès aujourd'hui pour vous mettre à même de [faire] connaître sans retard à M. le Comte de Cavour la substance de la réponse que je compte faire à la communication de M. le Ministre de Suisse.

Anhang No. 3

Ministère des Affaires Etrangères, Correspondance Politique.
Angleterre, vol. 791, p. 138:
(Lord Lyons, britischer Botschafter in Paris,
an
M. Barthélemy Saint-Hilaire, französischer Außenminister)

Paris, May 14, 1881

Monsieur le Ministre,

I did not fail to report to Her Majesty's Government the observations which Your Excellency did me the honour to make to me on the 10th instant, during the conversation I had with you on that day, when I communicated to you the Despatch addressed by me to Earl Granville on the 7th instant respecting the affairs of Tunis.

The conversation included several topics of a very important character, but as Your Excellency intimated that you should probably make Lord Granville's Despatch the subject of a communication in writing, Her Majesty's Government deem it more convenient and more respectful to the Government of France to await Your Excellency's written observation before commencing any further discussion of the topic in question.

In the meantime, however, and while awaiting the further communication just alluded to, Her Majesty's Government deem it desirable to place clearly on record the assurances they have received from the Government of France, as to the nature and extend of any arrangement that may be concluded with the Bey of Tunis.

In the conversation on the 10th instant, as on several previous occassions, Your Excellency disclaimed any intention of conquest or annexation on the part of France.

Your Excellency had a short time before stated to me that the French Government had certainly no intention of undertaking the work of forming a port at Bizerta, although private French enterprise might possibly at some future date be devoted to making improvements there for the purpose of a commercial harbour.

Your Excellency has moreover assured me that all the Treaties between Tunis and other Powers will be maintained and respected. But Lord Granville notices that you spoke of possible revision of some of the Treaties and change of the Parties on whom they were binding. Her Majesty's Government would be glad to be assured that in the view of the French

Government itself, all rights now enjoyed by foreigners will be left intact, that foreigners will enjoy the same freedom of commercial intercourses as hitherto, that no attempt will be made to secure exclusive or differential privileges for the subjects or citizens of one country over those of others, and that the positions of the creditors of the Regency will not be weakened.

In submitting by order of Her Majesty's Government, the preceding considerations to Your Excellency, I beg you to accept the renewed assurance of the very high consideration with which I have the honour...

Anhang No. 4

Ministère des Affaires Etrangères, Correspondance Politique. Angleterre. vol. 791, p. 180:

(M. Barthélémy Saint-Hilaire, französischer Außenminister, an Lord Lyons, britischer Botschafter in Paris)

Paris, le 16 Mai 1881

Dans un office que vous m'avez fait l'honneur de m'adresser sous la date du 14 de ce mois, vous vous référez à plusieurs entretiens que j'ai eu avec Votre Excellence et un cours desquels j'ai été aménê à lui donner certaines indications concernant la politique du gouvernement français à l'égard de la Tunisie. Vous faites des allusions notamment à notre conversation du 10 Mai, pendant laquelle vous avez bien voulu me communiquer une dépêche de Lord Granville, datée du 7, et vous me rappellez que je vous avais promis de répondre par écrit à cette communication. Ma réponse que je n'ai pu faire aussitôt que j'avais voulu doit être actuellement en vos mains; j'ai la confiance qu'elle vous mettra en mesure de rassurer tout à fait le Principal sécrétaire d'Etat de la Reine sur les points qui semblaient particulièrement le préoccuper. Néanmoins je saisis avec plaisir l'occasion qui m'est offerte par votre Excellence pour revenir une fois de plus avec elle sur ce que j'ai pu lui faire connaître déjà de nos vues en ce qui concerne l'avenir de la Turquie.

Vous voulez bien constater tout d'abord que je vous ai déclaré que les conventions existantes entre la Tunisie et les Puissances étrangères seraient maintenues et respectées. Je vous reitère d'autant plus volontiers cette assurance que par un article spécial de notre traité avec le Bey, la République Française se porte garante de l'exécution de toutes les conventions de ce genre qui existent aujourd'hui. Il est vrai, que dans nos récents entretiens je vous ai parlé incidemment de la possibilité d'une révision de quelques unes de ces conventions. La franchise avec laquelle je m'expliquais envers vous m'amenait naturellement à prévoir une éventualité semblable, car je ne pouvais me dissimuler, ni dissimuler à votre Excellence les obligations qui incomberont par la force des choses au Gouvernement français en conséquence de la position qui lui est désormais atteignée en Tunisie. Il est bien évident que de même que le Gouvernement anglais, lorsqu'il a assumé la responsabilité de l'administration de pays étrangers, a compris qu'il était tenu de modifier l'etat de choses existant et de procéder aux populations dont il prenait la tutelle l'avantage d'un gouvernement civilisé et régulier, de même aussi la France, entre les mains de laquelle se trouve actuellement placée la direction supérieure des Affaires en Tunisie, ne saurait se dérober au devoir d'appeler le pays au partage des bienfaits dont notre administration a déjà doté l'Algérie. Mais il n'est pas moins manifeste que cette œuvre ne pourra être accomplie que graduellement, et qu'il faudra bien de temps encore avant que la Tunisie ne soit mise en état de participer à un régime semblable à celui des nations européennes. En tout cas, lorsque les progrés que nous devons poursuivre ne pourront être obtenus qu'au prix de certaines modifications qui dérogeraient à un odre de choses consacré aujourd'hui par des conventions conclues avec les Puissances étrangères, notre ferme intention est de ne procéder jamais aux changements nécessaires que d'accord avec ces Puissances et en vertu d'une entente amicale avec elles. Les droits et privilèges commerciaux et autres énumérés dans l'office de votre Excellence, substisteront donc intacts autant qu'ils sont garantis par des traités, jusqu'à ce que des conventions nouvelles librement consenties, ayant été substituées aux arrangements existants. Pour ce qui concerne spécialement les créanciers de la Régence certains que les sécurités dont ils sont nantis actuellement ne seraient en rien affaiblies et que tout au contraire nous nous efforçons de les fortifier autant que possible.

Votre Excellence rappelle qu'en plusieurs occasions, dans mes entretiens avec elle, j'ai repoussé l'idée d'une conquête ou d'une annexion à la France d'une partie quelconque du territoire Tunisien. Je ne fais aucune difficulté de vous répéter ici ce que je vous ai dit déjà, et je puis vous affirmer que nos arrangements avec le Bey ne comprennent aucune stipulation qui ne soit conforme aux assurances que je vous ai donnés. Je réponds implicitement ainsi et d'une manière qui, j'aime à le croire vous paraîtra concluante à vos observations, concernant le port de Bizerte. Nous n'avons pas plus le désir de nous annexer Bizerte que tout autre point de la Tunisie. Sans doute, comme je vous ai fait spontanément indiqué, il est possible que nous seront amenés à favoriser le développement commercial de ce port et à encourager les tentatives qui seraient faites dans l'intérêt même de la Régence pour en améliorer les conditions matérielles. Mais quelles que soient les entreprises que des sociétés privés veuillent tenter à Bizerte, il n'entre nullement dans nos projets de dépenser aujourd'hui les sommes énormes et de commencer les travaux gigantesques que seraient nécessaires pour transformer cette position en un port militaire pouvant servir de base à des opérations de guerre maritime. Là, comme dans le reste de la Régence, l'action de la France ne s'exercera qu'en vue de progrès pacifiques que devront profiter aux autres nations, aussi bien qu'à nous mêmes. La seule conquête que nous méditions est celle de la civilisation dans un pays encore trop arriéré et j'ai la confiance que l'Angleterre nous prêtera dans une œuvre avantageuse à tous les intérêts le concour des sympathies sincères que nous nous croyons particulièrement en droit d'attendre d'elle parce que nous les éprouvons nous mêmes à son égard.

Quellenverzeichnis

1. *Colliard,* Claude-Albert, Droit International et Histoire Diplomatique. Documents choisis. 2. Auflage, Paris 1950.

2. *Colliard,* Claude-Albert, Actualité Internationale et Diplomatique 1950—1956. Band 2, Paris 1957.

3. Recueil International des Traités du XIXe siècle; herausgegeben von Edouard Descamps und Louis Renault; Band 1 (1801—1825), Paris 1914.

4. Recueil des Traités de la France, herausgegeben von M. De Clerq. Paris.

5. Traités et Conventions en Vigueur entre la France et les Puissances Etrangères; Recueil préparé par J. Basdevant; hrsg. vom Ministère des Affaires Etrangères. Paris 1918—1922.

6. Documents Diplomatiques Français (1871—1914); hrsg. vom Ministère des Affaires Etrangères; Commission de Publication des Documents relatifs aux origines de la guerre de 1914. Paris; Imprimerie Nationale 1926—1936.

7. La Documentation Française, Notes et Etudes, Documentaires, Paris.

8. Journal Officiel de la République Française, Lois et Decrets; Paris.

9. Journal Officiel de la Communauté, — Recueil des Actes et Informations; Paris.

10. *Strupp,* Karl, Documents pour servir à l'histoire du droit des gens.

11. *Martens,* Recueil de Traités d'Alliance; Nouveau recueil de Traités d'Alliance; Nouveaux suppléments au recueil de traités et d'autres actes remarquables; Nouveau recueil général de traités, conventions et autres actes remarquables; Nouveau recueil général de traités et autres actes relatifs aux rapports de droit international (2. Serie); Nouveau recueil général de traités et autres actes relatifs aux rapports de droit international (3. Serie).

12. *Klüber,* Akten des Wiener Kongresses, 9 Bände, hrsg. von Johann Ludwig Klüber, Erlangen 1815—1819 und 1836.

13. Fontes Juris Gentium, Handbuch der diplomatischen Korrespondenz der europäischen Staaten; hrsg. von Victor Bruns.

14. Rheinurkunden, hrsg von der Zentral-Kommission für die Rheinschifffahrt mit Zustimmung von Baden, Bayern, Elsaß-Lothringen, Hessen, Niederlande und Preußen. 2 Bände; München 1918.

15. Keesing's Archiv der Gegenwart, hrsg. von Heinrich von Siegler, Bonn-Wien-Zürich.

16. *Rauschning,* Dietrich: Der Streit um den Suez-Kanal; hrsg. von der Forschungsstelle für Völkerrecht und ausländisches öffentliches Recht der Universität Hamburg. Hamburg 1956.

17. Documents on International Affairs, hrsg. von Arnold Toynbee.

18. Documents on British Foreign Policy 1914—1939, hrsg. von E. L. Woodward und Rohan Butler. London, His Majesty's Stationary Office.

19. Survey of Internationals Affairs, hrsg. von Arnold Toynbee.

20. British Treaty Series; His Majesty's Stationary Office, London.

21. Commonwealth Survey, A Record of United Kingdom and Commonwealth Affairs.

22. *Malloy,* William, Treaties, Conventions, International Acts, Protocols and Agreements between the United States of America and other Powers 1779—1909; 2 Bände.

23. Documents on American Foreign Relations, hrsg. von Raymond Dennett und Robert K. Furner; veröffentlicht für die „World Peace Foundation."

24. Documents on American Foreign Relations, hrsg. von Paul E. Zinner, New York 1958.

25. American Foreign Policy 1950—1955; Basic Documents, Band II; hrsg. vom Department of State, Publication No. 6446.

26. *Moore,* John Basset, A Digest of International Law, 1906, 8 Bände.

27. United States Treaties and other International Agreements; ed. by Authority of Law (1 U. S. C. G. 112 a) under the Direction of the Secretary of State.

28. Treaties in Force, A List of Treaties and other International Agreements of the United States in Force on January 1, 1959, compiled by the Treaty Affairs Staff, Office of the Legal Adviser, Department of State. — Publikationsnummer 6762.

29. The Suez Canal Problem. July 26 — September 22, 1956. A Documentary Publication Washington. Department of State Publication No. 6392.

30. League of Nations Treaty Series.

31. League of Nations Official Journal.

32. United Nations Treaty Series.

33. Nicht veröffentlichte Quelle: Ministère des Affaires Etrangères (Frankreich) — Correspondance Politique (bis 1896).

Im übrigen wurden Zeitschriften, die mit internationalem Recht und Politik befaßt sind, zum Quellenstudium herangezogen und bei der Ausarbeitung jeweils zitiert.

Literaturverzeichnis

Andrassy, Juraj: Les relations internationales de voisinage, in: RC Band 79 (1951 II), S. 76 ff.

— Nachbarrecht und Wassernutzung, in: Völkerrecht und rechtliches Weltbild, Festschrift für Alfred Verdross, hrsg. von F. A. v. d. Heydte, I. Seidl-Hohenveldern, St. Verosta und K. Zemanek, Wien, 1960.

Antokoletz, Daniel: Tratato de Derecho Internacional Público, Band I, Buenos Aires 1924.

Anzilotti, Dionisio: Lehrbuch des Völkerrechts, deutsche Übersetzung, 3. Auflage, Berlin 1929.

Armstrong: North of the Khyber, in: Foreign Affairs 1956, S. 603 ff.

Avram, Benno: The Evolution of the Suez Canal Status from 1867 up to 1956, Paris-Genf 1958.

Baade, Hans W.: Intertemporales Völkerrecht, in: Jahrbuch für internationales Recht, Band 7 (1958), S. 229 ff.

Bachof, Otto: Reflexwirkungen und subjektive Rechte im öffentlichen Recht, in: Gedächtnisschrift für Walter Jellinek (Band 6 der Veröffentlichungen des Instituts für Staatslehre und Politik e. V., Mainz), München 1955, S. 287 ff.

Badawi, Abdel Hamid: Le statut international du Canal Suez, in: Grundprobleme des internationalen Rechts, Festschrift für Jean Spiropoulos, Bonn 1957, S. 13 ff.

Balladore-Pallieri, G.: Diritto internazionale publico, 5. Auflage, Mailand 1948.

Ballreich, Hans: Völkerrechtliche Verträge zu Lasten Dritter, in: Festschrift für Carl Bilfinger, Heidelberg-Köln 1954, S. 1 ff.

Barandon, Paul: Das System der politischen Staatsverträge seit 1918, Stuttgart 1937.

Bastid, Paul: Droit des Gens, Paris 1956—1957.

Batstone, R. K.: The Utilisation of the Nile Waters, in: ICLQ Band 8 (1959), S. 523 ff.

Baty, T.: The Canons of International Law, London 1930.

Beiswingert, Rolf: Die Einwirkung bundesstaatlicher Kompetenzverschiebungen auf völkerrechtliche Verträge unter besonderer Berücksichtigung der deutschen Entwicklung, Diss., München 1960.

Berber, Friedrich: Die Rechtsquellen des internationalen Wassernutzungsrechts, München 1955.

— Rivers in International Law, London-New York 1959.

Berber, Friedrich: Sicherheit und Gerechtigkeit, Berlin 1934.

— Indien und das Völkerrecht, in: Indien und Deutschland, hrsg. von H. O. Günther, Frankfurt 1956.

— Zur Problematik der Rechtsquellen im internationalen Wasserrecht, in: Beiträge zum Recht der Wasserwirtschaft und zum Energierecht, Festschrift zum 70. Geburtstag von Paul Gieseke, Karlsruhe 1958, S. 117 ff.

— Lehrbuch des Völkerrechts, 1. Band, München 1960.

Berger, Peter: Zur Klausel „rebus sic stantibus" in: Österreichische Zeitschrift für öffentliches Recht, 1952, S. 27 ff.

Bidau, Eduardo L.: Derecho Internacional Publico. Buenos Aires 1924, 4. Auflage.

Birkenhead: International Law, London 1927.

Bishop, William W.: International Law, New York 1953.

Bluntschli, I. C.: Das moderne Völkerrecht der zivilisierten Staaten, Nördlingen 1868.

Bomli, P. E. J.: Le Maroc et le Régime des Capitulations, in: Symbolae Verzijl, Den Haag, 1958, S. 88 ff.

Bonfils, Henri: Manuel de Droit International Public (Droit des Gens), 2. Auflage, Paris 1898.

— Lehrbuch des Völkerrechts, 3. Auflage deutsche Übersetzung, bearbeitet von Paul Fauchille, Berlin 1904.

Brie, Siegfrid: In: Wörterbuch des Deutschen Staats- und Verwaltungsrechts, hrsg. von Max Fleischmann, 3. Band, Tübingen 1914.

Brierly, James-Leslie: Règles générales du droit de la paix, in: RC, Band 58 (1936), S. 1 ff.

— The Law of Nations, 5. Auflage, Oxford 1955.

Briggs, Herbert W.: The Law of Nations, 2. Auflage, London 1953.

Brown, Philipp Marshall: Editorial Comment concerning the Aaland Islands Question, in: AJIL Band 15 (1921), S. 268.

Brüel, Erik: Die völkerrechtliche Stellung des Suezkanals und die Nationalisierung der Kanalgesellschaft, in: Archiv des Völkerrechts, Band 7 (1958), S. 24 ff.

Bullard, Reader: The Middle East, 3. Auflage, London 1958.

Bulmerincq, August: Völkerrecht oder internationales Recht, Freiburg 1887.

Bustamente y Sirven, Antonio Sanchez de: Droit International Public, französische Übersetzung, Paris 1936.

Calvo, M. Charles: Le droit international. Paris 1896.

Castrén, Erik: La succession d'Etats, in: RC 1951 I, S. 379 ff.

— Obligations of States Arising from the Dismemberment of Another State, in: ZaöRVR, Band 13 (1950—51), S. 753 ff.

— Die Entmilitarisierung und Neutralisierung der Aalandinseln, in: „Völkerrecht und rechtliches Weltbild", Festschrift für Alfred Verdross, hrsg. von F. A. v. d. Heydte, I. Seidl-Hohenveldern, St. Verosta und K. Zemanek, Wien 1960, S. 108 ff.

Cavaglieri, Arrigo: Règles Générales du Droit de la Paix, in: RC Band 26 (1929 I), S. 311 ff.

— Corso di Diritto Internazionale, 3. Auflage, Neapel 1934.

Cavaré, Louis: Le Droit International Public Positif, 2 Bände, Paris 1951.

Clauss, Immanuel: Die Lehre von den Staatsdienstbarkeiten, Tübingen 1894.

Cobbett, Pitt: Leading Cases on International Law, 4. Auflage, London 1922.

Cotran, Eugène: Some Legal Aspects of the Formation of the United Arab Republic and the United Arab States, in: ICLQ Band 8, S. 346 ff.

Crusen, G.: Les Servitudes Internationales, in: RC Band 22, S. 5 ff.

Dahm, Georg: Völkerrecht, Band I, Stuttgart 1958; Band II, Stuttgart 1961.

Delbez, Louis: Manuel de Droit International Public, 2. Auflage, Paris 1951.

Dennis, William Jefferson: Tacna and Arica, New Haven 1931.

Despagnet, Frantz: Cours de Droit International Public, 4. Auflage, bearbeitet von de Boeck, Paris 1910.

Dickinson, Edwin de Witt: The Equality of States in International Law, Cambrigde 1920.

Duncan-Hall, Hessel, Mandates, Dependencies and Trusteeships, Washington 1948.

Eagleton, Clyde: International Government, 3. Auflage, New York 1957.

El-Hefnaoui, Moustapha: Les Problèmes Contemporains Posés par le Canal de Suez, Paris 1951.

Erich, Rafael Waldemar: La Question des Zones Démilitarisées, in: R C Band 26 (1929 I), S. 591 ff.

Van Eysinga, W. J. M.: Die Zentralkommission für die Rheinschiffahrt, deutsche Übersetzung, Leiden 1936.

Fabre, Pierre-Paul: Des Servitudes dans le Droit International Public, Paris 1922.

Fauchille, Paul: Traité de Droit International Public, Paris 1922.

Fenwick, Charles G: International Law, 3. Auflage, New York 1948.

Fifield, Russel H.: The Diplomacy of Southeast Asia 1945—1958, New York 1958.

Fiore, Pasquale: Nouveau Droit International Public, 2. Auflage, französische Übersetzung, Paris 1885.

Fitzmaurice, Gerald Gray: Law of Treaties, Report to the International Law Commission, Report vom 14. 3. 1956 UN Doc. A/CN. 4/101; 2 nd Report vom 15. 3. 1957 UN Doc. A/CN. 4/107; 3 rd Report vom 18. 3. 1958 UN Doc. A/CN. 4/115; 4 th Report vom 17. 3. 1959 UN Doc. A/CN. 4/120.

Flory, Maurice: Les Bases Militaires à l'Etranger, in: AFDI 1955, S. 3 ff.

Foignet, René: Manuel Elementaire de Droit International Public, 13. Auflage, Paris 1926.

Foulke, Roland R: A Treatise on International Law, Philadelphia 1920, Band 1.

Franck, Dorothea Seelge: Pakthunistan — Disputed Disposition of a Tribal Land, in: The Middle East Journal Band 6 (1952), S. 49 ff.

Friedlander, Robert A.: A Reassessment of Roosevelt's Role in the Panamanian Revolution of 1903, in: The Western Political Quarterly, 1961, S. 335 ff.

Friedrich, Julius: Grundzüge des Völkerrrechts, Leipzig 1915.

Funck-Brentano, Th. et *Sorel*, Albert: Précis du Droit des Gens, Paris 1877.

Gareis, Karl: Institutionen des Völkerrechts, 2. Auflage, Gießen 1901.

Gascard, Horst: Die sogenannte völkerrechtliche Servitut in der Theorie und Staatenpraxis, Würzburg 1936.

Gould, Wesley L.: An Introduction to International Law, New York 1957.

Guggenheim, Paul: Beiträge zur völkerrechtlichen Lehre vom Staatenwechsel, Berlin 1925.

— Lehrbuch des Völkerrechts, Band I, Basel 1948.

— L'Origine de la Notion de l'Opinio Iuris sive Necessitatis comme deuxième Elément de la Coutume dans l'Historie du Droit des Gens, in: Hommage d'une Génération de Juristes au Président Basdevant, Paris 1960, S. 258 ff.

Gunst, Dietrich W.: Der Begriff der Souveränität im modernen Völkerrecht. Berlin 1953.

Haenel, Albert: Studien zum Deutschen Staatsrechte, Band I: Die vertragsmäßigen Elemente der Deutschen Reichsverfassung. Leipzig 1873.

Haftendorn, Helga: Die Spannungen zwischen Indien und der Volksrepublik China, in: Europa-Archiv, 1960, S. 203.

Hall, William Edward: A Treatise on International Law, 8. Auflage, hrsg. von A. Pearce Higgins, Oxford 1924.

Hamel, Walter: Das Wesen des Staatsgebietes, Berlin 1933.

Hartmann, Adolph: Institutionen des praktischen Völkerrechts in Friedenszeiten. Hannover 1874.

Hatschek, J.: Völkerrecht. Leipzig 1923.

Heffter, August-Wilhelm: Europäisches Völkerrecht der Gegenwart, 8. Auflage, bearbeitet von F. H. Geffcken, Berlin 1888.

Helfritz, Hans: Allgemeines Staatsrecht, 5. Auflage, 1949.

Henrich, Walter: Theorie des Staatsgebietes, Wien 1922.

— In: Wörterbuch des Völkerrechts und der Diplomatie, hrsg. von Karl Strupp, 2. Band, Berlin 1925, sub: Servituten, S. 533 ff.

Hershey, Amos S.: The Essentials of International Public Law, New York 1923.

von der Heydte, Friedrich August: Völkerrecht, Köln 1958.

— Das Prinzip der guten Nachbarschaft im Völkerrecht, in: Völkerrecht und rechtliches Weltbild, Festschrift für Alfred Verdross, hrsg. von F. A. v. d. Heydte, I. Seidl-Hohenveldern, St. Verosta und K. Zemanek, Wien 1960, S. 133 ff.

Hinton, Harold C.: China's Relations with Burma and Vietnam. New York 1958.

Hirsch, Abraham M.: Utilisation of International Rivers in the Middle East, in: AJIL 1956, S. 81 ff.

Hoijer, Olof: Les Traités Internationaux, 2 Bände, Paris 1928.

Hold-Ferneck, Alexander: Lehrbuch des Völkerrechts, Leipzig 1932.

Hollatz, Harry: Begriff und Wesen der Staatsservituten, Berlin 1908.

Hourani, A. H.: Syria and Lebanon, 3. Auflage, London 1954.

Hoyt, Edwin C.: The Unanimity Rule in the Revision of Treaties. A Re — examination. Den Haag 1959.

Huber, Max: Die Staatensukzession, Leipzig 1898.

Hyde, Charles Cheney: International Law, 1. Auflage, Boston 1922, 2 Bände; 2. Auflage Boston 1947, 3 Bände.

von Ihering, Rudolf: Die Reflexwirkungen oder die Rückwirkung rechtlicher Tatsachen auf dritte Personen, in: Jahrbuch für die Dogmatik des heutigen römischen und deutschen Privatrechts, Band 10 (1871), S. 245 ff.

Ionides, M. G.: The Disputed Waters of Jordan, in: The Middle East Journal, Band 7 (1953), S. 153.

Isay, Ernst: Völkerrecht, Breslau 1924.

Jellinek, Georg: Allgemeine Staatslehre, 3. Auflage, bearbeitet von Walter Jellinek, Berlin 1914.

Jenks, C. Wilfried: State Succession in Respect of Law — Making Treaties, in: BrYB Band 29 (1952), S. 105 ff.

Jessup, Philip C.: A Modern of Nations, New York 1949.

Jones, J. Mervyn: State Succession in the Matter of Treaties, in: BrYB Band 24 (1947), S. 360 ff.

Kaufmann, Erich: Das Wesen des Völkerrechts und die clausula rebus sic stantibus. Tübingen 1911.

Keith, Arthur Berriedale: The Theory of State Succession with Special Reference to English and Colonial Law, London 1907.

Kelsen, Hans: Théorie Générale du Droit International Public, in: R C Band 42 (1932 II), S. 121 ff.

— Das Problem der Souveränität und die Theorie des Völkerrechts. Tübingen 1920.

— Principles of International Law, New York 1952.

Kiss, Alexandre-Charles: La Fusion entre Etats et la Pratique Française du Droit International, in: AFDI 1958, S. 682 ff.

von Klass: Begründen Staatsverträge über die Herstellung von Eisenbahnverbindungen völkerrechtliche Servituten? Greifswald 1909.

Klüber, Johann Ludwig: Europäisches Völkerrecht, Stuttgart 1821.

Kohler, Josef: Grundlagen des Völkerrechts, Stuttgart 1918.

Kozicki, Richard J.: The Sino — Burmese Frontier Problem, in: Far Eastern Survey, 1957, S. 33 ff.

Külb, Karl Georg: Begriff und Wesen der sogenannten Staatsservituten, Heidelberg 1926.

Kunz, Josef L.: Die Staatenverbindungen, Stuttgart 1929.

Labrousse, Pierre: Des Servitudes en Droit International Public, Bordeaux, 1911.

de Laubadere, André: Le Statut International du Maroc depuis 1955, in: AFDI 1956, S. 112 ff.

Lauterpacht, Elihu: The Contemporary Practice of the United Kingdom in the Field of International Law Jan. 1 — June 30, 1958, in: ICLQ Band 7 (1958), S. 514 ff.

Lauterpacht, Hersh: Private Law Sources and Analogies of International Law. London 1927.

Lederle, Alfred: Das Recht der internationalen Gewässer ,Leipzig 1920.

Leriche, Anthony: Aspects Formels de la Dévolution d'Obligations Résultant de Traités dans le Cas d'un Nouvel Etat, in: RDIMO Band 1 (1951), S. 105.

L'Huillier, Jean: Eléments de Droit International Public, Paris 1950.

von Liszt, Franz: Das Völkerrecht, 12. Auflage, bearbeitet von Max Fleischmann, Berlin 1925.

Louis-Lucas, Paul: La République tunisienne et les traités antérieurs à l'indépendance, in: J d I, 1961, S. 86 ff.

de Louter, J: Le Droit International Public Positif, 2 Bände, Oxford 1920.

Marek, Kristyna: Identity and Continuity of States in Public International Law. Genf 1954.

von Martens, Georg Friedrich: Einleitung in das positive Europäische Völkerrecht, Göttingen 1796.

von Martens, Friedrich: Völkerrecht, deutsche Ausgabe, Berlin 1883.

Mc Nair, Arnold Duncan: So — called State Servitudes, in: BrYB 1925, S. 111 ff.

— La Terminaison et la Dissolution des Traités, in: RC Band 22, S. 463 ff.

— L'Application et l'Interprétation des Traités d'après la Jurisprudence Britannique (V: Les Effets des Traités à l'Egard des Tiers), in: RC Band 43 (1933 I), S. 251 ff.

— The Law of Treaties, Oxford 1938.

Menon, V. P.: The Transfer of Power in India, Bombay 1957.

Mercier, Claude: Les Servitudes Internationales, Lausanne 1938.

Mérignhac, A: Traité de Droit Public International, Paris 1905.

von Moos, Xaver: Zur Lehre von den Staatsservituten, Bern 1933.

Moser, Johann Jakob: Beyträge zu dem neuesten Europäischen Völkerrecht in Friedenszeiten, Tübingen 1780.

Mosler, Hermann: Wirtschaftskonzessionen bei Änderung der Staatshoheit, Stuttgart 1948.

Moussa, Farag: Les Négotiations Anglo-Egyptiennes de 1950—1951 sur Suez et le Soudan, Genf 1955.

Münch, Fritz: Ist an dem Begriff der völkerrechtlichen Servitut festzuhalten?, Berlin 1931.

— Zum Saarvertrag vom 27. Oktober 1956, in: ZaöRVR Band 18 (1957—1958), S. 1 ff.

Nawiasky, Hans: Allgemeine Rechtslehre als System der rechtlichen Grundbegriffe, 2. Auflage, Zürich 1948.

von Neumann, Leopold: Grundriß des heutigen europäischen Völkerrechts, 3. Auflage, Wien 1885.

— Eléments du Droit des Gens Modern Européen, Paris 1886.

Nys, Ernest: Le Droit International, 3 Bände, Brüssel 1912.

— Les Prétendues Servitudes Internationales, in: RDILC 2. Serie, Band 7 (1905), S. 118 ff., RDILC 2. Serie, Band 13 (1911), S. 314 ff.

O'Connell, D. P.: The Law of State Succession, Cambridge 1956.

— A Re-consideration of the Doctrine of International Servitude, in: The Canadian Bar Review Band 30 (1952), S. 807 ff.

de Olivart: El Derecho International Público en los Ultimos venticincos años, Band 1, Teil 1, Madrid 1927.

Oppenheim, Heinrich Bernhard: System des Völkerrechts, 2. Auflage, Stuttgart 1866.

Oppenheim, L: International Law, hrsg. von H. Lauterpacht, Band 1, 8. Auflage, London 1955.

Padirac, Raoul: L'Egalité des Etats et l'Organisation Internationale, Paris 1953.

Pahr, Willibald P.: Der Vertrag zu Lasten Dritter im Völkerrecht, in: Österreichische Zeitschrift für öffentliches Recht, Band 6 n. F. (1955), S. 600 ff.

van Panhuys, H. F.: La Succession de l'Indonésie aux Accords internationaux Conclus par les Pays-Bas avant l'Indépendance de l'Indonésie, in: Nederlands Tijdschrift voor International Recht, Band 2 (1955), S. 55 ff.

Piédelièvre, R.: Précis de Droit International Public ou Droit des Gens, Paris 1895.

Planas-Suarez, D. Simón: Tratado de Derecho Internacional Publico, Band 1, Madrid 1916.

Plášilová, Vera Maria: Le Soudan dans le Différend Anglo-Egyptien. Ambilly 1954.

Pöppinghaus, Josef: Begriff und Inhalt der Staats-Servituten, Langendreer 1919.

Pompe, C. A.: The Nile Waters Question, in: Symbolae Verziyl, Den Haag 1958, S. 275 ff.

Potter, Pitman B.: The Doctrine of Servitudes in International Law, in: AJIL 1915, S. 627 ff.

Pradier-Fodéré, P.: Traité de Droit International Public Européen et Américain, Paris 1885.

Quadri, Rolando: Diritto Internazionale Publico, Palermo 1949.

Radnitzky, Ernst: Die rechtliche Natur des Staatsgebietes, in: AöR Band 20 (1905), S. 313 ff.

Raestad, Arnold: Souveraineté et Droit International, in: RDI, Band 17 (1936), S. 26 ff.

Raton, Pierre: Les Enclaves, in: AFDI 1958, S. 186 ff.

Rauschning, Dietrich: Der Streit um den Suez-Kanal, Hamburg 1956.

— Die Abwicklung des Suezkanalkonfliktes, in: Jahrbuch für internationales Recht, Band 8 (1959), S. 267 ff.

Reid, Helen Dwigth: Les Servitudes Internationales, in: RC Band 45 (1933 III), S. 5 ff.

— International Servitudes in Law and Practice, Chicago 1932.

Resch, Peter: Das Europäische Völkerrecht der Gegenwart, Leipzig 1885.

Rivier, Alphons: Lehrbuch des Völkerrechts, Stuttgart 1889.

Root, Elihu: North Atlantic Coast Fisheries Arbitration at the Hague, hrsg. von R. Bacon und J. B. Scott, Cambridge 1917.

Rosenne, Shabtai: Israel et les Traités Internationaux de la Palestine, in: Journal du Droit International, Band 77 (1960), S. 1140 ff.

Ross, Alfred: Lehrbuch des Völkerrechts, Stuttgart 1951.

Rousseau, Charles: Droit International Public, Paris 1953.

Roxburgh, Ronald F.: International Conventions and Third States, London 1917.

Rubin, Alfred P.: The Sino — Indian Border Disputes, in: I C L Q, 1960, S. 996 ff.

Sauser-Hall, Georges: L'Utilisation Industrielle des Fleuves Internationaux, in: RC Band 83, S. 471 ff.

Sauer, Wilhelm: System des Völkerrechts, Bonn 1952.

Scelle, Georges: Droit International Public, Manuel Elémentaire avec les Textes Essentiels. Paris 1944.

— Précis de Droit des Gens. Paris 1932.

Scheuner, Ulrich: Das internationale Recht der Rheinschiffahrt und der nationale Binnenverkehr (Cabotage), Duisburg 1954.

— Die Entstehung des indonesischen Staates, in: Archiv des Völkerrechts, Band 3 (1951—1952), S. 44 ff.

— Die Funktionsnachfolge und das Problem der staatsrechtlichen Kontinuität, in: Vom Bonner Grundgesetz zur gesamtdeutschen Verfassung, Festschrift für Hans Nawiasky, hrsg. von Theodor Maunz, München 1956, S. 9 ff.

Schnitzer, Adolf F.: Staat und Gebietshoheit, Zürich 1935.

Schoenborn, W.: Staatensukzessionen, Stuttgart 1913.

Schüle, Adolf: Methoden der Völkerrechtswissenschaft, in: Archiv des Völkerrechts, Band 8 (1959), S. 129 ff.

Schulte, Joseph: Die Servituten des Friedensvertrages von Versailles, Köln 1922.

von Schuschnigg, Kurt: International Law, Milwaukee 1959.

Schwarzenberger, Georg: International Law, Band 1, 3. Auflage, London 1957.

— Einführung in das Völkerrecht, Tübingen 1951.

Scrimali, Antonio: Natur und Grundlage der Rechtsverbindlichkeit des Völkerrechts mit besonderer Berücksichtigung der Wirksamkeit der internationalen Verträge und Übereinkommen für jene Staaten, die nicht an ihrer Gestaltung teilgenommen haben, in: Österreichische Zeitschrift für öffentliches Recht 1941, S. 190 ff.

Sibert, Marcel: Traité de Droit International Public, Paris 1951.

Smith, H. A.: The Waters of the Jordan, in: International Affaires, Band 25 (1949), S. 415 ff.

Søderhjelm, J. O.: Démilitarisation et Neutralisation des Iles d'Aland en 1856 et 1921, Helsingfors 1928.

Sousa, Nasim: The Capitulatory Régime of Turkey, Baltimore 1933.

Spiropoulos, Jean: Traité Théorique et Pratique du Droit International Public, Paris 1933.

Starke, J. G.: An Introduction to International Law, 3. Auflage, London 1954.

de Stael-Holstein, L.: La Doctrine des Servitudes Internationales et son Application en Scandinavie, in: RDILC 3. Serie, Band 3 (1922), S. 424 ff.

Steinmayr, Hans: Die völkerrechtliche Bedeutung der Aalandinseln in Geschichte und Gegenwart. Würzburg 1927.

Stewart, Robert B: Treaty Relations of the British Commonwealth of Nations, New York 1939.

Stockton, Charles H.: Outlines in International Law, New York 1914.

Stoyanovsky, J.: Le Status International de l'Iraq, in: RGDIP Band 38 (1931), S. 297 ff.

Strupp, Karl: Grundzüge des positiven Völkerrechts, 5. Auflage, Bonn 1932.

— Neutralisation, Befriedung, Entmilitarisierung, Stuttgart 1933.

— Les Règles Générales du Droit de la Paix, in: RC Band 47 (1934 I), S. 263 ff.

Stuart, Graham H.: The International City of Tanger, 2. Auflage, California 1955.

Suontausta, Tauno: La Situation Juridique des Iles d'Aland, in: ZaöRVR Band 13 (1950—1951), S. 741 ff.

Thalmann, Hans: Grundprinzipien des modernen zwischenstaatlichen Nachbarrechts, Zürich 1951.

Tinker, Hugh Russell: The Union of Burma, London 1957.

— Burma's Northeast Borderland Problem, in: Pacific Affairs, Band 21 (1956), S. 324 ff.

Toynbee, Arnold: Impressions of Afghanistan and Pakistan's North-Ouest Frontier in Relation to the Communist World, in: International Affaires, Band 37 (1961), No. 2.

Triepel, Heinrich: Völkerrecht und Landesrecht, Leipzig 1899.

Udina, Manlio: La Succession des Etats quant aux Obligations Internationales autres que les dettes publiques, in: RC Band 44 (1933 II), S. 669 ff.

von Ullmann, E.: Völkerrecht, 2. Auflage, Tübingen 1908.

Vali, F. A.: Servitudes of International Law, 2. Auflage, London 1958.

Vallat, Francis Aime: Some Aspects of the Law of State Succession, in: The Grotius Society, Transactions for the year 1955, Band 41, London 1956, S. 123 ff.

Verdross, Alfred: Die Verfassung der Völkerrechtsgemeinschaft, Wien 1926.

— Völkerrecht, 3. Auflage, Wien 1955. — 4. Auflage, Wien 1959.

de Visscher, Charles: L'affaire du droit de Passage sur territoire indien devant la cour internationale de Justice, in: RGDIP, 1960, S. 693 ff.

Waldecker, Ludwig: Allgemeine Staatslehre, Berlin 1927.

von Waldkirch, E.: Das Völkerrecht, Basel 1926.

Weber, Hellmuth: Staatsservituten in den Friedens- und sonstigen völkerrechtlichen Verträgen seit 1919, Marburg 1927.

Westlake, John: Traité de Droit International, 2. Auflage, Oxford 1924.

Wilkinson, Herbert A.: The American Doctrine of State Succession, Baltimore 1934.

Wilson, George Grafton und *Tucker*, George Fox: International Law, 6. Auflage, Boston 1913.

Winiarsky, Bohdan: Principes Généraux du Droit Fluvial International, in: RC Band 45 (1933 III), S. 76 ff.

Wittich, Werner: Die Lehre von den Staatsservituten und der Versailler Vertrag, Erlangen 1928.

Wright, Quincy: Mandates under the League of Nations, Chicago 1930.

Young, Richard: Recent American Policy concerning the Capitulations in the States of the Middle East, in: AJIL 1948, S. 418 ff.

Kolibri 360 GmbH
Ferdinand-Jühlke-Straße 7
99095 Erfurt, Deutschland
produktsicherheit@kolibri360.de

Druck:
CPI Druckdienstleistungen GmbH
im Auftrag der
Kolibri 360 GmbH
Ferdinand-Jühlke-Str. 7
99095 Erfurt